メタファー研究

METAPHOR RESEARCH
KJ Nabeshima
Takashi Kusumi
Akira Utsumi

鍋島弘治朗
楠見　孝
内海　彰

編

『メタファー研究』刊行にあたって

　メタファーは長く、言葉の彩や、文章を華美に彩る文体的な装飾と考えられてきたが、20世紀以降、その認知における働きが注目されている。人間の思考の基層にメタファーがあるという考え方である。

　メタファーの多くは通言語的、普遍的である。人はどうして優しさを暖かさとして捉え（「暖かい人」）、怒りを熱として把握し（「怒りに燃える」）、人生を旅として考え（「長い道のりを歩んできた」）、良いことを上として語る（「成績が上がる」）のか。一方で、メタファーは文化性を帯びている。「同じ土俵に上がる」、「大向こうを唸らせる」といった表現は、日本文化を理解することなく、真に理解することは不可能だろう。長い歴史の中のメタファーは文化特有の表現を含む。

　抽象的な意味を具体的な意味に託して語るメタファーは、人間の社会性、抽象性の起源と考えることができ、猿から進化した人が言語を手にするようになった鍵を握る。

　人工知能の分野でもメタファーの研究が盛んである。アメリカでは、米国国家情報長官直轄の研究局（IARPA）が、2011年からメタファー計画を立ち上げた。このプロジェクトをきっかけに、メタファーへの工学的アプローチが一気に進展した。

　人類の有する普遍の知であるメタファーを解明するために、本シリーズを刊行する。

　『メタファー研究』の編集にあたっては心理学の分野で長くメタファー研究を進めている楠見孝（京都大学、心理学）、認知言語学からメタファーにアプローチしている鍋島弘治朗（関西大学、言語学）、および、本邦の工学

的・心理学的アプローチから国際的動向にも詳しい内海彰（電気通信大学、情報学）で行うこととなった。これは本シリーズが多様で多角的なアプローチからメタファーを研究するプラットフォームとなるべきという意志の現れでもある。心理学、言語学、工学にとどまらず、脳生理学、社会学、文学、修辞学、図像学、広告、批判的分析、政治学などなど、その対象とアプローチはほとんど無限である。メタファーに興味のあるあらゆる分野からの参画を招く研究誌とお考えいただきたい。

　この『メタファー研究』シリーズの発行をお引き受けいただいたひつじ書房松本功社長、森脇尊志編集人に感謝をしたい。またメタファー研究会の発起人の先生方、これまでにメタファー研究会に参加していただいたたくさんの方々に感謝したい。このシリーズの発刊をきっかけにさらに多くの方々にメタファーに関心を持っていただければと考えている。今後とも、ご関心と暖かな眼差しを賜れば幸いである。

　　　　　　　　　　　　2018 年 6 月 15 日　鍋島弘治朗・楠見　孝・内海　彰

目次

『メタファー研究』刊行にあたって　　iii

序論
鍋島弘治朗・楠見　孝・内海　彰　　vii

第1章　脳科学とメタファー
身体性研究がいかに Lakoff & Johnson (1980) の予見を実質化したか

鍋島弘治朗　　1

第2章　会話分析とメタファー
杉本　巧　　49

第3章　メタファーと身体表象
発語から談話への展開と変容について

片岡邦好　　81

第4章　関連性理論からみたメタファー
内田聖二　　111

第5章　計算論的アプローチによるメタファー研究の
　　　　最新動向と展望
　　　　　　　　　　　　　　　　　　　　　　内海　彰　137

第6章　人の心と空模様
　　　シェイクスピアのメタファーをめぐって
　　　　　　　　　　　　　　　　　　　　　　大森文子　175

第7章　〈感情は液体〉メタファーの成立基盤と制約
　　　概念メタファーの「まだら」をめぐって
　　　　　　　　　　　　　　　　　　　　　　後藤秀貴　195

第8章　三島由紀夫『金閣寺』における比喩の
　　　　認知的分析
　　　　　　　　　　　　　　　　　　　　　　楠見　孝　231

執筆者紹介　252

序論

鍋島弘治朗・楠見　孝・内海　彰

　メタファーは、人間の想像性の1つの結晶であり、解明すべき複雑な認知であり、人工知能との分水嶺であり、かつ人類と類人猿を分かつものである。メタファーに対するアプローチは、言語学、心理学、工学にとどまらず、人類学、哲学、脳科学、文学など多岐にわたる。このような重要で発展性のあるテーマとしてのメタファーを対象として発足したメタファー研究会は、2016年3月17日にキックオフミーティングを開催し、そのレクチャーおよび講演は以下の通りであった。

11:00–12:00 レクチャー「脳科学とメタファー─身体性研究がいかに Lakoff & Johnson（1980）の予見を実質化したか─」鍋島弘治朗（関西大学）

13:00–14:00 レクチャー「会話分析とメタファー─相互行為の資源としてのメタファー─」杉本巧（広島国際大学）

14:00–15:00 レクチャー「語りの構造とメタファー─身体表象に見る語りの諸相─」片岡邦好（愛知大学）

15:05–16:05 レクチャー「関連性理論とメタファー─より一般的な説明をめざして─」内田聖二（奈良大学）

16:15–17:45 講演「メタファーの認知過程─三島由紀夫の作品世界に基づく検討─」楠見孝（京都大学）

この 4 つのレクチャーおよび 1 つの講演に、2016 年 7 月 2 日に京都大学で行われたメタファー研究会 夏の陣「感情的なメタファー」からの大森文子「人の心と空模様―シェイクスピアのメタファーをめぐって―」、後藤秀貴「〈感情は液体〉メタファー表現の成立基盤と制約―概念メタファー理論の「まだら問題」をめぐって―」を加え、さらに、近年の工学的メタファー研究の展望として、内海彰の「計算論的アプローチによるメタファー研究の最新動向と展望」を特別寄稿として得たものが本書『メタファー研究1』となる。以下に、メタファー研究の進展および今後の眺望と重ねながら、第 1 章から第 8 章までの位置づけを論じたい。

第 1 章 「脳科学とメタファー」

レイコフは、Lakoff（1990）で認知の誓約（cognitive commitment）と言語一般化の誓約（generalization commitment）という概念を提唱している。「他の認知言語学者は知らないが、私は、この 2 つを認知言語学者たるものとして指針とする。認知の誓約では、認知科学で知られた知見を重視する。言語一般化の誓約では、言語表現を一般化する理論を目指す。もし、両者が反目する際には、認知を優先し、言語一般化を捨てる」という趣旨のことを述べている。

第 1 章では鍋島弘治朗がこの趣旨にしたがって、近年の計測技術の進展による脳神経科学、認知科学で知られてきたシミュレーション理論の紹介を行ない、そのような進展がいかに Lakoff & Johnson（1980）から進められてきた認知メタファー理論と整合するかを検証している。

ここで、メタファー一般に関する基本的知識を導入するために、認知メタファー理論における概念を簡単に述べておこう。「火」「火をつける」「油を注ぐ」「鎮火する」「くすぶる」といった語群は、〈火〉という概念にまつわる、異なる形態を含む語群である。これらの語は火と特定の関係にある。一方、これらの語は怒りの描写に用いられることもある。複数の対応関係を認知メタファー理論では、写像と呼ぶ。この写像を簡略化して図 1 に示す。

目標領域 (Target Domain)		起点領域 (Source Domain)
怒り	←	火
怒りの大きさ	←	火の大きさ
怒らせる	←	火をつける
怒りを助長する	←	火に油を注ぐ
怒りが収まる	←	鎮火する
怒りが残る	←	くすぶる

図1 〈怒りは火〉のメタファー写像（鍋島 2016: 29 より簡略化）

「火」が「怒り」を意味するというように、メタファーには2つの要素が関与するという考え方は、メタファーに関するすべての理論で共有されている。「火」を喩辞、「怒り」を被喩辞と呼ぶ場合もある。一方で、喩えられる方（被喩辞、目標）や喩える方（喩辞、起点）を「領域」（複数の概念の強い結びつきから形成される総体）とする考え方は、認知メタファー理論やアナロジー理論に特有である。

さて、鍋島論文は、Lakoff & Johnson (1980) の身体性に関する主張を中心に、(i) *sensory-motor*（運動―知覚）、(ii) *grounding*（接地）、(iii) *embodiment*（身体性）、(iv) *image-schemas*（イメージ・スキーマ）、(v) *abstraction view*（抽象化説）、(vi) experiential gestalt（経験のゲシュタルト）を取り上げ、同書がメタファーと身体性の重要性を強く主張していたことを確認する。また、イメージから抽象化、スキーマ、メタファーへと続く重要概念の連携の存在を指摘し、後にハーナッドが記号接地問題と呼ぶ問題設定 (Harnad 1990) を強く意識していたことを論じている。つまり、この論文は認知メタファー理論と、現在の身体性認知科学観というべき内容を橋渡しする研究と位置づけられる。

第2章 「会話分析とメタファー」

メタファー分析は実例、コーパス、談話に向かう潮流がある。Lakoff & Johnson (1980) では作例が主であり、実例は少なかった。また慣用的な表現が多く取り上げられ、創造的な用例は少なかった。2000年以降、ヨーロッパを中心に談話の中のメタファーや、実例としてのコーパスを使ったメタ

ファー研究が盛んになってきた（Cameron 2003, Deignan 2005, Steen 2007, Semino 2008 など）。2007 年にはこのような潮流の 1 つとして MIP（Metaphor Identification Procedure、メタファー同定手順）が提案された。これは談話の中で、ある単語がメタファーかどうかを判定（同定）する方法を手順化したものである。MIP は、メタファーの判定を客観化しようとした点が重要であると同時に、自然な実例を使用したメタファー研究の礎石を築いたともいえる。

杉本論文はさらにそれを進め、実際の会話を対象にしてメタファーの特定を行っている。談話から一歩進め、機材の使用方法やスクリプトの書き方といった会話分析の手法を紹介しながら、会話の実例の中でメタファーがどのような機能を持つか、会話分析の理論およびメタファー理論にどのような示唆を持つかを検討し、その成果を示した論文である。

会話分析の基本的な概念に、順番交代、組織連鎖、組織修復、組織カテゴリー化などがある。発話は連鎖組織の一部として理解され、規範的なつながりを参照することで、次に現れた発話がどのような行為を担っているかを理解可能にする。Drew and Holt（1998）の研究事例では、メタファーが、出来事の詳細報告を語った後、評価としてまとめに位置されることが紹介されている。

Drew and Holt（1988, 1998）らの議論は慣用的比喩表現を取り扱っているが、メタファー表現を資源とする構成の連鎖上の配置と形式を観察することでメタファー表現が会話の参入者にどのような資源として認識され利用されているかを明らかにすることができる。さらに会話を収録したコーパスの紹介や収録データの保存方法、データの観察と記述方法等、詳細な方法論が論じられている点で、杉本論文は日本における会話分析を使用したメタファー研究の先駆け的論文として非常に重要と考えられる。

第 3 章　「メタファーと身体表象」

フォースヴィルらやチエンキらの研究によって、メタファーのマルチモーダル性、およびメタファー研究におけるジェスチャーの重要性は周知されて

きているが (Forciville and Urios-Aparisi 2009, Cienki and Muller 2008)、まだ、その実践は十分とはいえない。片岡邦好による第3章「メタファーと身体表象」は、このような取り組みをジェスチャーとナラティブに関して包括的にまとめた貴重な論文である。

導入として、いくつかの理論的背景の整理が挙げられていてこれが非常に参考になる。第1にマクニールによるジェスチャーの分類、第2にラボフによる語りのモデル (Labov 1972)、第3にこれと対象を一にするマクニールの語りの3層構造 (McNeil 1992)、第4に視点取りの諸理論の比較である。

さらに Lakoff & Johnson (1980) のメタファー論とマクニールのメタファー論を関連づけ、独自のデータから検証した3節はジェスチャーとメタファーの観点から非常に意義がある。メタファーとジェスチャーは同様の成長点 (Growth Point) から形成されるので、相同的な要素を含む可能性があるという主張は納得できる。

終盤には独自の研究展開を含んでいるが、比喩的ジェスチャーをさらに隠喩的メタファーと(キャッチメントという概念を含む)換喩的メタファーへと分類し、それぞれを発話レベルと談話レベルに分けるという提案は、今後、議論されるべき重要な内容であろう。

第4章 「関連性理論からみたメタファー」

現代のメタファー理論として主要なものに、心理学でカテゴリー包含説 (Glucksberg and Keysar 1993) とアナロジー理論 (Gentner 1983, Holyoak and Thagard 1995)、言語学で認知メタファー理論があるが、言語学ではこのほか語用論における関連性理論 (Sperber and Wilson 1986) を取り上げることが必須と考えられる。関連性理論におけるメタファー分析の利点は、通常の語用論の機構でメタファーが説明できる点である。

第4章は、メタファーが関連性理論でどのように分析されるか、内田聖二が関連性理論の理論的な枠組みを提示し、メタファー解釈について論じている。関連性理論は一般に聞き手の理論であるといわれ、話者は意図明示的伝達を行い、聞き手は推論を行う。この中で、関連性の原理とは認知効果に

比例し、処理労力に反比例するものとして定義される（以下、例文番号は本文から）。

(8) a. 他の条件が同じであれば、認知効果が大きければ大きいほど関連性が高くなる。
　　b. 他の条件が同じであれば、処理労力が小さければ小さいほど関連性は高くなる。

(9) 関連性の第1原理（認知原理）
　　人は関連性があると思われる情報に無意識に注意が向く。

(10) 関連性の第2原理（伝達原理）
　　すべての発話はそれ自体の最適な関連性（optimal relevance）の見込みを生み出す。

(11) 最適な関連性の見込み（presumption of optimal relevance）
　　a. 発話をはじめとする伝達行為は処理するだけの関連性がある。
　　b. その発話は伝達者の能力と選好性に合致する最も関連性の高いものである。

(8)〜(11)の展開を経て、(12)が成立する。

(12) 余分な労力がかかったとしてもそれに見合う効果が期待できる。

この(12)がまさにメタファー解釈に当てはまる。
　一般に、表意（話者の発話の意味）の算定には、曖昧性の除去、飽和、自由拡充、アドホック概念構築というプロセスが関わるが、Carston (2002) 以降、メタファーはアドホック概念構築で処理される。アドホック概念構築は、(19)および(20)の例に見られる。

(19) The steak at the restaurant was RAW*.
(20) Mary is looking for a BACHELOR*.

(19)は、raw の意味が拡張して、「生の」から「（食するには）十分に加熱されていない」という意味にまで緩められている。(20)では、bachelor が単なる「結婚していない男性」ではなく、「結婚相手として適切な年齢と属性を持った男性」にまで絞り込まれる。注意すべきことは、この(19)と(20)に例示されるアドホック概念構築の例がメタファーではない点だ。つまり、言語の使用において、語が拡張して使用されることは常態であり、メタファーもこのアドホック概念構築という文脈に依存する概念拡張の一例に過ぎないと考える点が関連性理論においてメタファーが一般的説明にされる所以である。

第5章 「計算論的アプローチによるメタファー研究の最新動向と展望」

　アメリカ国防関連で、コンピュータを使用したメタファーの大規模研究予算が 2011 年に施行されて以来（詳細は鍋島 2016: 371ff）、アメリカを中心とした工学系のメタファー研究が非常に盛んになっている。このような急速な工学分野でのメタファー研究の最新動向を内海彰が網羅的かつわかりやすく展望した論文が第 5 章である。

　計算論的メタファー研究の目的は、メタファーの認知過程の解明と、メタファー処理の工学的実現にある。このアプローチは意外にも古く、1976 年にすでにメタファーを対象とした研究があったという。このことは計算論的アプローチの分野でもメタファーが注目を集めている証左といえよう。

　計算論的アプローチによるメタファー研究は大きくメタファーの同定とメタファーの理解に別れる。メタファーの同定とは、メタファー表現を見つけることである。この分野には、選択選好・意味逸脱、具象度・心像度、意味空間モデル、感覚・情緒的意味、文章の話題・文脈情報などがある。詳細は本文でご確認いただきたいが、選択選好とは、言語学でいう選択制限と関連が深い。drink という動詞は主語に動物を取り、目的語に液体を取る。この

ような一般的傾向に反するものをメタファーと同定することになる。この他、メタファーは具象度や心像度（イメージ性）が高い表現であることが知られているのでこれを利用した同定法、また、話題や文脈との乖離（経済政策の文脈に「殴る」といった物理的接触を意味する語が登場するなど）を利用した同定法などが紹介されている。

第6章 「人の心と空模様」

　認知詩学とは、認知言語学と認知心理学を使用して文芸批評を試みる研究の流れである。第6章の大森論文は、この枠組みとして認知メタファー理論を用い、シェイクスピアにおける太陽のメタファーを解剖する。

　まず、愛する人を太陽に喩える慣用化したメタファーの存在が指摘される。さらに、Juliet is the sun. という有名なロミオとジュリエットの表現に対して認知詩学のストックウェルの解釈が、ジュリエットが万物に活気を与える、ジュリエットは植物を成長させる、ジュリエットは植物がそちらに向くといったプラスの評価性を持った解釈を挙げている点を指摘する。

　これに対して、大森は太陽のメタファーがマイナスの評価性を帯びる例を提示する。まず、学生に対するアンケートから、「輝く」、「光と熱を与える」、というプラスの評価性のみならず、「遠いところにある」、「近づくと焼け死ぬ」などマイナスの評価性にまで変容することを示す。また、それに伴い、ジュリエットに対する感情も、憧れ、喜び、焦り、恐れに振幅する。ロミオとジュリエットの他の箇所では、「優しい夜よ早く来い」など、ぎらつく太陽を忌み嫌う表現をシェイクスピアが使用していること、すなわち、太陽にマイナスの評価性を付与していることを指摘している。加えて、ソネットでは青年の生涯を太陽の軌道と重ね合わせているが、西の空に傾く時点を美貌が衰えるものとし、太陽が夜の闇に沈むのは青年の死というマイナスの評価性を示すメタファーになることを指摘する。また、これらの用例は、後述するメタファーの解釈多様性（Utsumi 2007）を示している。

第 7 章 「〈感情は液体〉メタファーの成立基盤と制約」

　日本語の〈液体〉メタファーに関する研究は、古くから存在する標準的なものである（Nomura, 1996, 大石 2006, 鍋島 2011）。野村は、〈言葉は液体〉と〈感情は液体〉を取り上げ、日本語の〈言葉は液体〉メタファーを英語の導管のメタファー（Reddy 1983）と比較し、池上嘉彦の〈連続体〉に注目する日本語／日本文化、〈個体〉に注目する英語／英語圏文化という類型に正しくも当てはめている（池上 1981）。大石（2006）は、流通、湧出、包囲、散水といった液体の様々な様態に注目し、〈感情は水〉といった一般的な概念メタファーの記述が不十分であると主張する。鍋島は、〈感情は水〉〈言葉は水〉〈金銭は水〉の 3 種類を取り上げ、〈感情は水〉に「* 勇気を垂れる」などが容認不可能で、肯定的な感情が上向きになる傾向を見出している。

　感情が液体に喩えられる例は枚挙にいとまがない一方、液体表現がすべての感情に使用できるわけでもない。このような生産性の欠如は「まだら」問題として知られている。後藤論文は、〈感情は液体〉に新たに〈力〉のスキーマを変数として加え、「まだら」問題の解消の精緻化を図ったものである。コーパスを駆使しているという点で、近年のメタファー研究の 1 つの雛型を示している。

　一般にまだら問題に対する解法には、オーバーライド（モト領域から課せられる制約）、グレイディのプライマリーメタファー理論における分解と合成、鍋島の多重制約、松本の語彙の慣習性がある。後藤は手法としてコーパス言語学を取り入れ、さらに感情を「噴出」「あふれる」「にじむ」という 3 種類に分けて検討している。この 3 種類には〈力〉のスキーマと抵抗の有無、言い換えれば力量性のパラメーターが働くと考えることができる。

第 8 章 「三島由紀夫『金閣寺』における比喩の認知的分析」

　第 8 章は、楠見孝による三島由紀夫のメタファーの認知的分析である。楠見は三島由紀夫の代表作とも言える『金閣寺』を取り上げ、認知的、統計的に分析した。その手法の特徴的な点は、第一に、近年注目を浴びている比喩指標（直喩指標, 中村 1977, メタファー明示表現, 鍋島 2016）を取り上げ、

これを利用してメタファーを特定した点にある。

　三島のような非常に複雑な比喩を使用する文学者の場合、メタファーの多くが「ような」などの指標を伴って登場する事は想像に難くなく、目的に沿った適切な手法に思われる。後半では金閣寺に登場する用語を計量的に記述分析しており、三島由紀夫の『金閣寺』という作品を包括的に取り扱った注目すべき研究となっている。

　このほか、複数の論文にまたがる問題意識を4点付記しておきたい。まず、楠見論文で取り上げたメタファー（隠喩）とシミリ（直喩）という課題である。楠見はシミリがメタファーの一種であることを前提にシミリを指定する比喩指標を取り上げてメタファーを特定した。一方、第4章の内田論文では、アドホック概念を利用してメタファーとシミリを峻別する方法を提案している。両者が矛盾するとは限らないが、メタファーとシミリの同異は常に話題になる課題である。

　第2に、解釈多様性の問題。第5章の著者である内海はメタファーの特徴として解釈多様性を主張している。メタファーの本質に関する議論は盛んであるが、解釈多様性とは、多数の解釈が発生する点がまさにメタファーの重要な特徴であるとする考え方である。第6章の大森論文はまさにこれを支持する提案を行っており興味深い。

　第3に、コーパス的研究と計算論的研究。第7章の後藤論文ではコーパスによるデータが取り上げられており、第8章の楠見論文でも『金閣寺』における多くの計量的データが提示されている。これらは、第5章で紹介された計算論的メタファー研究にどの程度、貢献する可能性があり、どの程度、近いのか。

　最後に、第6章の大森論文と第8章の楠見論文に見て取れる文学研究との関連である。大森論文ではシェイクスピアを対象としており、楠見論文では、三島由紀夫の『金閣寺』を対象としている。どちらも文学の研究としても考えることが可能であり、今後のさらなる展開が期待できる。

主要な文献

Cameron, L. (2003) *Metaphor in educational discourse*. London: Continuum.
Cienki, A. and C. Muller (eds.) (2008) *Metaphor and gesture*. Amsterdam/Philadelphia: John Benjamins.
Deignan, A. (2005) *Metaphor and corpus linguistics*. Amsterdam: John Benjamins.
Forceville, C. J. and E. Urios-Aparisi (eds.) (2009) *Multimodal metaphor*. Berlin: Mouton de Gruyter.
Gentner, D. (1983) "Structure-mapping: A theoretical framework for analogy." *Cognitive Science* 7: 155–170.
Glucksberg, S. and B. Keysar. (1993) "How metaphors work." In A. Ortony. (ed.) *Metaphor and thought*, pp. 401–424. Cambridge: Cambridge University Press.
Holyoak, K. J. and P. Thagard. (1995) *Mental leaps*. Cambridge, Mass.: MIT Press.
池上嘉彦(1981)『「する」と「なる」の言語学』大修館書店
中村明(1977)『比喩表現の理論と分類』秀英出版
Lakoff, G. (1990) "The Invariance hypothesis: Is abstract reason based on image schemas?" *Cognitive Linguistics* 1 (1): 39–74.
Steen, G. J. (2007) *Finding metaphor in grammar and usage: A methodological analysis*. Amsterdam: John Benjamins.
Semino, E. (2008) *Metaphor in discourse*. Cambridge: Cambridge University Press.

第1章
脳科学とメタファー
身体性研究がいかに Lakoff & Johnson (1980) の予見を実質化したか

鍋島弘治朗

1. はじめに

　本稿では、身体性研究の潮流の先駆的役割を果たしたレイコフら (Lakoff and Johnson 1980, *Metaphors We Live By*, 以下 *MLB*) を紹介し、同書が近年の脳科学の知見の萌芽となる内容を含んでいたことを検証する。2節では *MLB* から6つのキーワードを取り上げ、その内容を考察する。3節では、脳科学の発展を主に鍋島 (2016) からシミュレーション理論を中心にまとめる。4節では2節と3節の対応関係を検討する。これにより、*MLB* の知見が現代の脳科学にどのように反映されているか、または近年の脳科学と身体性研究の知見を *MLB* がどのように予見していたかを示す。さらに、抽象性に2つの種類を想定する身体性の拡張機構を提案する。5節では、*MLB* で語られていなかった2つの重要な要素、アーティファクト（人工物）と情動の存在を指摘する。6節はまとめである。

2. *MLB* の6つのキーワード

　ご存じの通り、*MLB* は短い30章から構成されている。1〜10章では、〈議論は戦争〉、〈時間は金銭〉、導管のメタファー（〈言語は箱〉、〈コミュニケーションは送付〉）、〈インフレは存在物〉、擬人化、メトニミー、〈時間は移動〉といった主要なメタファーを紹介しながら、理論の基本概念が導入さ

れている。11〜22 章はメタファーや多義の理論的考察、23〜30 章は哲学的議論で、客観主義と主観主義を排し、経験基盤主義という中庸的あり方が提唱される。

以下に MLB から (i) *sensory-motor*（運動―知覚）、(ii) *grounding*（接地[1]）、(iii) *embodiment*（身体性）、(iv) *image-schemas*（イメージ・スキーマ）、(v) *abstraction view*（抽象化説）、(vi) *experiential gestalt*（経験のゲシュタルト）を 6 つのキーワードとして検討する。本節で議論される内容は、MLB の 12 章（概念システムの接地）、13 章（構造メタファーの接地）、および 18 章（抽象化説および同音異義説に対する反論）が中心である。なおページ数のみが入った文献は同書である。

2.1 運動―知覚

運動と知覚は協応している。協応とは、発達心理学者ピアジェや、生態心理学者ギブソンが用いる用語で (3.1 参照)、2 つ以上のプロセスが緊密に連携することである。本稿では、*motor*（運動）と *perceptual*（知覚）または *sensory*（感覚）の直接的で緊密な協応を「運動―知覚」と表記する。

MLB では、*motor* という用語が 21 回、*perceptual motor*、*sensory-motor* といった用語が 6 回使用されている。例えば、以下の部分である。

> Since there are *systematic correlates* between our emotions (like happiness) and our sensory-motor experiences (like erect posture), these form the basis of orientational metaphorical concepts (such as HAPPY IS UP). (p.58) ((喜びのような) 感情と、(直立した姿勢のような) 運動―知覚の経験の間には系統的な相関があるので、この共起性が (〈喜びは上〉のような) 方向メタファー概念の基盤となる。下線は筆者、以下同様)

つまり、直立には、運動―知覚が関わる。そして、直立状態における〈喜び〉と〈上〉の共起性が〈喜びは上〉というメタファーを形成する。このように運動―知覚は MLB における論旨の展開で欠かせない礎石となっている。

2.2 接地（grounding）

　メタファー理論において、*grounding* という用語は、2つの意味を持つ。第1に、動機づけ（motivation of metaphor）や経験的基盤（experiential basis）、共起性（correlation）と呼ばれるメタファーの存在理由（Richards (1936) の枠組みにおける ground（根拠））である。*MLB* では、この概念に *experiential basis* またはその複数形である *experiential bases* という言葉が当てられている。この用語は 21 回使用され、前者の意味で使用されている。

　第2に、身体性研究一般に使用される記号の接地（身体的基盤）という意味である。*grounding* の使用は、18 回あり、メタファーの経験的基盤以外の意味で使用される[2]。後者の意味では、*grounding of conceptual system* など、概念がどのように身体的経験の繰り返しから発現するかが論じられている。

　以下の2つの引用では、レイコフらが物理的経験と、感情的・心理的・文化的経験との違いを述べるのに非常に苦労している様子が読み取れる。まず、「物理的経験がその他の経験よりも基本的である」と主張してるのではないと弁明している。

> Perhaps the most important thing to stress about *grounding* is the distinction between an experience and the way we conceptualize it. We are not claiming that physical experience is in any way more basic than other kinds of experience, whether emotional, mental, cultural, or whatever. All of these experiences may be just as basic as physical experiences. (p.59)（多分、接地に関してもっとも強調すべき重要な点は、経験自体と経験の概念化の相違である。我々は、感情、心理、文化といった経験より、物理的経験が基本的と主張しているわけではない。こういった経験は物理的経験と同様に基本的でありうる）

　この引用における「基本的」を重要性と読み変えてみよう。感情的・心理的・文化的経験は、物理的経験と同様に重要である、つまり、経験に優劣はないという主張と理解できる。続く以下の引用では、「経験」と「経験の概

念化」の区別を説明する。さらに *delineate* という用語で輪郭に関する議論を証拠として導入する。

> Rather, what we are claiming about *grounding* is that we typically conceptualize the nonphysical in terms of the physical-that is, we conceptualize the less clearly delineated in terms of the more clearly delineated. (p.59)（むしろ、接地に関する我々の主張は、物理的でないものを物理的なものを通して概念化するのが典型的だ、ということである。すなわち、人間は、輪郭の不鮮明なものを概念化する際に、輪郭の鮮明なものを使用する）

それでは、物理的経験の優位性はどこから来るのか。これは概念化（捉え方）に対する役割である、とレイコフらはいう。物理的経験は、（視覚的、触覚的な）「輪郭」がはっきりしており、概念化しやすい[3]。そのため他の経験の原型になるという。「輪郭」なる語は視覚的概念であろうと思われる。触覚の観点からは、*tangible*（触れて感知できる、可触的な、有形の）という用語が妥当であろうか。いずれにせよ、視覚的、触覚的に輪郭のはっきりしているものは、他と区別がしやすく、*object* として個体化しやすく、ゆえに対象化しやすく、操作もしやすい。言葉を加えれば、この一節は、輪郭、個体性、対象化、操作性といった理由で、物理的経験が概念化の際に利用されやすいと述べている。つまり、物理的経験がその他の経験の概念化の原型になる「接地」という現象の理由として輪郭を上げていることになる。

2.3　身体性

興味深いことに、MLB では *embody* や *embodiment* という用語は使用されておらず、最終章に近い 26 章に *disembodied*（「脱身体化」）という用語が 7 回使用されているのみである。

> The conceptual structure is grounded in physical and cultural experience, as are the conventional metaphors. Meaning, therefore, is never disembodied or

objective and is always grounded in the acquisition and use of a conceptual system. (p.197)（概念構造は物理的な経験と文化的な経験に接地しており、慣用的メタファーも同様である。だから、意味が脱身体化したり客観的であることは決してなく、常に概念システムの獲得と使用に接地している）

body という用語は 24 回使用されており、身体の重要性は強調されている。さらに、次項に述べるイメージ・スキーマの類が身体を源泉として身体と環境の相互作用から生じることを指摘している。

…up-down, in-out, front-back, on-off, deep-shallow, central-peripheral. These spatial orientations arise from the fact that we have bodies of the sort we have and that they function as they do in our physical environment. (p.14)（…〈上下〉、〈内外〉、〈前後〉、〈接触・非接触〉、〈深浅〉、〈中心周辺〉、このような空間的方向は、我々の身体に規定され、その身体が物理環境と相互作用するという事実から発生する）

この引用における空間概念の身体性は 3 節に述べる身体化された心（embodied mind）と対応し、身体と環境の相互作用はまさに、埋め込まれた心（embedded mind）を意味する。

2.4 イメージ・スキーマ（Image-Schemas）

　イメージ・スキーマ（以下、IS）に関しては、広義の IS と狭義の IS があるが（鍋島 2003）、一般には狭義の IS が IS と考えられることが多いようである。*MLB* には、IS という用語こそ使用されていないものの、1987 年の出版（Lakoff 1987、Johnson 1987）以降、IS と呼ばれるものに触れる箇所が前述の引用に加えていくつかある（IS のまとめに関しては Clausner and Croft 1999 を参照）。

Spatial orientations like up-down, front-back, on-off, center-periphery, and near-far (p.25)(〈上下〉、〈前後〉、〈接触・非接触〉、〈中心周辺〉、〈遠近〉といった空間の方向)

Human spatial concepts, however, include UP-DOWN, FRONT-BACK, IN-OUT, NEAR-FAR, etc. (p.56)(しかし、人間の空間概念には、〈上下〉、〈前後〉、〈内外〉、〈遠近〉などが含まれる)

これらをまとめると、〈上下〉、〈内外〉、〈前後〉、〈接触・非接触〉、〈深浅〉、〈中心周辺〉、〈遠近〉の7つが MLB に登場することになる。イメージ・スキーマはその後、さまざまな論者が発展させているが(Lakoff 1987、Johnson 1987、Turner 1991、Clausner and Croft 1999、Hampe 2005)、MLB でその獲得に身体的経験が強調されていることは特筆すべきであろう。

2.5 抽象化説(abstraction view)

　MLB は、13章で抽象化説と同音異義説を取り上げ、これらに反論している。抽象化説(abstraction view)とは、鍋島(2011)に述べるスキーマ説と同じである。図1は、ビルのような無生物が「立つ」という場合と、人間が「立つ」という場合の2つの意義がどう関連するかについて検討する際に候

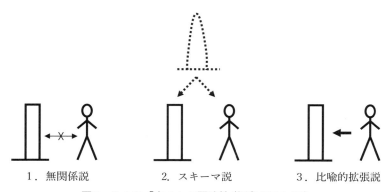

図1　2つの「立つ」の関連性(鍋島 2011: 92)

補となる3つの仮説である。

　図1の左側にある「無関係説」が同音異義説に当たるが、同じ音韻形式を持ち、意味的関連性も強い2つの「立つ」が無関係に、独立して発生した偶然の一致と考えるのは無理があろう。一般に、一部の極端な例を除いてこの同音異義説は排除されよう。

　2のスキーマ説が *MLB* の抽象化説に当たる。スキーマ説では、具体物を指定しない〈直立〉という抽象的なスキーマが存在し、そのスキーマから「ビルが立つ」と「人が立つ」という2つの「立つ」の意味が詳細化として登場すると考える。一般的に述べれば、語義に共通の、抽象的で高次のスキーマや上位カテゴリーがあるという考え方であり、メタファー理論でいえばグラックスバーグらのカテゴリー包含説 (Glucksberg and Keysar 1993) も含まれる。

　一方、レイコフらの説 (3の比喩拡張説) では、物理的で身体的な経験が概念化の原型となる経験であり、別の経験や事象はそこからの拡張として理解される。

　さて、*MLB* では、現在イメージ・スキーマと呼ばれる 2.4 で説明した内容に続いて、意義の異なる3つの *in* が (1) のように提示されている。

(1)　a. He is in the kitchen.　b. He is in the Elks.　c. He is in love.　　(p.59)

ここで Elks は、大文字であることからわかるように固有名詞で、ボランティアなどを中心としたアメリカの社会クラブである。(1a) 空間、(1b) 社会的集団、(1c) 状態がそれぞれ同じ *in* という空間的包含を表す前置詞とともに使用されている。*MLB* は、(i) 関係を表す *in* という抽象的な概念があるわけではないこと、(ii) 空間の包含関係を示す (1a) からメタファーによって〈社会集団〉や〈状態〉へと拡張することを主張している。

2.6　経験のゲシュタルト (experiential gestalt)

　MLB では、「経験のゲシュタルト」という用語が特徴的に使用されてい

る。これはその後の研究に残っていない概念である。たとえば、経験のゲシュタルトを構成する要素として、参与者などが挙げられている (p.78)。

| Participants（参与者） | Parts（部分） | Stages（段階） |
| Linear sequence（時系列的展開） | Causation（因果） | Purpose（目的） |

経験のゲシュタルトの説明は以下の通りである。

> Such multidimensional structures characterize *experiential gestalts*, which are ways of organizing experiences into *structured wholes*. (p.81)（このような多次元構造が経験のゲシュタルトの特徴である。経験のゲシュタルトとは、経験を構造化された全体として組織化する方法である）

ちなみに、「この構造化された全体として組織化する」という表現は社会学者ゴッフマンによるフレームの定義に酷似している。

> I assume that definitions of situation are build up in accordance with principles of organization which govern events-at least social ones-and our involvement in them: frame is the word I use to refer to such of these basic elements… (Goffman 1974: 10–11)（状況の定義は出来事（少なくともその社会的な出来事）を統率する組織化の原則および我々の原則への関与に従って構築される。このような基本的要素を私はフレームと呼ぶ）

経験のゲシュタルトもフレームも、経験または出来事を組織する方法または原則であり、経験には全体としての構造が与えられる。4.6 では、この経験のゲシュタルトをフレームとの関連において再論する。

3. 脳科学における身体性研究

　本節では、鍋島（2016）を中心に身体性についてまとめる。身体性を直感的に理解するためには、ロビンズらの説明がわかりやすいだろう。ロビンズらは、身体性の3つのEとして、Embodied Mind（身体化された心、すなわち、身体の中の脳）、Embedded Mind（埋め込まれた心、すなわち、環境の中の主体）、Extended Mind（拡張された心、すなわち、社会の中の人間）をキーワードとして挙げている（Robbins and Aydede 2008: 3–9）。

　人間の思考の所在、すなわち、心の場所と考えられる脳は、実際には、運動の制御、視覚を中心とした五感の処理、運動と知覚の統合にその大部分が割かれている。さらに、心臓の動きや紅潮など興奮状態を含む広義の情動も脳の機能に大きな影響を与える。心身二元論、マインドとボディの二分法は誤りで、心は体と密接不可分である。これが〈身体化された心〉の考え方である。さらに物理的実体として体積や質量を持つ身体は、まわりの環境と、物理的、生化学的に相互作用する。たとえば、坂を上るとき、下るとき、歩く歩道に乗るとき、歩く歩道を降りるときという状況で、身体への体重のかかり方や体力、疲労度などが異なる。こうした要因によって、坂の傾斜や道のりの長さの見え方が変わる（Bhalla and Proffitt 1999、Proffitt et al. 2003）。また、人間は昼夜という環境に適応して、一日24時間を感知する体内時計を持つ（一川 2009: 25–26、44、74）。個体は環境から独立しておらず、その一部である。この環境と身体の相互作用が〈埋め込まれた心〉の考え方である。

　さらに複数の個体は相互作用を行い、集団に有利な環境を生成しながら連携していく。その意味では社会は単なる個人の集まりではなく、密接な相互作用と相互依存、および環境の共有から形成されている。これが〈拡張された心〉の考え方である。

　身体性のキーワードとしては、状況認知（situated cognition）、基盤（grounding）、シミュレーション（simulation）、社会認知（social cognition）、情動（emotion）などがある。本節では、鍋島（2016: 113–165、389–403）に

沿って、まず、生態心理学とミラーニューロンの考え方を概観する。次に、脳の構造と機能を紹介する。続いて、シミュレーション理論の発展を紹介する。さらに、シミュレーション理論の帰結が、抽象化、詳細化、合成、社会性、情動の研究といかに関わるかを検討する。抽象化、詳細化、合成は認知言語学のラネカーが精力的に研究してきた分野である。また、社会性というのは注目を浴びつつある重要な研究分野である。加えて、身体性と不可分な研究分野を形成する情動についても論じる。

3.1 生態心理学

ギブソンの生態心理学は、環境と個体の相互作用を論じ、身体性に先鞭をつけた研究である（Gibson 1950、1966、1979）。ギブソンの重要な三書は、『視覚ワールドの知覚』、『生態学的知覚システム』、『生態学的視覚論』という名称で邦訳されている。視覚の研究から始まり、五感の研究へ拡大し、環境に適応した生物の行動の研究である生態心理学の重要性は増すばかりである。詳細は、佐々木（1994）、三嶋（2000）などを参照して欲しい。

たとえば、図2は、**肌理の密度勾配**を例示した写真と図である。肌理の原語は、*texture*、すなわち質感である。勾配とは、*gradience*であり、質感を

図2　肌理の密度勾配（境他 2002: 35）

持った表面が単調に変化することを肌理の勾配と呼ぶ。物質はそれぞれ異なる質感を持ち、その質感は、繰り返す要素で構成される。この要素は遠くにいくほど小さく見え、近くにくるほど大きく見える。つまり、視覚像は、遠近の情報を表す。

　また、見る角度など、見る側の情報が視覚像の中に含まれている。知覚が自己の情報を含むことは環境知覚と自己知覚の相補性と呼ばれる。

　環境知覚と自己知覚の相補性は、**視覚性運動感覚**にも見られる。カーレースのゲームやフライト・シミュレーターなどでは、景色が一点から継続的に拡大していく。これは、実際の状況でもそうで、自動車や電車の運転席に座って前面の景色を見ていれば同様の視野の動きが見られるはずだ。逆に最後尾で後ろ向きに座っていれば、景色は一点に収束していく。電車の横向きの長椅子に座っていれば、外の景色は右または左に定速で平行移動する。これによってどちらに移動しているかがわかる。こういった視覚野の特定の変化パターンは視覚性運動感覚と呼ばれる。視覚が自己の運動に関する知識を与えているからだ。USJのスパイダーマンのライドでは、建物を描いた壁が高速で上がっていくことで、自分が落ちていくような印象を生み出す。これは視覚性運動感覚を利用した錯覚である。

　知覚と行為は密接不可分である。これは、知覚と行為のカップリング（佐々木 1994: 97）や、知覚と行為の循環的プロセス（三嶋 2000: 177）などと呼ばれる。佐々木（1994）は一流幅跳び選手や、世界レベルの卓球選手がいかに熟達した知覚と運動の連携を発達させているかを紹介している。「視覚を利用して自身の手の動きをフィードバック制御するためにはどんなに早くとも 100 ミリ秒以上はかかるといわれている。数百ミリ秒しか続かない急速な運動を 100 ミリ秒もかかって制御することは不可能」（佐々木 1994: 98）という。

　このような知覚と行為の密接で統合された関係は**協応**と呼ばれるが、協応の原語は *coordination* である。この語は、組み合わせを意味し、ふたつ以上の要素が調整されてひとつの機能に供したりひとつの効果を発揮することである。スイスの発達心理学者ピアジェもこの用語を使用する。

ギブソンは知覚を、〈基礎定位システム〉、〈聴覚システム〉、〈触覚システム〉、〈味覚―嗅覚システム〉、〈視覚システム〉の5種類に分ける（Gibson 1966、佐々木他訳 2011: 58）。異なる知覚システムで同じ事象を感知することは**等価性**と呼ばれ、以下の火と4つの刺激作用の引用に例示される。

> 火は音、匂い、熱、光を放つので、4種類の刺激作用の源である。それは、パチパチ音を立て、煙を出し、赤外線帯で放射し、可視帯でも放射し、反射する。それとともに、火は、両耳、鼻、皮膚、両眼に情報を提供する。パチパチいう音、煙の匂い、放射熱、メラメラと投影される色づいた炎のすべてが、同一の事象を特定し、また、それぞれが単独でも事象を特定する。…（中略）…火という事象に関しては、4種類の刺激情報と4つの知覚システムは〈等価〉である。（Gibson 1966、佐々木他訳 2011: 64）

そして、生態心理学で最も有名な概念といえば**アフォーダンス**であろう。「ある種の動物にとってその動物と相対的でしかもその身体と釣り合いのとれた配置」（Gibson 1979、古崎他訳 1986: 172）がアフォーダンスである。

> カエルは、前方の植物の茎の間などのすき間が自分自身の頭部の1.3倍以上ないと飛び出さないことが知られている。カマキリは自分の前肢幅で捕まえることのできる大きさの獲物が、手の長さの範囲内にきたときだけに捕獲動作を開始するという。…（中略）…コネチカット大学のウイリアム・ウォーレンは、スライドで壁にさまざまの高さのバーを投影して、どの高さなら、「手や膝をつかずに脚だけで登れる」かを視覚的に判断させた。平均身長で約160センチメートルのグループも、190センチメートルのグループも、ぎりぎりで「登れる」と知覚した高さは、知覚者の股下0.88倍のところだった。（佐々木 1994: 57–58）

この引用からわかるように、環境と身体の関係に基づく行為可能性がア

フォーダンスである。アフォーダンスを持つことはアフォードするとも言われる。アフォーダンスは身体に相対的である。カエルにとって、1.3倍の隙間は飛び出すことをアフォードする。ある大きさの獲物はカマキリにとって食べるをアフォードし、それが手の長さの範囲に入ると捕まえるをアフォードする。股下0.88倍のバーは登るをアフォードする。橋は渡るをアフォードするし、ストローは飲むをアフォードする。しかし、200kgの力士にとってある橋は渡るをアフォードしないかもしれない。蟻にとってストローは渡るをアフォードするかもしれない。このように、アフォーダンスは主体のみ、環境のみで決定されず、両者の相互作用として生じる。

　アフォーダンスでは、主体が「動物」とされることにも留意すべきであろう。生態心理学は、環境の中で動物がどう行動するかという環境における動物の行動の理論である。アフォーダンスとは、主体の身体と環境を前提とした行為可能性、すなわち、未然の行為であり、3.2で述べるシミュレーションの一種である。

3.2　ミラーニューロン

　ニューロンは神経細胞とも呼ばれ、細胞体、軸索、樹状突起から構成される。細胞体からは、触手のような軸索が伸び、別のニューロンの細胞体や樹

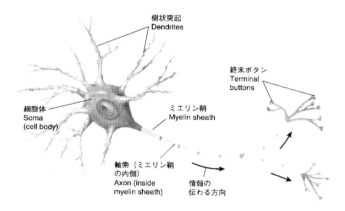

図3　ニューロン（Carlson 2013、泰羅・中村 2013: 31）

状突起に接合する。接合部位はシナプスと呼ばれる。

　細胞内の電位は通常、負電位である。この電位は−60mV 〜−90mV ほどで、静止膜電位と呼ばれる（河田・稲瀬 2004: 8）。この状態に電気刺激を与えると 2 ミリ秒程度、膜電位が正電位に変化する。この早い膜電位の逆転は活動電位と呼ばれる（Carlson 2013、泰羅・中村訳 2013: 45）。これは、賦活、発火、活動などと呼ばれるが、本稿では活性化と呼ぶ。

　さて、ミラーニューロンの発見者の一人、ガリーズはレイコフと共同執筆している（Gallese and Lakoff 2005）。本項ではこの論文を中心に、ミラーニューロンとその言語学に対する意義を検討する。ミラーニューロンの実験を端的に示すのが以下の例であろう。実験者らは、ある檻に実験対象の猿を入れ、その猿に別の猿の行為を見せた（たとえば、ピーナツを食べる）。ここでは、以下の条件でニューロンの活動を計測している。

　　統制条件：　自分でピーナッツを食べる
　　実験条件 1：他の猿がピーナッツを食べているのを見て聞く
　　実験条件 2：他の猿がピーナッツを食べているのを見る、音は聞かない
　　実験条件 3：他の猿がピーナッツを食べる音のみを聞く

この実験では、すべての条件で、ミラーニューロン（自己の行為にも他者の行為にも反応するニューロン）が活性化した。ミラーニューロンの存在はこのような実験環境で発見された。また、その発見のひとつに、上述の実験が明らかにしたマルチモーダル性（多様相性）がある。**マルチモーダル性**とは、世界の把握が、五感という様相（mode）毎に行われているのではなく、多感覚的で統合的に行われているという意味である。そして、このマルチモーダルという概念は、ギブソンが述べる等価性と同じである。

　ミラーニューロンはマカク猿の研究から始まった。人間にも同じようなミラーニューロン・システムがあることが知られている（子安・大平 2011: 13）。見ることで行為のニューロンが活性化するという視覚と運動の協応は、まさにアフォーダンスの脳科学的基盤を示したことになる。たとえば、

のこぎりを例に取る。のこぎりの使用経験のある人は、のこぎりを見るだけでつかむ、前後に動かすといった運動プログラムが準備されることがわかっている。これは、対象の行為可能性を意味するアフォーダンスそのものである。

さらに、ミラーニューロン自体は、運動プログラムの社会性と公共性というメルロ＝ポンティの考え方を脳科学的に説明している。テニスやダンスを見る人は、見るだけでテニスやダンスを行う感覚を発達させる場合がある。他人の模倣や他人の視点の獲得にミラーニューロンは重要な役割を果たす。つまり、ミラーニューロンは社会的な認知の脳科学的基盤ともなる。

さて、猿の運動野と視覚連合野を結んでいるのは、図4に見るように異なる機能を持つ3つのニューログループである。

これらの機能単位（クラスター）を鍋島（2016）は、場所クラスター、対象クラスター、ミラークラスターと呼んでいる（表1参照）。

以下、それぞれの説明を行う。

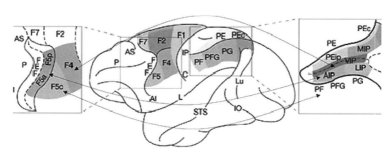

図4　猿の運動‐知覚クラスター（鍋島 2016: 127）

表1　ミラーニューロンのクラスター名と機能（鍋島 2016: 126）

クラスター	機能	本書での呼び方
F4-VIP クラスター	物体の空間位置の把握	場所クラスター
F5ab-AIP クラスター	物体の特徴（形、大きさなど）の把握	対象クラスター
F5c-PF クラスター	自分の行為と他者の行為をつなぐ（ミラーニューロン）	ミラークラスター

場所クラスター（F4-VIP クラスター）は物体の位置に反応する。物体が近位空間（peri-personal space、手足の届く範囲の空間）に入ると活性化する。つまり、物体の特徴よりも物体の位置に注目するクラスターである。このクラスターに障害が起きると、物体を近位空間で扱えなくなる（Gallese and Lakoff 2005: 460, Rizzolatti et al. 2000）。

対象クラスター（F5ab-AIP クラスター）は、物体の特徴（形、大きさ）に反応し、その物体に働きかけるのに最も適切な<u>手の動き</u>を選択する。たとえば、ピーナツを見るとつまむという動作が起動する。視像が運動準備を起因する点でアフォーダンスの神経的基盤といえる。このクラスターには、3種類の下位クラスター（サブクラスター）がある。一般サブクラスター、様態サブクラスター、局面サブクラスターである。最初の2つは行為の大まかさで区分されている。**一般サブクラスター**は、〈にぎる〉、〈つかむ〉、〈ちぎる〉など、基本レベル[4]の行為に反応する。**様態サブクラスター**は〈やさしく〉、〈ゆっくりと〉など行為の詳細な様態で活性化する。**局面サブクラスター**は、時間的な順序に関わるサブクラスターで、行為の時系列的な展開と収束に対応している。つまり、〈手を開く〉ときに反応するサブクラスター、〈対象に接触する〉際に反応するサブクラスター、〈手を閉じる〉際に反応するサブクラスターなどがある。

ミラークラスター（F5c-PF クラスター）は、他者の行為にも自己の行為にも反応するニューロンの機能単位である。このクラスターも、抽象性の異なる3種類のサブクラスターから構成される。一番大雑把なニューロン群は、他の猿の〈つかむ〉という一般的な行為すべてに対して活性化する。次の群は、〈小さなものを〉〈優しく〉など詳細レベルまで同じであれば活性化する。そして、最後のサブクラスターは、全く同じ行為にのみ反応する。

さて、ミラーニューロンの発見および関連した研究の蓄積を背景に、ガリーズらはシミュレーションを想像と定義する。

To understand the meaning of the concept *grasp*, one must at least be able to imagine oneself or someone else grasping an object. *Imagination is mental simulation*（see Gallese, 2003a）, carried out by the same functional clusters used in acting and perceiving.（Gallese and Lakoff 2005: 458）（grasp の意味を理解するためには、少なくとも自分や他者がモノをつかんでいることを想像できる必要がある。想像は心的シミュレーションである（Gallese 2003a 参照）。これは行為や知覚に使用されるのと同じ機能クラスターによって実行される。）

つまり、シミュレーションでは実際に行為や知覚がないにもかかわらず、他者の動きや人工物を見ただけで、運動機構が発動の準備をする。より一般的にいえば、心的活動（想像）には実際の行為や知覚に使用される機構が使用されており、これがシミュレーションである。

さらにガリーズらは**抽象化**（abstraction）という用語で実に興味深い現象を定義する。実際の〈つかむ〉といった行為の際には、〈つかむ〉の一般サブクラスター、〈しっかり〉を意味する様態サブクラスター、〈閉じる〉を意味する局面サブクラスターなど、すべてのサブクラスター[5]が指定されている必要がある。ところが、想像上の行為であるシミュレーションにおいては〈つかむ〉という一般サブクラスターのみを活性化できる。つまり、思考の中では、詳細を省いた〈つかむ〉を漠然と、大雑把に想起することができるわけだ。そしてシミュレーションにおけるこの大局的な活性化を抽象化と呼ぶ。抽象性の基盤が脳科学によって明らかにされたわけである。

3.3　大脳の機能と構造

さて、ここで、簡単に大脳の機能と構造を確認しておこう。脳は大きく右脳と左脳に別れる。両者は同型的である。図5および6は、左脳を示す。図の左側が前方になる。大脳は、外側溝（シルビウス溝）と呼ばれる溝で側頭葉が区切られる。グローブやミトンに喩えるならば、親指の部分が側頭葉である。次に、ほぼ頭の中心を通る中心溝がある。この中心溝を境に前方が前頭葉である。

中心溝の前に一次運動野が、中心溝の後ろに一次体性感覚野が、対峙する

ように並ぶ。一次運動野[6]は体全体に指令を出す。一次体性感覚野は、触覚の見取り図で、身体全体から脊椎等を通して身体の情報を受け取る。領野の

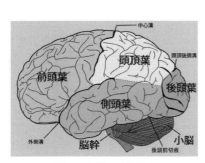

図5 大脳の大区分[7]

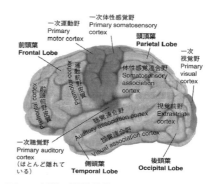

図6 大脳の機能分化
（Carlson 2009、泰羅他訳 2010: 87）

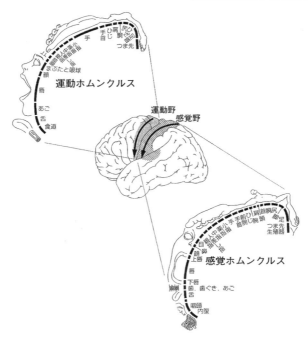

図7 運動と知覚のホムンクルス（森岡 2005: 11）

大きさに従って対応する身体部位を表記したものはホムンクルス（小人）と呼ばれる（図7）。

この他、図6には、運動前野（一次運動野の前）、視覚前野（一次視覚野の前）、視覚連合野（側頭葉下辺）、一次聴覚野（側頭葉の内側）、聴覚前野（側頭葉上辺）などが記されている。中心溝の後方は頭頂葉と後頭葉である。脳の一番後ろの後頭葉には視覚機能が集中する。

言語との関係で重要なのはブローカ野とウェルニッケ野で、これをDamasio (1994) から図8に表示する。

Bがブローカ野でWがウェルニッケ野を示す。ブローカ野は、ここまでの知識で理解できる通り、運動前野付近に存在し、運動性言語野とも呼ばれる。ブローカは発見者の名前である。ウェルニッケ野も同様に発見者の名前で、聴覚連合野付近に存在し、感覚性言語野と呼ばれる。

視覚処理をやや詳細に見てみよう。網膜に映った情報は、視交叉を経て、上下左右逆になる形で後頭葉に写像される。その後、二次視覚野（V2）から

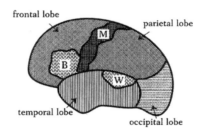

図8　ブローカ野とウェルニッケ野（Damasio 1994: 21）

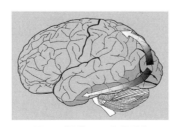

図9　視覚の二大経路[8]

高次の視覚野へと処理が進んでいくのだが、その過程で重要なのが視覚の二大経路である(図9)。

視覚は、二次視覚野ののち、上方に向かう背側経路[9]と、下方に向かう腹側経路に別れる。背側経路は、物体がどこにあるのか、それに対して何をしようとするのかといった主体の行為に関連する処理であり、where 経路、how 経路、行為の経路と呼ばれる。運動側の情報が視覚側の情報と合流し、運動―視覚のクラスターを形成する。一方、腹側経路は *what* 経路、知覚の経路と呼ばれ、対象の形状や色に関する情報が処理される(これらのまとめに関しては、Rossetti and Pisella 2002 を参照)。

3.4 シミュレーション理論の流れ

さて、ここから、特に近年、脳測定技術の向上に伴って知られてきた研究をシミュレーションをキーワードにたどってみたい。これらの研究では、脳の実際の行為や知覚で活性化する領野が、想像で活性化する事例である。日本でこれらの研究をまとめ、仮想身体運動意味論として研究したものに月本の研究がある(月本・上原 2003)。以下に月本が挙げたメレットらとコスリンらの例を紹介する。

メレットらは、「右、下、下、前、前、前、上、上、前、前、右」などの指示を与え、図10のようなブロックを頭の中で構築させる実験を行った。その結果、運動前野、下頭頂葉、上後頭葉が活性化した(Mellet et al. 1996)。

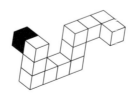

図 10　想像されたブロック

運動前野の活性化は、想像上で運動が予期されたことを意味する。

コスリンらは、図11のような刺激を被験者に覚えさせ、頭の中で、大中

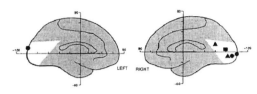

図11 コスリン（1995）の刺激

●小さな図形 ■中ぐらいの図形 ▲大きな図

図12 コスリン（1995）の結果

小それぞれのサイズで想像させた。(Kosslyn et al. 1995)。その結果が、図12である。図12では一次視覚野も活性化している。つまり、あたかも実際に見たような反応があったことになる。

脳損傷研究では、ワーリントンらが、生物と人工物（アーティファクト）の知識が脳の異なる領野に存在することを発見した。ワーリントンらは、生物の種類に関する知識が失われるものの、人工物に関する知識は失われない症例を1983年に発表した(Warrington and McCarthy 1983)。この逆に、生物の種類に関する知識が失われないのに人工物に関する知識が失われる症例を1987年に発表した(Warrington and McCarthy 1987)。この二重乖離(double dissociation)は、両者が異なる処理過程を持つ可能性を示唆した。

この二重乖離は、実験でも検証された。マーチンらは、PET (positron emission tomography)で図13のように人工物と生物の活性化を比較した。その結果、大雑把にいえば、生物は視覚的特徴で判別され、道具は身体運動で判別されていた。生物の場合には、視覚処理の初期段階として知られる左後頭葉内側面(left medial occipital lobe)が活性化すること、人工物の場合には、手の運動と関わる左運動前野(left premotor area)が活性化することを確認した(Martin et al. 1996)。

図13 生物と人工物を比較した実験

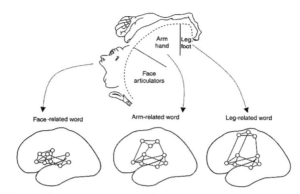

図 14　プルバミューラーらの意味理論
（Pulvermüller 2008b をまとめた鍋島 2016: 137 から）

　こういった研究の流れのひとつの帰結がプルバミューラーらの研究に見られる。プルバミューラーらは、言語と脳の反応関係を検討し、カテゴリー毎に意味記憶の場所が異なるという「カテゴリー特異性意味記憶回路」理論（Category specific semantic memory circuit theory）を提唱している。

　図 14 は、*kick*（蹴る）、*pick*（つまむ）、*lick*（なめる）など、脚、手、顔に関連する単語と、その反応を脳の領野で示したものである。外側溝の回りの反応は音声による聴覚野の活性化であり、3 つの図に共通である。それ以外の活性化は、図 7 のペンフィールドの脳地図ときれいに一致している。つまり、上からそれぞれ脚、手、顔に対応した領野が活性化している。

　これらをもとに、プルバミューラーは、さらに一歩踏み込んだ提案をしている。図 15 は左から同音異義もしくは多義関係、同義または類義関係、カテゴリー関係を示している。

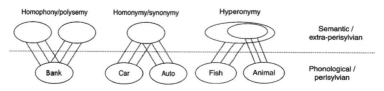

図 15　意味関係の脳内反応図（Pulvermüller 2008b をまとめた鍋島 2016: 139 から）

上部は、意味的反応で、聴覚野以外を示す。下部は、音声に対する反応で、聴覚野を示している。*bank* は、「銀行」「土手」という 2 つの意味を持つ同音異義語として有名だが、この場合、ひとつの聴覚野の活性化に対して、異なる 2 つの意味領野の活性化が生じる。これが 1 番左の図で示されている。同義語を示した 2 番目の図では、*car* と *auto* という類義語に対してほぼ同じ意味領野が活性化することを示す。カテゴリー関係（上位語、下位語）を表した 3 番目の図では、下位語 *fish* に対する活性化の一部のみを上位語 *animal* が活性化することを示している。

さて、こういった身体性パラダイムの推進者の一人が古くはアドホックカテゴリーの提唱者として有名な心理学者バーサローである。バーサローは、図 16 を挙げて、従来の意味観と身体性に基づく意味観の対比をまとめている。

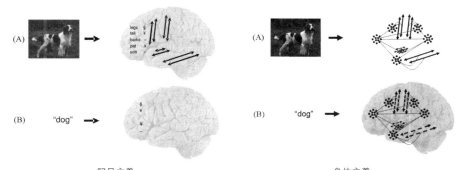

図 16　バーサローによる記号主義と身体主義（鍋島 2016: 139）

左図が従来の考え方で、右図が新しい考え方を表している。また、上図が実際の体験によって生じる脳内の反応を、下図が言語によって生じる脳内の反応を表している。

従来の考え方に従えば、犬を見ると犬に対する身体的および知覚的反応が生じる。これが、左上の図で示されている。運動領野、知覚領野、聴覚領野、視覚領野に描かれた双方向の矢印である。さらに LEGS、TAIL、BARKS、PAT、SOFT という単語が記述されており、これらは、犬という概念に、〈脚〉

や〈尾〉という部分、〈吠える〉、〈なでる〉という典型的動作、〈柔らかい〉という典型的特徴などが概念として登録されることを示す。

一方、左下の脳には、"dog"という単語を聞いた時の反応が示されている。従来の考え方では、"dog"という単語を聞き、〈犬〉を想起する際には、実際の経験は一切想起されず、登録された部分、特徴、典型的動作に対応する記号だけが反応を示す。これを鍋島 (2016) では〈記号主義〉と呼ぶ。

さて、近年の身体性の考え方でも、犬を見たときの反応自体はあまり変わらない。右上の脳には記号主義と同様の矢印が記されている。黒丸が小さな黒丸に線でつながれているのは、この反応が、ニューロンの伝播であることを示している。鍋島 (2016) が〈身体主義〉と呼んだ身体基盤主義 (grounded theory) では、右下図に示されるように、"dog"という単語を聞いても実際に犬を見たときと同様の反応が生じる。運動領野、触覚領野、聴覚領野、視覚領野に犬を見たときと同じような身体的および知覚的反応が生じる[10]。

3.5 抽象化と詳細化

さて、3.2 のミラーニューロンの説明の中で抽象化はすでに登場した。この概念は認知言語学者ラネカーの枠組みでも使用されており、(2) のような用例が挙げられている。

(2) a. rodent → rat → large brown rat → lager brown rat with halitosis
（齧歯類 → ネズミ → 大きな茶色のネズミ → 口のくさい大きな茶色のネズミ）
b. hot → in the 90s → about 95 degrees → exactly 95.2 degrees
（暑い → 90°F台[11] →約 95°F (35℃)　　→ ちょうど 95.2°F (35.1℃)）

（Langacker 2008: 56）

抽象化の類義語はスキーマ化 (schematization) で、対義語としては精緻化 (elaboration)、具体化 (instantiation) がある (Langacker 1987: 68 および 132)。Langacker (2008) では、このような現象を包括して詳細度 (specificity) が使

用されている。また、身体性では同様の概念を粒度(granularity)という用語で議論している場合もある (de Vega et al. 2008: 413)。

3.2 では、実際の行為とシミュレーションの相違を記述した。実際の行為では、一般サブクラスター、様態サブクラスター、局面サブクラスターがすべて活性化する必要があった。これに対して、シミュレーションでは、一般サブクラスターのみが活性化できる。この詳細を省いたシミュレーションが抽象化である。この際、抽象化における活性化の範囲は実際の行為の場合よりも小さい。〈しっかり〉に対する活性化や、〈閉じる〉に対する活性化がないからである。これを一般化して、(3)のように述べることができる。

(3)　抽象化は活性化の大きさに反比例する

(3)は、プルバミューラーのカテゴリー化の観点からも検証される。まず、カテゴリー化を抽象化の一種と仮定する。プルバミューラーのカテゴリー関係では、上位カテゴリーの方が下位カテゴリーよりも活性化範囲が狭い。図15 の一部を図17 として再掲する。

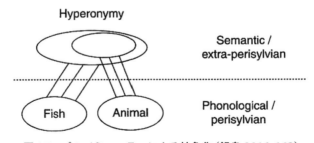

図17　プルバミューラーによる抽象化 (鍋島 2016: 143)

〈魚〉という概念は、ぎょろっとした眼、キラキラした鱗、トゲトゲしい背びれなどの形、卵を産むことなど、非常に多くのイメージを含んでいる。ところが、〈動物〉となると、哺乳類、両生類、鳥類なども含む複数のイメージの共通部分のみが活性化するので、活性化範囲が狭い。この例でも、

抽象化が脳の活性化範囲の減少に対応するという(3)の一般化が成立する。以上から(3)は抽象化を脳内表現の観点から定義したのものとして妥当と考えられる。

3.6 合成

　ラネカーの認知文法理論には、合成という重要な概念がある(Langacker 1987、2008)。よく知られた例として(4)がある。*a red pen* には少なくとも2つの意味がある。

(4)　*a red pen* の2つの意味
　　a.　赤い文字が書けるペン(外見は黄色、白など他の色であってよい)
　　b.　外見が赤いペン(インクは黒、青など他の色であってよい)

red と *pen* の意味は決まっていても、その組み合わせ方で全体の意味が異なる。*red* が *pen* の<u>機能</u>を修飾する場合「赤い(文字が書ける)ペン」となって(4a)の読みが出る。*red* が *pen* の<u>物理的実体</u>を修飾する場合「赤い(外見の)ペン」となり、(4b)の読みが出る。ラネカーはこの例の *red* と *pen* が単独で存在する状態を成分構造(component structure)と呼び、*red pen* として組み合わせた後、特定の意味を担った状態を合成構造(composite structure)と呼ぶ。そして、両者は明確に区別される。

　合成構造の存在は、言い換えれば、合成性の原理(the principle of composition)の否定である。合成性の原理とは、部分の総和が全体であるという考え方である。この考え方に従えば、前例では、*red* の意味と *pen* の意味の和が *red pen* の意味になる。ラネカーはこれを否定し、合成された場合には、常に部分の意味から変容すると考える。ラネカーはこれを複数の例で紹介しているが、身体性の論者も、この考えを踏襲している。例えば、バーサローは統語規則に即した概念合成の手順を記述し[12]、(5)を挙げている(Barsalou 2008: 20)。アメリカの心理学者グレンバーグは、(6)の例を挙げている(Glenberg 2008: 45–46)。

(5)　a helicopter above a hospital　（病院の上のヘリコプター）
(6)　Art flicked the snake off the porch using the chair.
　　　　　　　（アートは椅子でポーチから蛇をはたき落とした）

いずれも、名詞や動詞がシミュレーションにより、ディフォルト的な意味を導入し、それを合成やメッシュ（mesh）という手順で整合的に重ね合わせることで、新たに一貫した意味を作り出す。なお、(6)を例に取れば、ART、FLICK、SNAKE、OFF、PORCH、USE、CHAIR という7つのシミュレーションが活性化し、その合成には、統語ルールに基づいた組み上げのほか、評価性、情動、意図（たとえば、「蛇が嫌なので、できるだけ遠ざけたい」）といった人間として常識的で自然な推論が合成に援用されていることに留意したい。

3.7　情動

本項では、情動（emotion）を論じる。まず、ダマジオは、狭義の情動の分類として(7)を挙げている。

(7)　情動
　　a.　普遍的情動（恐怖、怒り、悲しみ、幸福、嫌悪、驚き）
　　b.　背景情動（熱意や失意、緊張、ピリピリ、やる気がない、落ち込み、快活など。）
　　c.　社会的情動（同情、恥、恥辱、罪悪感、軽蔑、嫉妬、うらやましさ、プライド、崇拝など。）
　　（Damasio 2010、および Damasio 1999 からのまとめ、鍋島 2016: 151）

情動に関して重要なのは19世紀末にアメリカの心理学者ウィリアム・ジェームズらによって提唱されたいわゆる**ジェームズ・ランゲ説**である。これは、感情が身体反応を起因するのではなく、身体反応が感情として認識されるという考え方である。大雑把にいえば「悲しいから泣くのではなく、泣くから悲しいのだ」という、感情におけるコペルニクス的転回である。

さて、ここでやや詳細に至るが、背景的情動の脳・神経的な基盤を紹介しておこう。身体の状態を調節する機構には、自律神経系と内分泌系がある。自律神経のひとつ、交感神経は、脊椎からでて、瞳孔の拡大、喉の渇き、心拍数の上昇、血管の収縮、胃腸の活動の低下などを引き起こす（Carlson 2013、泰羅・中村監訳 2013: 97）。副交感神経は、脳幹と仙髄からでて（久野・安藤・杉原・秋田 2005: 20）、交感神経と反対の作用を持つ。このように身体には複数の器官のそれぞれの状態を伴う様々なニュアンスをもった背景的情動がある。

さらに、脊椎と大脳の間には、脳幹、視床下部、大脳基底核、辺縁系があり（図18）、生命維持、睡眠と覚醒、闘争、食欲、逃避、交尾などの制御に重要な役割を果たす。

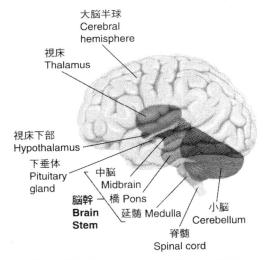

図 18　大脳から脳幹（Carlson 2013、泰羅・中村監訳 2013: 78）

大脳辺縁系（図19）には、恐怖などの感情のコントロールセンターとなる扁桃体、記憶の形成、定着に関わる海馬などがある（Carlson 2013、泰羅・中村監訳 2013: 479）。この他、情動に関連が強い領野として、島皮質（Insular

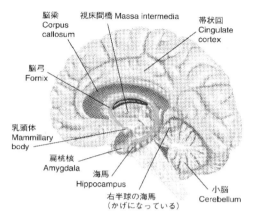

図 19　大脳辺縁系（Carlson 2013、泰羅・中村監訳 2013: 88）

Cortex: IC）と腹内側前頭前野（ventromedial Prefrontal Cortex: vmPFC、眼窩前頭前野を含む）、帯状回（Cingulate Cortex）がある。

　情動に関する重要な研究にダマジオの**ソマティック・マーカー仮説**がある（Damasio 1994、1999、2003、2010）。心身二元論の誤りに関わる仮説で、身体と脳は密接不可分という考え方である。ダマジオによれば前述の生命維持の機構に根差した身体からの *gut feeling*（直感、原初的反応）が理性的判断を左右するという[13]。

　本節では、身体性研究の発展の概略を紹介した。ギブソンの生態心理学と並んで、レイコフらの身体性の主張は、後のシミュレーション理論と身体性研究の発展の礎となった。それでは、*MLB* の諸概念が、近年の身体性研究にどのように対応するのか、近年の身体性研究が、*MLB* の萌芽的指向をどのように詳細化したのか、その関連性を検証してみよう。

4.　*MLB* と身体性研究の整合性

　本節では、*MLB* の概念が身体性研究にどのようにつながっていったか、言い換えれば、現在の身体性研究の萌芽がいかに *MLB* に予見されていたか

を、2節で挙げた6つのキーワードの順に検討する。さらに4.7ではキーワード間の関係を論じる。

4.1 運動―知覚

MLB における運動―知覚の強調の正しさは、アフォーダンスとその神経的基盤であるガリーズらの論文に示されている。運動と知覚は強く協応し、対象の特定と行為の実行を可能にしている。脳の図で表せば、運動と視覚を中心とした知覚の協応は、主に以下の楕円の部分となる。また、等価性やマルチモーダルという概念に示されるように、対象や行為は、知覚毎に規定されるものではなく、全知覚の協応によってマルチモーダルに認定される。すなわち、諸知覚は対象や行為のもとに統合されている。

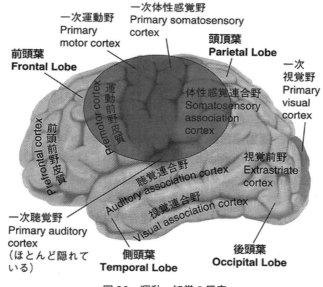

図20　運動―知覚の反応

この運動―知覚の重要性を *MLB* が主張したことは強調してあまりある。Eysenck and Keane (2010) によれば、70年代の認知科学は、図21に示すよ

うなモジュールと情報フローの認知科学であった。コンピュータのフローチャートを模したこのようなモデルを「心の情報処理モデル」と呼ぶことにしよう。

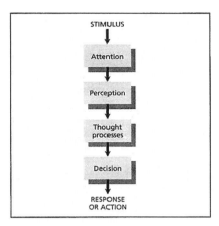

図 21　心の情報処理モデル（Eysenck and Keane 2010: 3）

　心の情報処理モデルに従えば、入力である感覚器と、出力である運動はフローの両端になる。これが、当時の分析手法であり疑いもされない考え方であった。たしかに、ギブソンらの研究はすでにあったが、まだまだ周辺的な位置づけであり、当時盛んになり始めたコンピュータをモデルにしたこの心の情報処理モデルが全盛だった時代である。そんな中で、運動―知覚の重要性を繰り返し説いた MLB は非常に先駆的で、ギブソンらの生態心理学派とともに、身体性研究の伝道師的役割を果たしたといえよう。

4.2　接地

　MLB における抽象化説に対する反論は、一般的な記号設置問題と、多義の問題の両方に関わる。記号接地問題とは、Harnad (1990) の提起した問題で、記号がどのように身体性に根ざしているかを考えることである。Harnad (2003) はこの問題を以下のように記述している。

One property that the symbols on static paper or even in a dynamic computer lack that symbols in a brain possess is the capacity to pick out their referents. This is what we were discussing earlier, and it is what the hitherto undefined term "grounding" refers to. (Harnad 2003: 279)(静的な紙の上であれ、動的なコンピュータ上であれ、それらの記号に欠けていて、脳内の記号が持っているのは、指示対象を選ぶ能力である。これが以前に話していたことであり、これまで定義してこなかった「接地」の意味するところである)

To be grounded, the symbols system would have to be augmented with nonsymbolic, sensorimotor capacities-the capacity to interact autonomously with that world of objects, events, properties and states that its symbols are systematically interpretable (by us) as referring to. (Harnad 2003: 279)(接地するために、記号体系は記号ではない運動知覚能力を持つ必要がある。つまり、記号が指示していると（人間が）系統的に解釈できる、モノ、コト、特性、状態の世界と自律的に相互作用する能力を持つことである)

つまり、記号は記号体系の中で「意味」を持つが、本当の意味とは、外部世界の指示対象を特定できる能力であるとハーナッドはいう。そして指示対象を特定できる能力を「接地」と呼ぶ。接地のためには、記号操作能力だけでは不十分で、運動や知覚の能力を持つ必要がある。これは、世界の物体（猫、机など）、出来事（走る、眠るなど）、特性や状態（黄色、冷たい、静か、暗いなど）を特定する能力である。

　旧来の見方では、記号という抽象的な実体が存在し、その実体は人間の運動や知覚とは全く独立していた（図16の記号主義）。記号がいかに発生したかは議論されなかった。また、ハーナッドが想定していたのは、コンピュータが記号を真の意味で扱うという観点からであった。この背景から記号は接地されるべきである、身体的基盤を持つべきであると、AIの新たな問題設

定をしたのがハーナッドだったのである。

　一方で、人間の認知に関してもこの記号主義が横行していた。バーサローは知覚記号システムという名称の一連の研究でこの誤りを正した。人間にとってすべての記号は、運動や知覚によって接地されており、それは記号となった時点でも失われてはいないことを Barsalou (2008) は主張している。実際の犬だけでなく、[inu] という音声記号も実体験と全く同じ領野を活性化するというシミュレーションの考え方である。

　こういった接地の考え方を MLB は先取りしていた。記号や概念システムは身体に接地されているというのがまさに MLB の主張だったのである。

4.3　身体性

　2 節では、*disembodied* という句によって、MLB の身体性に対する強調を見たが、この強調は、現代の脳科学および認知科学における身体への注目に反映されている。具体的には、身体の見取り図が脳にあり、実際の運動、知覚を担当する領野が、思考の際にも活性化するというシミュレーション理論自体が身体性の概念を反映しているといえる。

4.4　イメージ・スキーマ

　〈上下〉、〈内外〉、〈前後〉、〈接触・非接触〉、〈深浅〉、〈中心周辺〉、〈遠近〉が空間的方向づけ、または空間概念として MLB に挙げられていることを 2 節で述べた。これらの概念は、人間の身体が環境の中で相互作用する中から生まれる。このことを〈上下〉のスキーマの例から再確認したい。

　〈上下〉のスキーマを規定するひとつは視覚世界の中での上下であろう。視覚野の上下は、身体の上下に依存している。身体の上下はもちろん、重力場としての環境に依存している。その意味で、〈上下〉の概念は身体の上下、さらに、重力とそれに抗する人間の身体の相互作用から生まれるものと考えられる。重力場の〈上下〉と身体の〈上下〉は、整列しないこと（寝ている場合）、衝突すること（逆立ちしている場合）がある。身体の〈上下〉はさらに、服の〈上下〉やベッドの〈上下〉（頭が来る部分が〈上〉）、など、

身体から身体と整列するものへ反復する共起関係を基盤として拡張する。そして、ご存じの通りメタファーを介して〈健康・病気〉、〈喜び・悲しみ〉、〈多少〉、〈良・悪〉などに拡張する。

認知言語学でのちにイメージ・スキーマと呼ばれる概念の中核例をなす、これらの空間概念は、現代の脳科学の知見ではどのように理解されるのであろうか。まず、デヴェガらによれば、知覚要素が記号的で高度な抽象性を持つ、あるいは、記号が知覚的な要素を持つ必要性が指摘されている（de Vega et al. 2008: 414）。これがまさにイメージ・スキーマに当たろう。

さらに重要なのは、4.2 に述べた記号接地問題との関連である。スキーマとは抽象化であり、複数の具体的要素が特定の検出器を経由して特定の形状という抽象的概念へと集約されていくことを意味する。つまり、イメージ・スキーマ自体が運動―知覚と（抽象化された）記号をつなぐ接地を行っていることになる。この考え方は 4.7 で再論する。

4.5　抽象化説

さて、MLB における抽象化説に対する反論は、この記号接地問題と並行的な関係にある。以下の用例を再び見てみよう。

（1）　a. He is in the kitchen.　　b. He is in the Elks.　　c. He is in love.（p.59）

すでに、3.5 で論じたように、抽象化は身体性の観点から明らかに実在する。詳細を欠いたシミュレーションは、実際の運動―知覚を伴った身体的レベルから抽象化している。

抽象化を考えるには、どうも 2 つのレベルを考える必要がありそうだ。第 1 のレベルは、(1a) に到達するレベルである。たとえば、空間の中の in という概念は、具体的な事例、すなわち、さまざまな形や大きさを超えて、閉空間という非常に抽象的な概念の獲得を可能にしている。獲得されたこの閉空間の概念は、部屋やカプセル、コップといった具体的事例と具体的見た目、物理的構造を超えて、絵では描けないような抽象的な内容を伴ってい

る。さらに、この閉空間の概念は 2 次元にも 3 次元にも当てはまる。認知言語学で一般に〈容器〉のイメージ・スキーマと呼ばれるのがこれである。こういった抽象化の存在は 3.5 で見たように脳科学の観点からも明らかである。

　第 2 のレベルは、(1a) から、(1b) や (1c) への拡張のレベルである。*in* の集団への所属の意味、状態の意味は、空間的意味から抽象領域への拡張と考えることができる。集団や状態という「抽象」概念は、メタファーを介して物理的空間概念へと接地されているといえる[14]。この 2 段階の抽象化に関しては、4.7 で再論する。

4.6　経験のゲシュタルト

　MLB 以降、語られなくなる経験のゲシュタルトという概念を、我々はどのように理解すればよいのだろうか。この概念はまず、参与者、段階、目的を含むことから出来事に関連している。*MLB* では、戦争などの用例が挙げられている。現在、出来事の記述に有効なものといえば、フレームやスクリプトがあり、例えば、レストランのスクリプトは有名である (Schank and Abelson 1977)。このレストラン・スクリプトには、役割（参与者とほぼ同義）、小道具（人工物）、シーン、などが上げられている。鍋島 (2016) はスクリプトをフレームと類義としている（鍋島 2016: 189）。そこで、経験のゲシュタルトとはフレームに類した概念である可能性が高い。2.6 で述べたように経験のゲシュタルトの "ways of organizing experiences into structured wholes. (p.81)" という定義がゴッフマンによるフレームの定義と酷似している点も傍証となる。

　フレームには、会議、結婚、対決、お使い、趣味、野球、チェス、お葬式、誕生日パーティーなど様々なものがある。このようなフレームには、ほとんど、参与者（役割）部分、段階、時系列的展開、因果、目的を持つ。会議の場合、参加者がおり、部分と段階からなり、時間的経過があり、その目的は合意形成である。野球の場合、選手がおり、敵味方、内野外野という部分、1 回〜9 回、序盤、中盤、終盤という段階や時系列的展開があり、得点

の多い方が勝利を収めるという因果があり、勝利が目的である。

　ところが、経験のゲシュタルトに登場する参与者、部分、段階、時系列的展開、因果、目的といった要素は特定のフレームに依存しない。この構成要素は非常に抽象的、一般的なレベルにある[15]。そこで経験のゲシュタルトは、フレームを高度に抽象化した表現であり、フレームの抽象化と考えたい。

　フレームの脳生理学的基盤を鍋島（2016: 210–211）は、前頭前野、特にその外側部であると主張している。第1の根拠は、ペンフィールドの妹が前頭前野に損傷を受けたため料理のような計画や複数の部分からなる行為が困難になったという例の記述（渡辺 2013）である。第2の根拠は、丹治（2009）の「行動の統合的な指令系」としてその計画、進捗把握、調整、達成に関わる（丹治 2009: 155–165）という記述である。両者はフレームが前頭前野にある可能性をうかがわせる。霊長類にその発達が顕著で、脳の豊富な情報を集め、まとめる役割を担う前頭前野は、特にその外側部が実行機能として知られる。出来事の構造的記述であるフレームがこのような機能を果たすことも不思議ではなかろう。しかし、フレームという概念自体、脳科学では十分に検討されておらず、解明が必要な重要な課題と考える。

4.7　キーワードの関係

　ここまで、(i) 運動—知覚、(ii) 接地、(iii) 身体性、(iv) イメージ・スキーマ、(v) 抽象化説、(vi) 経験のゲシュタルトという *MLB* の6つのキーワードが脳科学のどのような概念とつながっているかを検証した。本項ではキーワード間の関係を整理する。

　まず、最初の (i) 運動—知覚は、ひとつのまとまりとなっており、すでに述べたように1980年初頭の心の情報処理モデル全盛の時代においては画期的であった。運動—知覚はすべての身体性現象の基礎である。最後の (vi) 経験のゲシュタルトは、現在では、領域やフレームと呼ばれる社会文化的行動様式を含んだ概念に発展している。

　重要なのは、接地、身体性、イメージ・スキーマ、抽象性の関係である。

概略を図22に示す。

図22　キーワード同士の関係

　図22はこれら4つのキーワードが非常に有機的な関係で結ばれていることを示している。つまり、抽象性とは、記号性であり、*MLB*は、抽象性が身体性から発生することを主張している。抽象性が身体性に基づいていることはまさに接地である。さらに、接地の重要な要素がISである。ISとは、その名の通り（運動イメージを含む）イメージのスキーマであり、スキーマとは抽象性にほかならないからである。

　この4つの語が繰り返し強調され、これらが非常に緊密で有機的なひとつの図柄に収まることは、*MLB*が包括的な射程で今日の身体性研究の枠組みを提示していたことを示している。この意味で、今日の接地の議論と身体性の議論に果たした*MLB*の貢献は多大であるといえよう。

　ところで、この4つのキーワードの中で、ISのみが脳科学や身体性研究の中で位置づけを獲得していない。デヴェガらは「高度に抽象化されたイメージが存在すること、または記号が感覚的要素を持つこと」が必須と述べている (de Vega et al. 2008: 414)。これはまさにISを意味し、身体性研究にISを正しく位置づけることは重要な課題と筆者は考える。

　さて、これら4つのキーワードと*MLB*のメインテーマ、メタファーとはどのような関係にあるのか。実はISで獲得される抽象性は、具体的経験からより一般的で柔軟な表象への移行で、領域自体はあまり変わらない。IS

身体性 ⟶ IS ⟶ 抽象性₁ ⋯メタファー⋯▶ 抽象性₂

図23　メタファーによる抽象性への拡張

における抽象性とは、例えば、財布や部屋など様々な閉鎖空間から〈容器〉のスキーマが獲得されるといった例である。物理的および空間的である点で領域は変わらない。抽象性には別の意味もあって、集団、希望、愛、法律、伝統、民主主義といった観念的、文化的な意味である。そして身体性からこういった抽象性への拡張を生み出すのがメタファーなのである。

もちろん、抽象性$_1$がなければ、抽象性$_2$が発生しえないのか、身体性からメタファーで抽象性$_2$へ直接的に拡張することはないのかといった疑問は正統なものである。しかし、次のような理由で図23が現状で最も妥当な仮説と考える。まず、第1に、メタファーの定義に関連して、写像の主要な内容は IS であることが普遍性仮説 (Lakoff 1990: 54) や、普遍性原理 (Lakoff 1993: 215) でうたわれている。つまりメタファーは IS を写像する。これが正しければ、IS はメタファー以前に存在する必要がある。第2に、視覚情報の抽象化、理想化の存在は、脳科学ですでに充分検証されている。これに対してメタファーの脳内での反応は十分に記述されてはいない。この2点から、IS による拡張はメタファーによる拡張以前に設定してよいと思われ、図23は妥当と考えられる。

5. *MLB* になかった要素—人工物と情動

さて、ここまで、2節で *MLB* を検討し、3節で身体性研究を鳥瞰して、4節で両者の対応関係を見た。*MLB* のキーワードはひとつの図柄に収まり、接地の問題意識を強く表していることを考察した。本節では、*MLB* に欠けていた観点として、アーティファクトと情動について付記したい。

まず、アーティファクト(人工物)である。アーティファクトは簡単に言えば道具である。矢じりなどから人類の知的発達と密接にかかわってきた。アーティファクトは食器、フライパン、携帯、衣服、時計、原発、宇宙船を含む驚くほどの種類と数である。

アーティファクトはもともとロシアの心理学者ヴィゴツキーの理論の中で媒介物 (mediational means) の研究として発展してきた (茂呂他編 2011)。

ヴィゴツキーの理論によれば、複数の人間が関わる社会的活動は、アーティファクトによる媒介で成立する。円卓があれば食事が媒介され、教室があれば授業が媒介される。また、D. A. ノーマンの一連の研究でアーティファクトのデザイン的側面が認知科学でも早くから脚光を浴びてきた（Norman 1988）。アーティファクトの重要性は認知言語学と親和性の高い発達心理学者トマセロも指摘している。

　　模倣学習がとりわけ重要な役割を果たすのは、ある特定のタイプの物体、特に文化的な人工物と子供の関わり合いである。発達の早い時期に、物体を掴み、口に入れて吸い、操作するなかで、幼い赤ちゃんはその物体のもつ行為のアフォーダンス（Gibson 1979）の一部を学習する。…（中略）…たとえば、私たちはハンマーを打ちつけるために使い、鉛筆は書くために使うのだ、というように。このような過程に携わった経験を持つ子供は、文化的な物体や人工物を、自然的・感覚運動的なアフォーダンスをもつのみならず、それとは別の、意図的なアフォーダンスとでも呼べるようなものを持つものとして理解するようになる。この理解の基礎にあるのは、他者がその物体やその人工物に対して築いている意図的な関係—すなわち、他者がその人工物を介して築いている世界との意図的な関係—についての理解である。
　　　　　　　　　　　　　（Tomasello 1999、大堀他訳 2006: 113–114）

つまり、幼児の認知発達において、人工物を含む模倣学習の影響は重大である。人工物は子供にとって触れることができ、操作ができる物理的実体を持っており、身体性となじみが深い。一方、人工物はそれ以上の「意図的なアフォーダンス」を持っている。つまりその道具が何のためのものなのかという高次の社会的フレームに関わる要素である。そこで、人工物は、身体性を社会性や記号性とつなぐ役割を担う。
　D. A. ノーマンらとも共同研究したという文化心理学者のマイケル・コールは、「アーティファクトは同時に、観念的であり物質的である」（有元

身体性 ──IS──▶ 抽象性₁ ──メタファー / アーティファクト──▶ 抽象性₂

図 24　メタファーとアーティファクトによる抽象性への拡張

2011: 52)と述べたという。これは、トマセロの言と符合する。物質的で「自然的・感覚運動的なアフォーダンス」を持つと同時に、観念的で、「意図的なアフォーダンスとでも呼べるようなもの」を持つわけである。物理的実体で観念的要素を表現するアーティファクトはメタファーとともに接地の大きな助けになっている。これを図 24 に表現する。

　アーティファクトは複数の人間の活動をつなぐ意味で、社会性を持つ。たとえば、ギリシャの裁判には水時計が使われたという (Dohrn-van Rossum 1992: 19ff)。正確な時間の記述を可能にする時計は計画と予定の発展を促した。共有されるという意味で時計が時間の理解に果たす役割は大きい。さらに時間のメタファーに、日時計、水時計といった時間の概念を物質化したアーティファクトが影響を与えないと考えることは無理があろう（鍋島 2017)。アーティファクトはさらにフレームに必要不可欠な構成要素となる。例えば、包丁は調理フレームの一部となり、教壇や教室は授業フレームに場を提供する。そこで、メタファーとアーティファクトは協働して人類の社会的営みである抽象性₂としてのフレームの形成を助けることになる。

　もうひとつ重要な要素は情動である。情動は情緒（affect）、感情（feeling）、情動（emotion）などの様々な名称で呼ばれるが[16]、究極的には近づくか逃げるかの二価的な反応に集約されるので、評価性（evaluation）とも直結する。MLB では、身体性、推論、構造性の観点が強調され、情動や評価性の観点が等閑視されている。3 節にみたように情動は身体と脳をつなぎ、身体性研究の欠くべからざる要素である。メタファー研究にも評価性の名前でこういった要素を論じる論文も出始めたが（楠見 1995、Sopory 2005、鍋島 2007、2011、Ahmad 2011) いまだ十分であるとは言えない。メタファーの身体性を論じるのであれば、情動や評価性とメタファーの研究も同様に発展

することが望ましい。

6. おわりに

　本稿では、Lakoff and Johnson (1980) を取り上げ、それが現代の脳科学や身体性研究をいかに予期していたかを論じた。2節では、MLB を、3節では脳科学の知見を、4節で両者の対応関係を検討するとともに、キーワードとして取り上げた中の4つの概念が整合的に理解できることを見た。さらに、抽象性には2種類あり、メタファーは抽象性をより高度に上げたいわば「第2弾」の接地を行っている可能性を提示した。5節では MLB で論じられておらず今後注目すべき2つの概念、アーティファクトと情動に関して簡単に記述した。脳科学は発展を続けている。創造性の源泉であるメタファーが身体性研究や脳科学によって明らかにされていく動向は今後も目が離せない。

注
1　メタファー研究の系譜では通常、動機づけ、根拠、基盤と訳されるが、認知科学における Harnad (1990) の Symbol Grounding Problem（記号接地問題）との関連を示すために本稿ではあえて接地とした。
2　1箇所のみ、最初に grounding と述べ、その後、experiential basis について述べている部分がある (p.17)。2003年版で加えられた後書き (Afterword) には、メタファーの経験的基盤の意味で使用されている部分が2箇所ある。現状、両者の区分はなくなったと考えられる。
3　輪郭がなぜ概念化を容易にするかは語られていないが、これは興味深く複雑な説明を要する問題である。
4　Basic level category：基本レベルカテゴリー。上位レベル、下位レベルに比べ、イメージ、運動、コミュニケーションに重要な位置づけにあるカテゴリー。Rosch (1978), Markman et al. (1997) を参照。
5　言語学でいう素性 (feature) やパラメータ (parameter) にあたると考えられる。

6 一次運動野、一次体性感覚野、一次視覚野の「一次」というのは、最初のという意味で、一般に大脳の中で身体や感覚器に最も近い部分の名称に当てられる。
7 http://ja.wikipedia.org/wiki/大脳皮質 最終検索日：2015年1月13日
8 http://en.wikipedia.org/wiki/File:Ventral-dorsal_streams.svg　最終検索日：2012年12月23日
9 ラットなどの動物の身体を基準しているので、上方が背中側、下方が腹側という意味で背側、腹側という用語が使用されている。
10 但し、その反応の強度は実際に犬を見たりした実際の経験よりも小さい。そのことが、両矢印が点線であることで示されている。
11 32～38℃
12 バーサローは2011年の英国認知言語学会でこの考えをラネカーら認知言語学者のアイデアから借用していることを言明している。
13 25歳で前頭葉を貫かれて、なお36歳まで生きたフィネアス・ゲージの事故の物語は衝撃的で一読の価値があるが、原書、訳書、鍋島（2016: 152–153）でご確認いただきたい。
14 この第2のレベルで、(1a)から(1c)までを抽象化した *in* のスキーマが発生するのかどうかは実証的な問題であるが、*MLB* では反対している。
15 このような構造の抽象化には、融合理論（Blending theory: BT）の一般スペースがある。経験のゲシュタルトは融合理論における高次の一般スペースと考えることもできる。
16 大雑把にいえば、情動（emotion）は身体から湧き上がる反応、感情（feeling）はその脳における認識（情を感じること）、情緒（affect）はダマジオでいう背景的情動を含む広い括りと筆者は現時点で考えている。

参考文献

Ahmad, K. (ed.) (2011) *Affective computing and sentiment analysis: Metaphors, emotions and terminology*. Heidleberg: Springer Verlag.
甘利俊一監修、田中啓治編（2008）『認識と行動の脳科学』東京大学出版会
有元典文（2011）「アーティファクトの心理学」茂呂雄二・田島充士・城間祥子編『社会と文化の心理学―ヴィゴツキーに学ぶ』pp.32–54. 世界思想社
Barsalou, L.W. (2008) Grounding symbolic operations in the brain's modal systems. In Semin, G. R. and E.R. Smith (eds.) *Embodied grounding: Social, cognitive, affective, and neuroscientific approaches*, pp. 9–42. Cambridge: Cambridge University Press.
Bhalla, M., & Proffitt, D. R. (1999). Visual-motor recalibration in geographical slant

perception. *Journal of Experimental Psychology: Human Perception and Performance*, 25 (4), 1076.

Carlson, N. R. (2013 [2009]) *Eleventh [Tenth] edition. Physiology of behavior.* Upper Saddle River, N.J. ; Harlow: Pearson.（泰羅雅登・中村克樹訳（2013〔2010〕）『第4〔3〕版カールソン神経科学テキスト 脳と行動』丸善出版）

Clausner, T. and W. Croft. (1999) Domains and image schemas. *Cognitive Linguistics*. 10 (1) : 1–31.

Damasio, A. (1994) *Descartes' error: Emotion, reason, and the human brain.* New York: Putnam.（ダマジオ・A. 田中三彦訳（2000）『生存する脳』講談社）

Damasio, A. (1999) *The feeling of what happens: Body and emotion in the making of consciousness.* New York: Harcourt.（ダマジオ・A. 田中三彦訳（2003）『無意識の脳 自己意識の脳―身体と情動と感情の神秘』講談社）

Damasio, A. (2003) *Looking for Spinoza: Joy, sorrow, and the feeling brain.* New York: Harcourt（ダマジオ・A. 田中三彦訳（2005）『感じる脳―情動と感情の脳科学よみがえるスピノザ』講談社）

Damasio, A. (2010) *Self comes to mind: Constructing the conscious brain.* New York: Pantheon.（ダマシオ・A. 山形浩生訳（2013）『自己が心にやってくる』早川書房）

de Vega, M., A. Glenberg, and A.C. Graesser (eds.) (2008) *Symbols and embodiment: Debates on meaning and cognition.* Oxford: Oxford University Press.

Dohrn-van Rossum, G. (1992) *Die geschichte der stunde.* Munchen Wien: Carl Hanser Verlag.（ドールン-ファン・ロッスム 藤田幸一郎・篠原敏昭・岩波敦子訳（1999）『時間の歴史』大月書店）

Eysenck, M. W., and Keane, M. T. (2010) *Cognitive psychology: A student's handbook.* Hove, England: Psychology Press.

Fauconnier, G. and M. Turner. (2002) *The way we think.* New York: Basic Books.

Gallese, V. and G. Lakoff (2005) The brain's concepts: The role of the sensory-motor system in reason and language. *Cognitive Neuropsychology* 22: 455–479.

Gibson, J. J. (1950) *The perception of the visual world.* Boston: Houghton Mifflin.（ギブソン・J. J. 東山篤規・竹澤智美・村上嵩至訳（2011）『視覚ワールドの知覚』新曜社）

Gibson, J. J. (1966) *The senses considered as perceptual systems.* Boston: Houghton Mifflin.（ギブソン・J. J. 佐々木正人・古山宣洋・三嶋博之監訳（2011）『生態学的知覚システム―感性をとらえなおす―』東京大学出版会）

Gibson, J. J. (1979). *The ecological approach to visual perception.* Boston: Houghton Mifflin.（ギブソン・J. J. 古崎敬・古崎愛子・辻敬一郎・村瀬旻訳（1986）『生態学的視覚論―ヒトの知覚世界を探る』サイエンス社）

Glenberg, A.M. (2008) Toward the integration of bodily states, language, and action. In Semin, G.R. and E.R. Smith., (eds.) *Embodied grounding: Social, cognitive, affective and neuroscientific approaches*. New York: Cambridge University Press, 43–70.

Glucksberg, S. and B. Keysar. (1993) How metaphors work. In Ortony, A. (ed.) *Metaphor and thought*, pp.401–424. Cambridge: Cambridge University Press.

Goffman, E. (1974) *Frame analysis: An essay on the organization of experience*. New York: Harper and Row.

Harnad, S. (1990) The Symbol Grounding Problem. *Physica. D 42*: 335–346.

Harnad, S. (2003) The Symbol Grounding Problem. *Encyclopedia of Cognitive Science*. Nature Publishing Group/Macmillan.

Hampe, B. (2005) *From perception to meaning: Image schemas in cognitive linguistics*. Berlin・New York: Mouton de Gruyter.

一川誠 (2009)『時計の時間、心の時間―退屈な時間はナゼ長くなるのか？』教育評論社

Johnson, M. (1987) *The body in the mind: The bodily basis of meaning, imagination, and reason*. Chicago: University of Chicago Press. (ジョンソン・M 菅野盾樹・中村雅之訳 (1991)『心のなかの身体―想像力へのパラダイム変換』紀伊國屋書店)

片山真人 (2012)『暦の科学』ペレ出版

河田光博・稲瀬正彦 (2004)『人体の正常構造と機能 (8) 神経系 1―中枢神経系の構造・高次神経機能・運動系』日本医事新報社

Kosslyn, S. M., W. L. Thompson, I. J. Kim, and N. M. Alpert. (1995) Topographical representations of mental images in primary visual cortex. *Nature* 378: 496–498.

子安増生・大平英樹編 (2011)『ミラーニューロンと〈心の理論〉』新曜社

久野みゆき・安藤啓司・杉原泉・秋田恵一 (2005)『カラー図解　人体の正常構造と機能 (9) 神経系 2―末梢神経系の構造・自律神経機能・感覚系』日本医事新報社

楠見孝 (1995)『比喩の処理過程と意味構造』風間書房

Lakoff, G. (1987) *Women, fire, and dangerous things*. Chicago: The University of Chicago Press. (レイコフ・G.　池上嘉彦・河上誓作・辻幸夫・西村義樹・坪井栄治郎・梅原大輔・大森文子・岡田禎之訳 (1993)『認知意味論―言語から見た人間の心』紀伊國屋書店)

Lakoff, G. (1990) "The Invariance hypothesis: Is abstract reason based on image schemas?" *Cognitive Linguistics* 1 (1)：39–74. (レイコフ・G.　杉本孝司訳 (2000)「不変性仮説―抽象推論はイメージ・スキーマに基づくか？」坂原茂編『認知言語学の発展』pp. 1–59. ひつじ書房)

Lakoff, G. (1993) The contemporary theory of metaphor. In Ortony, A. (ed.) *Metaphor and thought*. 2nd ed., pp. 202–251. Cambridge: Cambridge University Press.

Lakoff, G. and M. Johnson. (2003 [1980]) *Metaphors we live by*. Chicago: University of Chicago Press.（レイコフ・G. ジョンソン・M. 渡部昇一・楠瀬淳三・下谷和幸訳（1986）『レトリックと人生』 大修館書店）

Lakoff, G. and M. Johnson. (1999) *Philosophy in the flesh*. New York: Basic Books.（レイコフ・G. ジョンソン・M. 計見一雄訳（2004）『肉中の哲学』哲学書房）

Langacker, R. (1987) *Foundations of cognitive grammar I: Theoretical prerequisites*. Stanford, Calif: Stanford University Press.

Langacker, R. (2008) *Cognitive Grammar: A basic introduction*. New York: Oxford University Press.（ラネカー・R. 山梨正明監訳（2011）『認知文法論序説』研究社）

Markman, A. B. and E. J. Wisniewski. (1997) Similar and different: The differentiation of basic level categories. *Journal of Experimental Psychology: Learning, Memory, and Cognition* 23 (1): 54–70.

Martin, A. C. L., Wiggs, L. G. Ungerleider, and J. V. Haxby. (1996) Neural correlates of category-specific knowledge. *Nature*, 379, 649–652.

Mellet, E., N. Tzourio, F. Crivello, M. Joliot, M. Denis, and B. Mazoyer. (1996) Functional anatomy of spatial mental imagery generated from verbal instructions. *The Journal of Neuroscience* 16 (20): 6504–6512.

三嶋博之（2000）『エコロジカル・マインド―知性と環境をつなぐ心理学』日本放送出版協会

森岡周（2005）『リハビリテーションのための脳・神経科学入門』協同医書出版社

茂呂雄二・田島充士・城間祥子編（2011）『社会と文化の心理学―ヴィゴツキーに学ぶ』世界思想社

鍋島弘治朗（2003）「認知言語学におけるイメージ・スキーマの先行研究」『日本認知言語学会論文集』3：334–338.

鍋島弘治朗（2007）「領域をつなぐものとしての価値的類似性」楠見孝編『メタファー研究の最前線』pp.179–201. ひつじ書房

鍋島弘治朗（2011）『日本語のメタファー』くろしお出版

鍋島弘治朗（2016）『メタファーと身体性』ひつじ書房

鍋島弘治朗（2017）「人工物と時間のメタファー」メタファー研究会 M-II 時間のメタファー口頭発表 2017 年 3 月 16 日 関西大学

Norman, D. A. (2002 [1988]) *The design of everyday things*. Newprint.（ノーマン・D. A. 野島久雄訳（1990）『誰のためのデザイン？―認知科学者のデザイン原論』新曜社）

Proffitt, D. R., J. Stefanucci, T. Banton, and W. Epstein. (2003). The role of effort in perceiving distance. *Psychological Science*, 14 (2), 106–112.

Pulvermüller, F. (2008a) Brain embodiment of category specific semantic memory circuits. In Semin, G. R. and E. Smith (eds.), *Embodied grounding: Social, cognitive, affective, and neuroscientific approaches*, pp.71–97. Cambridge: Cambridge University Press.

Pulvermüller, F. (2008b) Grounding language in the brain. In de Vega, M., A. M. Glenberg, and A. C. Graesser. (eds.) *Symbols and embodiment: Debates on meaning and cognition*, pp.85–116. New York: Oxford University Press.

Richards I. A. (1936) *The philosophy of rhetoric*. Oxford University Press, Oxford, UK

Rizzolatti, G., A. Berti, and V. Gallese. (2000) Spatial neglect: neurophysiological bases, cortical circuits and theories. In Boller, F., J. Grafman, and G. Rizzolatti (eds.), *Handbook of neuropsychology*, 2nd Edition, Vol. I, pp. 503–537. Amsterdam: Elsevier Science B.V.

Robbins, P. and M. Aydede. (2008) *The Cambridge handbook of situated cognition*. Cambridge: Cambridge University Press.

Rosch, E. (1978) Principles of Categorization In Rosch, E., and B. B. Lloyd. (eds.) *Cognition and categorization*, pp.27–48. Hillsdale, NJ: Lawrence Erlbaum Associates.

Rossetti, Y. and L. Pisella (2002) Several 'vision for action' systems: a guide to dissociating and integrating dorsal and ventral functions. In W. Prinz and B. Hommel. (eds.) *Common mechanisms in perception and action: Attention and performance XIX*. pp. 62–119. Oxford: Oxford University Press.

境敦史・小松英海・曽我重司 (2002)『ギブソン心理学の核心』 勁草書房

佐々木正人 (1994)『アフォーダンス―新しい認知の理論』岩波書店

Schank, R. C. and R. P. Abelson. (1977) *Scripts, plans, goals, and understanding: An inquiry into human knowledge structures*. Hillsdale, NJ: Lawrence Erlbaum Associates.

Sopory, P. (2005) Metaphor and affect. *Poetics Today* 26 (3): 433–458.

丹治順 (2009 [1999])『脳と運動―アクションを実行させる脳―』共立出版

Tomasello, M. (1999) *The cultural origins of human cognition*. Cambridge, MA: Harvard University Press. (トマセロ・M. 大堀壽夫・中澤恒子・西村義樹・本多啓訳 (2006)『心とことばの起源を探る―文化と認知』勁草書房)

月本洋・上原泉 (2003)『想像―心と身体の接点』ナカニシヤ出版

Turner, A (1991) *Reading minds: The study of English in the age of cognitive science*. Princeton University Press.

Warrington, E. K. and R. McCarthy. (1983) Category specific access dysphasia. *Brain* 106: 859–878.

Warrington, E. K. and R. McCarthy. (1987) Categories of knowledge: Further fractionations and an attempted integration. *Brain* 110: 1273–1296.

渡辺正孝（2013）「前頭前野」（http://bsd.neuroinf.jp/wiki/前頭前野　最終検索日：2014年 12 月 16 日）

第 2 章
会話分析とメタファー*

杉本　巧

1. はじめに

　メタファー（隠喩）は幅広い分野で研究されているが、実際の会話をデータとした研究はまだ少ない。本稿は、会話をデータとしたメタファー研究、特に会話分析の手法を取り入れたメタファー研究を提案し、その方法と実践例を示す。

　具体的には、2節でメタファー研究の広がりと談話をデータとするメタファー研究の成果に簡単に触れた上で、本稿が提案するメタファー研究の観点を示す。3節では、会話データの分析手法として、会話分析の手法を簡単に紹介し、メタファーに関連する研究事例として、Drew and Holt（1988、1998）を取りあげる。4節では、まず会話データの収集方法の概略を述べる。そして、筆者自身が収集した会話データを用いて、メタファーが相手の説明の要点を理解していることを証拠立てるための「資源」として利用されていることを示す。

　なお本稿では、メタファーを「あるモノゴトについて、それとは別のモノゴトを通して思考し、理解すること及びその表現」として論を進める[1]。特に言語表現としてのメタファーに限定して言及する際は、「メタファー表現」と表す。また、言語形式としては、「みたいな」「ような」といったメタファーを明示する形式、すなわち「メタファー明示表現」（鍋島 2016: 254）を伴うシミリ（直喩）も含む。

2. 会話をデータとする意義と本稿の観点

本節では、まず2.1で近年のメタファー研究の広がりについて簡単に触れ、会話をデータとする意義について述べる。2.2では、会話のデータを具体的に示しながら、本稿の観点を示す。

2.1 メタファー研究の広がりと会話

現在に至るメタファー研究の広がりは、メタファーをテーマとした論集である Ortony ed. (1979、1993)、楠見編 (2007)、Gibbs ed. (2008)、Semino and Demjén eds. (2016) などに収録されている修辞学、文学、言語学、哲学、心理学、脳科学、人工知能学、芸術学、教育学といった立場からの論述に表れている。

メタファー表現の解釈過程や機能、効果については、すでに多くの先行研究が蓄積されている。主要なメタファー理論、解釈過程に関する先行研究の概略と問題点については、鍋島 (2011) の第1章及び鍋島 (2016) の第4章、特に心理言語学、認知心理学の立場からの研究については、平 (2010)、平・楠見 (2011) といった文献にまとめられている。

メタファーの機能や効果については、Goatly (1997) が第5章において、先行研究の知見をまとめ、15項目を列挙している。その項目を見ると、メタファーが言語体系の構築、(抽象)概念の構築や理解、類推などの推論、様々な修辞的効果、コミュニケーション上の機能・効果といった、広範囲の人間の活動に関わっていることが分かる。

近年は特に、「認知メタファー理論」(Lakoff and Johnson 1980、1999、Grady 1997、鍋島 2011、2016) を中心として、日常の言語使用及び活動を支える認知機構としてのメタファー(「概念メタファー (conceptual metaphor)」) が関心を集めている。認知科学、脳科学の発展も相まって、メタファーの解釈・効果の言語的、認知的仕組み、認知機構における働きが解明されつつある[2]。直近の成果として、鍋島 (2016) では、認知(知覚)心理学のみならず、脳科学や生態心理学の知見をも取り入れ、認知メタファー理論を発展させた

「身体性メタファー理論」が提示されている。

　また、データとして、単文ではなく、小説、雑誌、Web ページなどの文章、政治スピーチ、インタビュー、テレビやラジオの放送など、各種の談話をデータとするメタファー研究も近年盛んになってきている。そのような立場の論述を多く収録した論集としては、Cameron and Low eds.(1999)、Zanotto et al. eds.(2008)、Musolff and Zinken eds.(2009)、Cameron and Maslen eds.(2010)、Low et al. eds.(2010)、MacArthur et al. eds.(2012) などがある。

　これらの研究により、ある特定の文脈のなかでのメタファー表現の形式的特徴(構文やメタファーの標識)、分布特性(トピックやジャンル、場面による違いなど)、談話内での体系性(あるトピックに関するメタファー表現間の関係)、談話内での変化(メタファーの繰り返しや言い換え、拡張や詳細化)といった、単文の言語データからは見出されないメタファーの性質も明らかにされつつある。

　談話をデータとすることで、既存のメタファー理論に重要な示唆を与えている研究もある。例えば、政治スピーチや文学作品、雑誌記事などの談話及びコーパスをデータとした Semino(2008) は、認知メタファー理論の立場から、既存の概念メタファーでは十分な説明できない事例(同じ概念メタファーが異なる言語的現れをする場合や、既存の概念メタファーと整合する新しくオリジナルなメタファー表現の出現)を見出し、メタファーにおける「慣用性と創造性の相互作用」を考慮に入れる必要性を主張している。

　このように、各種の談話をデータとする研究は増加傾向にあるが、最も基本的なコミュニケーション形態のひとつと言える会話(複数の言語使用者間の直接的なやりとり)をデータとしたメタファー研究は、まだ少ない。例えば、英国小学校の教室活動をデータとした Cameron(2003)、爆弾を仕掛けた活動家とその犠牲者の肉親との面談をデータとした Cameron(2011)、科学的話題に関する科学者同士の議論をデータの一部とした Libert(1997)、コーパスに収録されている会話データを用いた Carter(2004)、Kaal(2012) といった先行研究がある程度である。

本稿では、3節と4節で具体的に述べるように、実際の会話を録画・録音し、データとするメタファー研究を提案する。その最も大きな意義は、言語使用者・認知主体である人間が、実際にメタファー表現を使っている様子を観察できるということにある。その観察を通して、会話だからこそ見られるメタファーの使用実態、さらには会話のやりとりのなかでのメタファーの働きを明らかにすることが可能になると思われる。

2.2　会話に出現するメタファー表現と本稿の観点

　ここでは、本稿の観点を具体的に提示するために、筆者自身が収集したテレビ番組のインタビューの転記資料[3]を抜粋1に示す。

　テレビ番組のインタビューは、不特定多数へ向けた娯楽としての性格が強い。また、あらかじめ打ち合わせや台本で内容が取り決められ、事後に編集がなされている。その点で、第4節でデータとする日常的な会話と同種類の会話ではない。一方で、メタファー表現は他の種類の会話と比べて頻繁に現れる。ここでは以降の議論を具体的にするための資料として取りあげる。

　抜粋1のUはプロのジャズ・ピアニスト、Iは漫画家である。番組上の設定として、IがUにインタビューをしている場面である。抜粋1の場面では、4行目以降でUがジャズの即興演奏がどういうものかをメタファー表現を交えながら説明している。

【抜粋1】「即興演奏は会話」
01　U:　17のときなんて:,(1.2)聞く力もなかったですもん.
02　　　　あ::っとおもって(.)［(も)なんか-
03　I:　　　　　　　　　　　　［きく力ってどゆい-どうゆうことですか:その:,
04　U:　やっぱり一緒に演奏するってゆうのは:,
05　I:　ん:.
06　U:　きく力ってのがすごく重要で:,
07　I:　は:い.
08　(0.5)

```
09  U:  話をするのとす［ごく似てるので:,
10  I:              ［ん:ん:ん:ん:.
11  U:  相手の人がいま:,どうゆうつもりでこの:言葉を投げかけてきてるのか
        な:.
12  I:  は:い.
13  (0.7)
14  U:  なんでこの質問をしたのかな.
15  I:  は:い.
16  U:  (で):その言葉の選び方ってゆうのにもその人柄がでるし:,
17  I:  は:い.
18  U:  そこに対して自分がどうゆう-(0.2)答えを返したいか.
19  I:  は:い.
20  U:  でそこに:,.h(0.9)の引き出しが多ければ多いほど:,
21  I:  は:い.
22  U:  いろんな答えが返せる.
23  I:  ん::［::.
24  U:      ［ってゆうのの繰り返しなんですね即興演奏の会話ってゆうのは.
25  I:  もう＞ほんと＜会話ですねそれはね:.
26  U:  そう.
```

　抜粋1に見られるメタファー表現の出現傾向は、Cameron（2003、2011）の成果をまとめたCameron（2008a: 198–203）が挙げている傾向と共通する部分が多い。その内容を以下に抜粋する（引用者訳、項目番号は引用者による）。

（1）　複雑なこと、なじみの薄い（unfamiliar）ことが話題のとき、集合的に現れる（clustering）ことがあり、一方がメタファー表現を使用すると、他方もそれに合わせてメタファー表現を使う。

（2）　比較の形式がメタファーの形式になることがある。

例) trees like little lollipops → lollipop trees
(3) 語彙的なつながりがある体系的なメタファー表現、喩辞 (vehicle) の展開 (development) が見られる (喩辞の繰り返し、再語彙化など[4])。
(4) 意識的な (deliberate) メタファー表現は、「like、a sort of、kind of」といった、表現の逸脱性を調整し、相手の解釈を誘導する「チューニング・デバイス (tuning device)」(Cameron and Deignan 2003 も参照) を伴う傾向がある。

　まず、(1)と(3)の傾向について、抜粋1では、演奏家ではないIにとってなじみの薄い「即興演奏」についてUが説明する中で、即興演奏を会話にたとえるメタファー表現が集合的に現れている (「話をする」「言葉」「質問」「答え」「会話」)。それらのメタファー表現は体系的なつながりを持つ。そして25行目では、Iが「ほんと会話ですねそれはね」と、同じ内容のメタファー表現を用いている。
　(2)と(4)の傾向について、抜粋1では9行目のUによる「(一緒に演奏するのは)話をするのとすごく似てるので」は、「チューニング・デバイス」に当たる形式「似てる」を伴っている。しかし24行目では、「即興演奏の会話」という比較を表す形式がないメタファー表現になっている。
　このように、実際の会話からメタファー表現を抽出することで、直接相手とのやりとりを行うなかでのメタファー表現の使用実態、特に形式やメタファー表現間のつながりを明らかにすることができる。
　一方で、先行研究では、会話のやりとりにおいて、メタファー表現を含む発話が発されるタイミングには関心が向けられていないように思われる。次節で導入する会話分析の観点から言えば、会話のやりとりにおける発話の位置 (時間軸上のタイミングと前後の発話との関係) 及び形式は、会話の参与者がその発話を使ってしようとしていることと分かちがたく結びついている。それは、メタファー表現を含む発話も同様である。
　抜粋1について、9行目の「(一緒に演奏するのは)話をするのとすごく似てるので」と、24行目の「即興演奏の会話ってゆうのは」、25行目のIによ

る「ほんと会話ですねそれはね」は、いずれも「(即興)演奏」を「会話」にたとえているメタファー表現である。しかし、会話を進めるうえでは、異なる働きをしているように思える。

具体的には、「話をするのとすごく似てるので」は、即興演奏を会話にたとえた説明の前置き[5]、「即興演奏の会話ってゆうのは」は、Uによる説明のまとめ、ないしは締めくくり、Iの「ほんと会話ですねそれはね:.」は、Uの説明を聞いて、Iが即興演奏は会話だと理解したことを強く示しているように思える。このような違いは、やりとりのなかでの発話の位置と発話の形式が異なるために理解可能となっていると思われる。

本稿では、このようなメタファー表現を含む発話の出現位置と形式の観察及び分析から、会話におけるメタファー表現の働きを解明するという観点を提案する。その具体的な手法として、次節で会話分析の手法を導入し、4節で実践例を示す。

3. 会話分析

本節では、3.1 で会話分析の基本的なアイデアについて述べる。そして 3.2 で具体的な手法を簡単に紹介する。3.3 では、会話分析の手法を用いた研究事例として、Drew and Holt (1988、1998) を取りあげる。彼らの研究は、メタファー表現のみを対象にしたものではないが、イディオム (idiomatic expression: クリシェ、ことわざなどを含む) や慣用的な比喩表現 (figurative expression: had a good inning、take with a pinch of salt など) の相互行為上の働きを明らかにしている。

3.1 会話分析のアイデア

Harvey Sacks、Emanuel A. Schegloff によって始められた会話分析は、本来社会学の研究手法である。その中心目的は、串田 (2006a: 188) によれば、「会話をはじめとするさまざまな言語的やりとり (talk-in-interaction) において、人々が理解可能な形で行為を生成していく方法を記述すること」であ

る。会話分析の手法の詳細や成果の蓄積については、串田（2006a、2006b）、高梨（2016）、高木・細田・森田（2016）、串田・平本・林（2017）、ten Have（2007）、Sidnell（2010）、Sidnell and Stivers eds.（2013）などを参考にされたい。

会話分析でいう「会話」とは、複数の参与者による相互行為としての会話である。データとして会話を用いるが、その関心は、言葉そのものよりも、会話のやりとりにおいて、言葉を用いてなされる行為及びその行為を生成する「装置（machinery）」（Schegloff and Sacks 1973、邦訳：181）の記述にある。

会話分析で関心の対象となる「行為（action）」とは、Schegloff（2007）の説明によると、挨拶、質問、同意といった、いわゆる「発話行為（speech act）」にも通じるような行為だけではない[6]。そのような固有の（vernacular）名称がついていない行為も含まれる。例えば、Schegloff（1996）の「ほのめかしの確認（confirming allusion）」（相手の言ったことを繰り返すことで、相手の言ったことが、自身がそれまでに話したことでほのめかしていた内容であることを確認する）、後に Drew and Holt（1988）の事例で挙げる「不平のまとめ」、4.2で取りあげる受け手による「理解の立証」なども行為である。会話分析では、あらかじめ参与者が行いうる行為のカテゴリが決まっているのではなく、会話のやりとりにおけるふるまいの観察に基づき、「そのように話すことで参与者が何をしえたのか／それは何をするようにデザインされているのか」という問いに答える形で見出されるものである（Schegloff 2007: 8、引用者訳）。

そして参与者の行為を生成する「装置」は、「会話を交わしている者たち自身が適切な会話を構成するさいに考慮に入れていることを、そのまま記述したもの」（Schegloff and Sacks 1973、邦訳：182）である。すでに、順番交替組織（Sacks, Schegloff and Jefferson 1974）、連鎖組織（Schegloff and Sacks 1973）、修復組織（Schegloff, Jefferson and Sacks 1977）、成員カテゴリー化装置（Sacks 1972）などが見出されている。

3.2 会話分析の手法

会話分析の手法の特徴は、会話のやりとりの精緻な質的分析である。会話のある位置でなされた発話が、どのような行為を担っているか、それがどのような「装置」によって生み出されているかを、発話を含む会話の参与者の認識可能なふるまいの観察・分析を通して明らかにしていく。まず、会話分析の手法における作業の進行について、概略を串田（2006a: 188–189）より抜粋する。

① 自然に生起した言語的やりとりを録音ないし録画
② ①を無心に繰り返し観察、トランスクリプト作成
③ 注目するふるまいに関して最初の記述
　　…繰り返し現れる規則的なものか調べる
④ 規則的に現れるふるまいが、…共通の相互行為上の問題を参与者たちが同じように解いた結果として記述できるか
⑤ パターンから外れる変則ケースについて、同じ問題をそのケースに固有の文脈的詳細に感応しつつ解いた結果として記述できるか

①のデータ収集については、4.1で述べる。②にある「無心（unmotivated）」とは、何らかの理論的立場、仮説を観察に持ち込まないということである。ここが言語学的なデータ観察と大きく異なる点だろう。②及び③で、参与者の発話（あるいはその他のふるまい）を観察する際の基本的な視点は、Schegloff and Sacks（1973）の以下の記述に表れている。

> 発話者が発話の配置を考慮に入れるということは、発話についての一般的な事実であることが明らかになっている。すなわち、「なぜいま」この発話がなされるのかということは、会話内の発話について（参与者たちにとり）いつもみんなの問題になっていること（中略）この問題を分析することは、（中略）「この発話」は一体なんなのかをつきとめることに関連している。つまり、いくつかの発話は、おおむね、それがどこに配

置されているかを考慮に入れることで、行為としてどのようなものなのかを推測することができる　　　　　　　　　　　　　　　（邦訳：191）

　すなわち、参与者自身にとって、ある特定の形式の発話が、なぜその時間上の位置に配置されたのか、ということが常に解くべき問題であり、その問題を解くことが、その発話によってどのような行為がなされているかを理解するために必要なことなのである。
　簡単な例を挙げると、「挨拶」は、出会ったとき、実質的な会話を始める前という時間上の配置と、人間関係や時刻などに応じて決まる言語形式（「おはよう」「こんにちは」「やあ」など）や動作（手を挙げる、など）という認識可能な特徴によって、相手に挨拶として理解可能となる。
　そして、分析者（研究者）も、参与者と同じように、それぞれの参与者のふるまいの配置と形式を観察・分析することで、行為の理解（参与者と同じ理解）に達し、記述することが可能になる。これらの点について、串田（2006b: 62）は、「相互行為の中でのあらゆるふるまいはその時間上の位置（「今」）とその位置を「満たす」ために選択された形式（「それ」）によって、ある行為として認識可能になり記述可能になる」とまとめている。
　ある形式の発話やふるまいが、やりとりのどのような位置に配置されているかを理解する際に参照されるのは、先に挙げた会話の「装置」である。
　会話は、複数の参与者が一度にひとり、交替しながら発話の順番（turn）を得ることを繰り返して進行する。その順番という時間上の位置は、先に挙げた「順番交替組織」によって、参与者に配分される。参与者は、発話の順番を得た時間上の位置に、「ターン構成単位（TCU: turn constructional unit）」を配置する。TCUは、相手に認識可能な「資源（resource）」を利用して構成される。串田（2006b）は、資源について以下のようにまとめる。

相互行為の中でさまざまな行為や活動を成し遂げるために利用可能で、かつ相手にとって観察可能な、言語的素材（語彙、統語構造、韻律）、発話に直接伴う非言語的素材（発話のテンポ、音の大きさ、音の長さ、

声調、声質、間隙、吸気、呼気、発話の位置、など）、およびその他の身体的素材（視線、表情、頭部の向き、上体の向き、身振り、動作、など）への総称である。　　　　　　　　　　　　　　　　（53–54）

　そして、配置されたふるまいが担う行為を理解する際に参照される「装置」のひとつが、「連鎖組織」である。連鎖組織とは、串田（2006b: 62）の記述をまとめると、「発話の間に規範的つながりがあり、その規範的なつながりへとふるまいを方向づけることが可能であるような関係にある、発話タイプのセット」である。
　二つの発話タイプの対になっている連鎖組織は、「隣接対（adjacency pairs）」（Schegloff and Sacks 1973）と呼ばれる。「挨拶 - 挨拶」「質問 - 応答」のように、前者が発されたら、後者が続くべき（つまり、ふるまいが方向づけられる）という規範的なつながりがある対である。
　隣接対は、第一対成分（first-pair part）と第二対成分（second-pair part）からなり、それらは隣り合った位置で生じ、それぞれ別々の話し手が発し、第一対成分は第二対成分に先行し、第一対成分は対応した第二対成分を要求する。つまり、第一対成分を発することで、それに後続する位置で第二対成分を発するよう、他の参与者のふるまいを方向づけることができる。
　隣接対を参照することで、第一対成分である質問をすれば、それに対応する第二対成分として応答が得られる、と期待する（応答を見込む）ことができる。それは、相手から何らかの反応（例えば現在の時間）を引き出したければ、対応する第一対成分である発話（例えば「今何時ですか」という質問）を発すればよい、ということでもある。
　そして、質問の受け手の発話（例えば「五時ですよ。」）は、対である質問の後に発されることで応答という行為を担いうる。つまり、隣接対という規範的つながりを参照し、その連鎖上の位置によって、どのような行為を担っているかが理解可能になる。
　また、質問を発した話し手は、受け手の「五時ですよ。」という発話を聞くことで、自身の発話が質問という行為として理解されたことを確認でき

る。つまり、話し手は、受け手の反応をモニターすることで、自分のふるまいに関する受け手の理解を確認することができるのである。

このように、ある発話が、連鎖組織の一部として理解されるなら、規範的つながりを参照することで、次のふるまいを方向づけ、次に現れた発話がどのような行為を担っているかが理解可能になる。また、受け手の反応を観察することで、ある発話でどのような行為がなされたと理解されているかが、分析者にも理解可能になる。

連鎖組織には、「前置き連鎖」「挿入連鎖」「物語り連鎖」「終了部門の連鎖」といったものが見出されている（Schegloff 2007 参照）。

3.3　研究事例：Drew and Holt（1988、1998）

上で述べたように、会話の参与者は、相手のふるまいの観察可能な特徴、特にそのふるまいの配置と形式の観察を通して、相手の行為が理解可能になる。分析においても、特に発話を含むふるまいの配置と形式を精緻に分析することで、当該のふるまいにより、参与者がどのような行為をしているかを記述することができる。

会話分析の手法は、社会学のみならず、「談話機能言語学」や「相互行為言語学」と呼ばれる分野での言語研究にも応用されている。Fox, Thompson, Ford & Couper-Kuhlen（2013）は、会話分析の言語学への貢献として「言語的実践について、発話連鎖における行為として意味づけ」（729、引用者訳）が可能であることを挙げている。

ここでは、会話分析の手法でイディオム（idiomatic expression: クリシェ、ことわざなど含む）や慣用的な比喩表現（figurative expression: had a good inning、take with a pinch of salt など）の相互行為上の働きを明らかにしたDrew and Holt（1988、1998）を紹介する。両研究とも、メタファー表現のみを対象にしたものではないが、その観点と手法は参考になるため、ここで取りあげる。

Drew and Holt（1988）は、自然会話とサイコセラピー、ビジネス会議をデータとして、イディオムが不平（complaint）に関する語りの連鎖、特にそ

のまとめの位置で、不平のポイントを定式化（formulate）する資源として用いられると指摘した。具体的には、話し手が、不平の元となる出来事（ホテルの設備やサービスのまずさ、給与面の待遇など）の詳細報告を行った後、特に受け手の共感や連帯が期待できそうにない場合に、話し手が「gone to pot（使い物にならない）／cut a bit ice with（ほとんど効き目がない）」などのイディオムを用いて自身の不平のポイントをより明確化し、不平のまとめを行うことを指摘した。

　また、比喩を含むことが多いイディオムは、参与者に字義的には受け取られず、経験的事実による証明や説明要求を免れる（同上 406、引用者訳）性質を持つため、上記のような使い方がなされるのではないかと指摘している点は重要である。参与者は、イディオムがそのような性質を持つことを認識したうえで、相互行為の資源として利用し、当該の連鎖上の位置に配置していると考えられる。

　また、Drew and Holt（1998）は、英国家庭等の電話会話のコーパスをデータとして、慣用的な比喩表現を構成要素としてデザインされたターンが、出来事の詳細報告を語った話し手自身による「まとめの評価（summary assessment）」として、詳細報告後のまとめの位置に配置され、そのトピックの終結とトピック移行の連鎖を導くという相互行為上の働きをしていると指摘している。彼らによって示されているトピック移行連鎖のパターンを下に示す（訳は引用者による）。

　　1　話者 A：　　　比喩表現のまとめ（Figurative summary）
　　2　話者 B：　　　同意（またはその他のつながりある表現）
　　3　話者 A：　　　同意／確認（省かれることもある）
　　4　話者 A/B：　　次のトピック導入

このパターンが実際の会話でどのように現れているかを例示するために、Drew and Holt（1998）のデータの一部を抜粋 2 として挙げる。上記のトピック移行連鎖のパターンとの対応は、【←数字】で示す。

【抜粋 2】Drew and Holt（1998: 499）より

```
20  Mum:    G̲ood gracious.
21          (0.3)
22  Lesley: And he wz their b̲uyer.
23          (.)
24  Mum:    Hm̲::::
25  Lesley: .t
26  Mum:    Hm̲:.
27  Lesley: So h̲e had a good inni:ngs d̲id ［n't he.【← 1】
28  Mum:                                ［I̲ should s̲ay so:【← 2】
29          Ye̲:s.
30          (0.2)
31  Mum:    Ma̲rvellous.
32  Lesley: .tk.hhhh A̲nyway we had a very good evening o:n【← 4】
33          Sa̲turday:y.
34          (.)
35  Mum:    Ye̲:s?
```

　この場面では、Lesley が Mum に対して、知人男性が 79 歳で亡くなったことについて話している。そして、22 行目までで詳細を語り終えた Lesley が、27 行目で「he had a good inni:ngs did［n't he（天寿を全うしたんじゃない：引用者訳、以下同様）」と発している。これが上述のトピック移行連鎖のパターンの 1「比喩表現のまとめ」にあたる。同時に、知人男性の人生について肯定的評価を示している。そして Mum は、28 行目で「I should say so:（そうだね）」と同意、共感を示す。これがパターンの 2 にあたる。その後、パターンの 3 にあたる語り手側の同意ないしは確認が明確には現れていないが、32 行目で Lesley が「Anyway（ところで）」と、別のトピック（土曜の夜のこと）を導入している。これがパターンの 4 にあたる。それに対して 35 行目で Mum が先を促す反応（「Ye:s?」）をすることで、トピックの移行

が達成されている。

　Drew らは、慣用的な比喩表現が、字義的にはそこまでに話してきた経験的詳細から離れ、さらに評価（肯定的、否定的）も含意するため、上述の位置でターンを構成する資源として利用されるのではないかと指摘している。参与者にも、そのような相互行為の資源としての慣用的な比喩表現の性質が認識されているということでもあろう。

　Drew らの議論は、メタファー表現に限定してなされたものではない。しかし同様に、メタファー表現を資源とする発話の連鎖上の配置と発話の形式を観察することで、メタファー表現が会話の参与者にどのような資源として認識され、利用されているかを明らかにすることができるだろう。

4. データの入手と観察・記述

　本節では、まず 4.1 で会話データの入手方法の概略を述べる。そして 4.2 で、筆者自身が収録したデータについての観察を述べる。その観察の結果として、メタファー表現が、相手の話の要点が理解できていることを証拠立てるための資源として利用されていることを示す。

4.1　データの入手方法

　会話データの入手方法は、大きく分けて、研究者自身で収録する、既存のコーパスを利用する、テレビやラジオ等の放送番組を利用するという 3 つの方法がある。

　研究者自身で収録する場合、会話分析では、特に話題設定をしない、いわゆる日常会話や「制度的場面」（診療、模擬法廷、カウンセリング）の会話など、何らかの強制や要求を受けることなく、自然に（自発的に）生起した（naturally occurring）会話を録画・録音し、利用することが多い。

　メタファー研究で会話（あるいは各種の対話）データを扱った先行研究を見ると、話題設定をしているもの（例えば「恋愛経験」「将来のこと」）、あるいは、メタファー表現の出現が予想される特定の場面（「テロに関する討

議」「政治スピーチ」）に絞ってデータを集めているものも見られる。筆者は、研究者のメタファーに関する想定が反映されることを避けるため、研究者側からは話題を設定しない形で収録している。

　既存のコーパスとしては、「The TalkBank Project」（MacWhinney 2007、http://www.talkbank.org/）、『日本語話し言葉コーパス（Corpus of Spontaneous Japanese : CSJ）』（国立国語研究所・情報通信研究機構（旧通信総合研究所）と東京工業大学）、『BTSJによる日本語話し言葉コーパス（トランスクリプト・音声）2011年版』（宇佐美まゆみ監修）、『日本語自然会話書き起こしコーパス』（旧名大会話コーパス）（科研費（B）（2）「日本語学習辞書編纂に向けた電子化コーパス利用によるコロケーション研究」（研究代表者大曽美恵子）の一環として作成）などがある。ただし、これらのコーパスは映像は提供されない。また転記資料のみで音声は提供されないものもある。その他、国立国語研究所において「大規模日常会話コーパスに基づく話し言葉の多角的研究」が現在進行中であり、日常会話の大規模なコーパスが公開される予定とのことである（小磯他（2015）参照）。

　2節で示したような、インタビュー番組やトークショーなどのテレビやラジオの放送番組を録画、録音して利用することもできる。ただ、参与者のふるまいは、不特定多数に向け娯楽性を志向したものとなっている点や、事前の打ち合わせ、編集がなされている活動であることを考慮する必要がある。また、著作権の侵害とならないよう注意して利用する必要がある[7]。

　研究者自身で収録する場合、何らかの社会的関係による強制や、事前に許諾を得ずに撮影することは避けなければならない。また、近年研究倫理に関する要求が高まっている。研究機関によっては、倫理審査委員会での審議を経て、データ収録に臨む必要がある。審査が不要な場合でも、参加者自身に利用目的、利用範囲（利用者、公表の範囲）、利用形態（映像・画像の加工、仮名の使用など）について十分な説明を行い、書面で承諾を得ることが必須である。ただし、承諾を得た後でも、参加者からデータの削除要請（部分的にでも）があれば、いつでもそれに応じるような形（「オプトアウト」）で承諾を得る。

撮影は、参与者のふるまいの認識可能な特徴を、できる限りそのまま記録することが最も重要である。機材としては、デジタルビデオカメラ（可能であれば2台）、ビデオカメラ用の外部マイク、ICレコーダー等を用意する。
　撮影時には、撮影場所、撮影時間、使用機材を記録する。また、参加者の名前、年齢（年代）、居住地（方言の影響など）、相手との人間関係、連絡先を記録票に記入するよう依頼する。なお、個人情報保護のため、この記録票はデータとは別にして保管する。
　ビデオカメラは、最低1台はやりとりの全体が入る位置に設置する。2台使える場合は、参加者を2方向から挟む形で設置する。いずれも真横からではなく、参加者の目線や動作も捉えられるよう、適度にずらした位置に設置する。Mondana (2013) によれば、カメラの高さは参加者の目線程度がよい。
　収録したデータは、速やかに編集や分析に用いるパソコン等へ取り込む。映像データは記憶容量が大きいため、元のデータは外付型のハードディスクやブルーレイ・ディスクなどに保存しておく。
　映像・音声データは、パソコンで扱いやすく（データ容量が小さく）、自身が使用するソフトウェアで利用できる形式に変換する。映像は、例えばmp4形式であれば、マイクロソフト社のWindowsでもアップル社のMacでも標準的に利用可能で、後に挙げるELANというソフトウェアでも使用可能である。同時に、転記作業やELANでの作業に使うため、音声のみのファイル（wav形式）を作っておく。アップル社のQuicktime Pro等で、mp4形式のビデオから、音声のみのwavファイルを作ることができる。
　録画・録音データは、繰り返し見聞きし、分析のために転記資料（トランスクリプト）を作成する。転記資料の作成の際に、パソコンのソフトウェアを使って作業することが増えている。音声を集中して聞く、音声データの音量を全体的に大きくする、人名や地名など個人情報を含む部分を削除・加工するなどの場合は、音声編集・再生用ソフトウェアを使う。筆者は、Audacity team (https://www.audacityteam.org/) が提供する「Audacity」と、株式会社コードリウムが提供する「SoundEngine Free」(http://soundengine.jp/

software/soundengine/）を主に使っている。

　また筆者は、音声と映像を同時に観察しながら転記資料を作る際には、マックスプランク心理言語学研究所作成の「ELAN」を使っている。これは動画や音声にアノテーション（annotation）を入れていくソフトウェアである。使用方法は、ELAN の Web ページ（https://tla.mpi.nl/tools/tla-tools/elan/）で提供されているマニュアルが参考になる。何度かデータを見て、聞き取れない言葉や事実関係を確認する必要があれば、後日参加者に尋ねる。

　以上が会話データの収集方法の概略である。

4.2　データの観察と記述

　ここでは、筆者自身が収集したデータの観察を記述していく。そして観察の結果として、メタファー表現が、相手の話の要点が理解できていることを証拠立てるための資源として利用されていることを示す。

　本稿のように日常的な会話を収録した場合、参与者自身が明瞭に「たとえ」と認識して発しているメタファー表現は、それほど多く現れない。しかし、少数の事例の精緻な観察を重ね、メタファー表現を資源とする行為と、それが産出されるプロセスを記述し、さらに類似した行為でメタファー表現が含まれる場合、含まれない場合を比較しながら観察していくことで、メタファー表現の資源としての性質が明確になると考える。以下では、抜粋 3 を観察し、メタファー表現を資源とした行為についての初期の記述を提示する。

　抜粋 3 は、親しい女性 2 名による話題設定なしの会話の一部である。F12 には小学生の娘 A 子、F16 には中学生の息子と小学生の娘 B 子（A 子と同年齢）がいる。抜粋の場面に至るまでに、F12 は、A 子が算数が苦手なこと、中学受験と塾通いをするか迷っていることを話している。F16 は、抜粋の場面の少し前から、中学受験を終えた息子と、中学受験を目指し塾通い中の B 子の塾や勉強の様子について話している。また、ここまでに F16 は、B 子の通う塾は、「計算練習が足りない」という旨の発言を 3 度行っている。

　本稿で注目するのは、31 行目の F12 による「あれだって運動だもんね」

である。「あれ」は計算を指しており、「計算」を「運動」にたとえているメタファー表現である。

【抜粋 3】「計算は運動」(収録開始から 50 分後の場面)
1　F16:　　B 子は :,
2　F12:　　ん [:.
3　F16:　　　　[計算がいる (.) う - (.) [って思って . =
4　F12:　　　　　　　　　　　　　　[あ : ((うなずきながら小声で))
5　F16:　= 考える力あの人あるんだけど :,
6　F12:　　ん :. ((F12 うなずき))
7　F16:　　計算が遅すぎる .
8　F12:　　.h ↑↑うちも :. ((F16 を指さしながら、上半身を後方へ))
9　(0.3)
10　F16:　遅す [ぎるから :,
11　F12:　　　[うちも : ((かすれた声、口に手を当てる)) .h
12　F16:　そう .
13　F12:　>そう< 3 桁かける 2 け [たのかけ算とかでも = 　((右手を動かしながら))
14　F16:　　　　　　　　　　　　[そう . ((うなずき))
15　F12:　= [もっ [たもったもったもったやって [る :. ((右手を動かしながら))
16　F16:　　[s-　[そう . ((うなずき、視線下へ)) [すっごい遅いんよ :.
17　F12:　ん :.
18　F16:　でもぜったい受験のときに 1 番って , ((F12 の方を指さしながら)) ((F12 うなずき開始))
19　(0.5) ((F12 うなずき))
20　F12:　(　　) ((小声))
21　F16:　ものすごいややこい問題でるんよ .
22　F12:　ん :. ((小声))
23　F16:　分数と [小数って絶対 3 問か 4 問でるでしょ :.

24　F12:　　　　　［ん:.
25　F16:　.h
26　F12:　と思う.
27　F16:　あそこで終わっちゃうんじゃないかっ［てゆう感じだから:,
28　F12:　　　　　　　　　　　　　　　　　［あ:わかる:わかる:わ:.((小声))
29　F16:　(もうね)計算はしないといけないんだよね＝
30　　　　＝こうゆう子のレベルって,［と思って.
31　F12:　　　　　　　　　　　　　　［＞あれだって＜運動だもんね:.
32　F16:　うんど［う.＞もね＜トレ［ーニング.］［計算はトレーニング.］
33　F12:　　　　　［.h　　　　　　　［け　い　さ］［んって運動だと思う＝
34　　　　＝ん:.
35　(0.7)
36　F16:　.hもトレーニング.

　データの観察に際して、串田(2006a: 191)によれば、研究者は会話の参与者が「何をしているのか、この発話で何をしているのか」といったことを「理解」する必要がある。次に、その理解がどのようにして成り立つか、特にその理解がやりとりを通じて、どのように形成されているか、研究者の理解と参与者のしていることが一致しているかを確かめる。

　抜粋3のやりとりでは、主にF16が自身の娘B子の計算(練習)について話している。しかし、抜粋部分以前の観察も含めると、このB子に関する説明は、A子についての助言にもなっていると理解できる。そのような理解を形成する要因は、参与者二人の経験の差に関する理解にあると思われる。具体的には、F16は中学受験(息子)と塾通い(息子とB子)の経験があり、F12はどちらも未経験である。この差は、参与者双方に明確に理解されている。

　母親同士が、子に関する共通の悩みを話し合う場合、経験のある者が助言者となり、経験のない、あるいは少ない者が被助言者となるという枠組みが形成されることがある。戸江(2008)は、「つどいの広場」に来ている子育て

中の母親同士の会話の観察から、「悩み事の分かち合いが築かれた場合、『自分の場合』を語ることが、他のメンバーにとって提案になる」(64)ことがあると指摘している。

　そのようにして形成された助言者と被助言者の枠組みのなかで、抜粋 3 のやりとりは進行していると考えられる。そのような理解は、F12 が 28 行目で、怯えを表すような声色と動作を伴いながら「わかる：わかる：わ：」と発していることにも表れている。F12 は、A 子に通じる問題の助言として、F16 の B 子に関する説明を聞いているのである。また、13 行目から 18 行目にかけて、F12 が A 子の計算の遅さを描写しようとしたときに、F16 がそれにとりあわず、自身の説明（つまり情報の提供）を続けようとしている点にも、助言者としてのふるまいが表れている。

　以下では、この経験者から未経験者への助言という活動のなかで、31 行目の「あれだって運動だもんね」が担った行為に注目していきたい。そのためには、そこに至るまでのやりとりで行われていることも観察する必要がある。

　まず、1 ～ 3 行目にかけて、F16 は「B 子は計算がいると思って」と発している。この直前には、F16 の息子（中学受験合格済み）は計算練習が不要だったこと、その理由（計算が得意だったため）の説明が行われている。その対比から、3 行目の後には、「B 子は計算がいる」理由の説明がなされることが F12 に予測可能である（実際に 4 行目で、F12 は先を促すようなふるまいをしている）。と同時に、その理由が F16 の話の要点となることが、F12 に理解される。

　以降 F12 は、主に F16 の説明の受け手となっている。会話における受け手の「仕事」は、単に話を聞くことだけではない。串田 (2006b: 233–234) は、「会話において参与者が行う基本的な仕事のひとつは、相手の発話を理解したことをなんらかの仕方で観察可能にすること」とする（他に Sacks 1992 も参照）。逆に話し手は、自身の発話に対する受け手の理解を確かめるために、受け手の反応に注意を向ける (Jefferson 1978: 244)。また、ある程度まとまった内容からなる経験報告や説明の完了可能な位置は、理解と同時

に語られた内容への評価、連帯を示す位置（Mandelbaum 2013: 499–500）でもある。

　受け手が自身の理解を、話し手に観察可能にする方法には、Sacks（1992）、串田（2006b）によれば、「弱い方法」と「強い方法」がある。前者は、理解したことを「主張ないし言明」する方法で、「なるほど」「わかった」などと発することである。ただし、容易に分かった「ふり」ができる点で「弱い」方法である。後者は、理解したことを「立証」ないし「陳列」することで、「自分が理解したかどうかを相手が分析して見つけ出すことができるような発話を行うこと」（串田 2006b: 233）である。「強い方法」の例としては、自身の類似した経験を示すこと、受け手が話し手の語る経験の登場人物であるかのような発話をする「セリフ発話」（山本 2013）などが挙げられる。

　抜粋3で、F12はF16の説明の進展に合わせ、異なる仕方で自身の理解を示している。8行目では、F16の「計算が遅すぎる」に対して、F12は「うちも:」と、音声的な強調を伴う反応をしている。これは、「計算が遅すぎる」ことこそが計算練習が必要な理由、つまり説明の要点と受け取ったからだろう。A子にも同じ問題があることを示すことで、より「強い」理解ないしは共感を示そうとしたと考えられる（実際には、18行目以降のやりとりから、F16はさらに別の理由を用意していたことが分かる）。

　18行目以降、F16は入試問題で1番に「ややこい（難しい）」問題が出ること、計算が遅ければ、それだけで試験が終わりかねないことを説明する。先に述べたように、F12の28行目「わかる:わかる:わ:」は、怯えを表すような声色で発されており、計算が遅いことによる深刻な帰結に対する理解を、若干「強い」形で表していると言える。

　そして、29行目でF16が「計算はしないといけないんだよねこうゆう子のレベルってと思って」と発する。これにより、計算練習が必要な（本当の）理由の説明が完了したことが明示される。ここでの「こうゆう子」は、B子だけでなく計算が遅い子全般を指していると理解できる。つまり、A子もそのなかに含まれ、F12への助言として発されていると理解可能である。

　計算が必要な理由の説明が完了したことが明示されたため、受け手のF12

にとっては、要点が理解できていること、さらには助言に対する何らかの評価を、F16 に理解可能な形で示すことが連鎖上求められる位置である。メタファー表現を含む「あれだって運動だもんね」が発されたのは、この位置である。同時に語り手である F16 にとっては、自身の説明が F12 にどう理解されたか、助言としてどう受け取られたかを確認可能な位置である。

　まず、「あれだって運動だもんね」という発話の形式的な特徴を観察すると、「あれ」は、計算一般を指示していると理解できる。そして「(X は) だって Y だもん」という形式は、X が Y である (すなわち Y の性質を持つ) という理由により、X についてある帰結が生じることが当然であるという場合に用いられる (例えば、料理ができない男性について、「(彼は) だって男だもん」という場合など)。つまりこれは、「(計算一般は) 運動であるため、『計算練習が必要なこと』は当然だ」という旨の発話である。また、発話末に「ね」が付加されていることで、F16 に内容の確認を要求する形となっている。

　F16 は、「あれだって運動だもんね」という発話を通して、F12 の理解を確認しようとする。ここで F12 が持ち出した「運動」は、F16 が計算に関して説明した「速さが大事で、遅い子は繰り返しの練習が必要となる」ことが、同じように当てはまる性質を持つ。したがって F16 は、F12 が自らの説明の要点を的確に理解していることを、このメタファー表現の解釈を通して分析的に確認できる。さらに、「計算一般が運動だから」という理由付けにより、自身の語った計算練習の必要性に関する助言も支持されている (肯定的な評価を受けている) ことも確認できる。

　実際に F16 が、「あれだって運動だもんね」を理解の確認として受け取っていることは、32 行目で F16 が「うんどう」と繰り返していることからも分かる。さらに F12 が自身の理解について、F16 の確認を得たと認識していることは、33 行目で吸気している (「.h」) こと、すなわち次の発言 (「けいさんって運動だと思う」) の準備を始めていることに表れている (この場合、F16 が発言を続けたため、発話の重なりと若干の滞りが生じている)。

　以上の観察をまとめると、F12 の「あれだって運動だもんね」は、計算に

関する F16 の説明の要点が理解できていることを証拠立てる発話となっていると言える。F12 は、メタファーによって、実体験がない「(受験に向けた)計算が苦手な子の計算練習の必要性」を、自身になじみのある「運動」と結びつけ、計算練習の必要性に関する自身の理解を証拠立てたのである。

　以上が、単一事例の観察の結果としての記述である。しかし、ここで述べたのは、あくまでも初期段階の記述である。今後、メタファー表現が同様に利用されている別の事例の観察や、理解を証拠立てる資源がメタファー表現ではない事例などの観察を重ねることで、より洗練された記述が可能になるだろう。

　その他、抜粋 3 では F16 が「うんどう」と繰り返した後、即座に「トレーニング」「計算はトレーニング」と発している。これは結果的に、F12 の発した「計算は運動」というメタファー表現を、「計算はトレーニング」とより特定化した形で置き換えていることになる。F16 は、実際に受験勉強に携わるなかで得た経験があるため、より目的志向で、時には専門的な指導や管理が必要な「トレーニング」のほうがふさわしいと考えたのかもしれない。このような事例からは、会話の進行においてメタファー表現の変化が起こる動機に関する示唆が得られるように思われる。

5. まとめ

　以上本稿では、会話をデータとするメタファー研究を提案し、会話分析の手法による実践例を示した。具体的には、2 節でメタファー研究の広がりに触れつつ、会話をデータとする意義と、メタファー表現を含む発話の位置と形式に注目するという本稿の観点を示した。3 節では、会話分析の手法を紹介し、その手法を用いた先行研究の成果を具体的に示した。そして 4 節では、会話データの収集法を紹介した上で、実際に収集したデータを提示し、観察の詳細を記述した。最後にその観察の結果として、メタファー表現が、相手の話の要点が理解できていることを証拠立てる資源として利用されていることを示した。

本稿では、単一の事例の観察結果しか示すことができていない。筆者は現在、個別事例の観察を繰り返し、試行錯誤を重ねている段階である。今後継続して事例の検討を重ね、メタファーがさまざまな相互行為のなかで、どのような資源として利用されているかを明らかにしていきたい。

付録：本稿の転記資料で用いた記号

会話分析では、転記資料（トランスクリプト）の作成に、Jefferson (2004) に基づく転記記号を用いることが多い。以下にその例を挙げる（説明は串田・定延・伝編 (2005) より抜粋）。本稿では、主に以下の転記記号を用いている。

```
[　]      発話の重なり、開始と終了
 ＝        前後発話間の感知可能な切れ目がない
(.)       ごくわずかの感知可能な間隙 (pause)
(数字)     その秒数の間隙 (pause)
 ：        音声の引き延ばし ／ -  音声の中断
 ．        直前が下降調 ／ ？ 上昇調 ／ ，　継続
文字      音声の強め
 h        呼気音・笑い　(h) 呼気音が言葉に重なる
.h        吸気音
＞文字＜   速く発話
＜文字＞   ゆっくり発話
(文字)     聞き取り不明瞭
((　))    転記者による注釈
```

注
＊　本稿は、科学研究費補助金「会話におけるメタファー使用の動的・協働構築的プ

ロセスに関する研究」(課題番号：15K12881) の研究成果の一部である。当課題は、串田秀也氏(大阪教育大学)、鍋島弘治朗氏(関西大学)、林誠氏(名古屋大学)、中野阿佐子氏(関西大学(院))との共同研究であり、4氏より多くの助言、示唆をいただいた。また、抜粋3の観察は、会話分析研究会でのデータ・セッションに基づく。ここに記して感謝したい。もちろん、本稿に残された問題は、筆者自身に帰するものである。

1 「別の」が何を指すかは議論のあるところだが、「あるモノゴト」と「それとは別のモノゴト」との間に、「カテゴリ的距離」(楠見1995)の乖離が見られること、あるいは両者の「フレーム」が異なること (Dancygier and Sweetser 2014 の 2.2 節、鍋島 2016 の第5章参照) と考えられる。
2 メタファーに関する認知的研究の変遷については楠見 (2007) を参照。
3 本稿で用いている転記記号一覧は、章末の付録に挙げる。
4 Cameron (2008b) は、喩辞の繰り返しや展開等、メタファーの「シフト (shift)」についてまとめている。
5 このような位置でのメタファー表現の働きを、杉本・鍋島 (2015) では、「枠組み」設定機能と呼んでいる。
6 発話行為論との比較については、串田 (2006b) 第1章、高梨 (2016) 第2章に詳しい。
7 例えば「放送コンテンツ適正流通推進連絡会」の Web ページでは、テレビ番組の映像や静止画を研究発表の場で使用する場合、「引用」の範囲であれば、許可を得ず使用できるとの見解が示されている。〈https://www.tv-copyright.jp/qa/qa_03_03.html〉

掲載データの出典

抜粋1：NHK 放送「SWITCH インタビュー達人達」2014 年 5 月 17 日放送分
抜粋2：Drew and Holt (1998) に掲載されているデータ。
抜粋3：参与者 F12 の自宅にて、本人の許諾を得て 2016 年 1 月 19 日に収録された会話。

参考文献

Cameron, Lynne. (2003) *Metaphor in Educational Discourse*. New York: Continuum.
Cameron, Lynne. (2008a) Metaphor and Talk. In Gibbs, R. W. (ed.) *The Cambridge Handbook of Metaphor and Thought*, pp. 197–211. Cambridge: Cambridge University

Press.
Cameron, Lynne. (2008b). Metaphor Shifting in the Dynamics of Talk. In Mara S. Zanotto et al. (eds.) *Confronting Metaphor in Use: An applied linguistic approach.* Amsterdam; pniladelpnà: John Benjamins. pp. 45–62.
Cameron, Lynne. (2011) *Metaphor and Reconciliation: The Discourse Dynamics of Empathy in Post-conflict Conversations.* New York: Routledge.
Cameron, Lynne and Alice Deignan. (2003) Combining Large and Small Corpora to Investigate Tuning Devices around Metaphor in Spoken Discourse. *Metaphor and Symbol*, 18 (3), pp. 149–160.
Cameron, Lynne and Graham Low. (eds.) (1999) *Researching and Applying Metaphor.* Cambridge: Cambridge University Press.
Cameron, Lynne and Robert Maslen. (eds.) (2010) *Metaphor Analysis: Research Practice in Applied Linguistics, Social Sciences and the Humanities.* UK: Equinox Pub.
Carter, Ronald. (2004) *Language and Creativity: The Art of Common Talk.* London: Routledge.
Deignan, Alice. (2005) *Metaphor and Corpus Linguistics.* John Benjamins. (ダイグナン・アリス 渡辺秀樹・大森文子・加野まきみ・小塚良孝訳 (2010)『コーパスを活用した認知言語学』大修館書店)
Dancygier, Barbara and Eve Sweetser. (2014) *Figurative Language.* New York: Cambridge University Press.
Drew, Paul and Elizabeth Holt. (1988) Complainable Matters: The Use of Idiomatic Expressions in Making Complaints. *Social Problems*, 35 (4) pp. 398–417.
Drew, Paul and Elizabeth Holt. (1998) Figures of Speech: Figurative Expressions and the Management of Topic Transition in Conversation. *Language in Society*, 27 (04), pp. 495–522.
Fox Barbara A., Sandra A. Thompson, Cecilia E. Ford and Elizabeth Couper-Kuhlen. (2013) Conversation Analysis and Linguistics. In Jack Sidnell and Tanya Stivers (eds.) *The Handbook of Conversation Analysis*, pp. 726–740. Wiley-Blackwell.
Gibbs, Raymond. W. (ed.) (1994) *The Poetics of Mind: Figurative Thought, Language, and Understanding.* Cambridge: Cambridge University Press. (ギブス・レイモンド・W. 辻幸夫・井上逸兵監訳、小野滋・出原健一・八木健太郎訳 (2008)『比喩と認知―心とことばの認知科学』研究社)
Gibbs, Raymond. W. (2008) *The Cambridge Handbook of Metaphor and Thought.* Cambridge: Cambridge University Press.
Goatly, Andrew. (1997) *The Language of Metaphors.* New York: Routledge.

Grady, Joseph. (1997) Foundations of Meaning: Primary Metaphors and Primary Scenes. Ph. D. dissertation. Berkeley, University of California.

Jefferson, Gail. (1978) Sequential Aspects of Storytelling in Conversation. In J. Schenkein (ed.) *Studies in the Organization of Conversational Interaction*, pp. 219–248. New York: Academic Press.

Jefferson, Gail. (2004) Glossary of Transcript Symbols with an Introduction. In Gene H. Lerner. (2004) *Conversation Analysis: Studies from the First Generation.* pp. 13–31.

Kaal, Anna A. (2012) *Metaphor in Conversation.* Uitgeverij BOXPress, Oisterwijk.

小磯花絵・石本祐一・菊池英明・坊農真弓・坂井田瑠衣・渡部涼子・田中弥生・伝康晴 (2015)「大規模日常会話コーパスの構築に向けた取り組み―会話収録法を中心に」『言語・音声理解と対話処理研究会』74, 37–42.

串田秀也 (2006a)「会話分析の方法と論理：談話データの「質的」分析における妥当性と信頼性」伝康晴・田中ゆかり編『講座社会言語科学 6 方法』pp. 188–206, ひつじ書房

串田秀也 (2006b)『相互行為秩序と会話分析：「話し手」と「共 - 成員性」をめぐる参加の組織化』世界思想社

串田秀也 (2009)「聴き手による語りの進行促進―継続支持・継続催促・継続試行―」『認知科学』16 (1), pp. 12–23.

串田秀也 (2010a)「言葉を使うこと」串田秀也・好井裕明編『エスノメソドロジーを学ぶ人のために』pp. 18–35．世界思想社

串田秀也 (2010b)「サックスと会話分析の展開」串田秀也・好井裕明編『エスノメソドロジーを学ぶ人のために』pp. 205–224．世界思想社

串田秀也・平本毅・林誠 (2017)『会話分析入門』勁草書房

串田秀也・定延利之・伝康晴編 (2005)『シリーズ文と発話 1　活動としての文と発話』ひつじ書房

楠見孝 (1995)『比喩の処理過程と意味構造』風間書房

楠見孝編 (2007)『メタファー研究の最前線』ひつじ書房

楠見孝 (2007)「メタファーへの認知的アプローチ」楠見孝編『メタファー研究の最前線』pp. 525–544．ひつじ書房

Lakoff, George and Mark Johnson. (1980) *Metaphors We Live By.* Chicago: University of Chicago Press.（ジョージ・レイコフ、マーク・ジョンソン　渡部昇一・楠瀬淳三・下谷和幸訳 (1986)『レトリックと人生』大修館書店）

Lakoff, George and Mark Johnson. (1999) *Philosophy in the Flesh: The Embodied Mind and its Challenge to Western Thought.* New York: Basic Books.（ジョージ・レイコフ、マーク・ジョンソン　計見一雄訳 (2004)『肉中の哲学―肉体を具有したマインドが西

洋の思考に挑戦する』哲学書房）

Lerner, Gene H. (1992) Assisted Storytelling: Deploying Shared Knowledge as a Practical Matter. *Qualitative Sociology*, 15 (3), pp. 247–271.

Libert, Wolf-Andreas. (1997) Stop Making Sense! Metaphor and Perspective in Creative Thinking Sessions of Scientists and Scientific Radio Broadcasts. In W. A. Liebert, G. Redeker and L. R. Waugh（eds.）*Discourse and Perspective in Cognitive Linguistics*. 149–184. Amsterdam; Philadelphia: John Benjamins.

Low, Graham, Zazie Todd, Alice Deignan and Lynne Cameron（eds.）(2010) *Researching and Applying Metaphor in the Real World*. Amsterdam; Philadelphia: John Benjamins.

MacArthur, Fiona, José Luis Oncins-Martínez, Manuel Sánchez-García and Ana María Piquer-Píriz (eds.). (2012) *Metaphor in Use: Context, Culture, and Communication*. Amsterdam; Philadelphia: John Benjamins.

Mandelbaum, J. (2013) Storytelling in Conversation. In Jack Sidnell and Tanya Stivers (eds.) *The Handbook of Conversation Analysis*. pp. 492–507.

MacWhinney, B. (2007) The TalkBank Project. In Beal, J., Corrigan, K. & Moisl, L. *Creating and Digitizing Language Corpora: Synchronic Databases*, Vol.1. Houndmills; Basingstoke; Hampshire: Palgrave-Macmillan.

Mondada, Lorenza. (2013) The Conversation Analytic Approach to Data Collection. In Jack Sidnell and Tanya Stivers (eds.) *The Handbook of Conversation Analysis*. pp. 32–56.

Musolff, Andreas and Jörg Zinken. (eds.) (2009) *Metaphor and Discourse*. London: Palgrave Macmillan.

鍋島弘治朗（2011）『日本語のメタファー』くろしお出版

鍋島弘治朗（2016）『メタファーと身体性』ひつじ書房

Ortony, Andrew. (ed.) (1979) *Metaphor and Thought*. Cambridge: Cambridge University Press.

Ortony, Andrew. (ed.) (1993) *Metaphor and Thought 2nd ed*. Cambridge: Cambridge University Press.

Sacks, Harvey. (1972) An Initial Investigation of the Usability of Conversational Data for Doing Sociology. In David Sudnow (ed.) *Studies in Social Interaction*. New York: Free Press, pp. 31–74.（サックス・ハーヴェイ　北澤裕・西阪仰訳（1995）「会話データの利用法―会話分析事始め」『日常性の解剖学―知と会話』マルジュ社、pp. 93–174）

Sacks, Harvey. (1992) *Lectures on Conversation, 2 Vols*. Cambridge: Blackwell.

Sacks, Harvey, Emanuel A. Schegloff and Gail Jefferson. (1974) A Simplest System for Organization of Turn-Taking in Conversation. *Language*, 50, pp. 696–735.（サック

ス・ハーヴェイ、エマニュエル A.・シェグロフ、ゲール・ジェファソン　西阪仰訳 (2010)「会話のための順番交替の組織─最も単純な体系的記述─」『会話分析基本論集─順番交替と修復の組織』世界思想社、pp. 7–153）

Schegloff, Emanuel A., Gail Jefferson and Harvey Sacks. (1977) The Preference for Self Correction in the Organization of Repair in Conversation. *Language*, 53, pp. 361–382.（シェグロフ・エマニュエル A.、ゲール・ジェファーソン、ハーヴェイ・サックス　西阪仰訳 (2010)「会話における修復の組織─自己訂正の優先性」『会話分析基本論集─順番交替と修復の組織』pp. 175–241．世界思想社）

Schegloff, Emanuel A. (1996) Confirming Allusions: Toward an Empirical Account of Action. *American Journal of Sociology*, 102 (1), pp. 161–216.

Schegloff, Emanuel A. (2007) *Sequence Organization in Interaction*. Cambridge: Cambridge University Press.

Schegloff, Emanuel A. and Harvey Sacks. (1973) Opening Up Closings. *Semiotica*, 8 (4), pp. 289–327.（シェグロフ・エマニュエル A.　ハーヴェイ・サックス (1995)「会話はどのように終了されるのか」北澤裕・西阪仰訳『日常性の解剖学─知と会話』マルジュ社、pp. 175–241.）

Semino, Elena. (2008) *Metaphor in Discourse*. Cambridge: Cambridge University Press.

Semino, Elena and Zsófia Demjén (eds.) (2016) *The Routledge Handbook of Metaphor and Language*. Oxford: Routledge.

Sidnell, Jack. (2010) *Conversation Analysis: An Introduction*. Wiley-Blackwell.

Sidnell, Jack and Tanya Stivers (eds.) (2013) *Handbook of Conversation Analysis*. Wiley-Blackwell.

Steen, Gerard J., Aletta G. Dorst, J. Berenike Herrmann, Anna Kaal, Tina Krennmayr, and Trijntje Pasma. (2010) *A Method for Linguistic Metaphor Identification: From MIP to MIPVU*. Amsterdam; Philadelphia: John Benjamins.

杉本巧・鍋島弘治朗 (2015)「メタファーと発話の連鎖─「枠組み」設定としてのメタファー表現─」『日本語用論学会第 17 回大会発表論文集』10, pp. 73–80.

平知宏 (2010)「比喩理解と身体化認知」楠見孝編『現代の認知心理学第 3 巻「思考と言語」』北大路書房 pp. 245–269.

平知宏・楠見孝 (2011)「比喩研究の動向と展望」『心理学研究』82 (3)：283–299.

高木智世・細田由利・森田笑 (2016)『会話分析の基礎』ひつじ書房

高梨克也 (2016)『基礎から分かる会話コミュニケーションの分析法』ナカニシヤ出版

ten Have, Paul. (2007) *Doing Conversation Analysis 2nd ed.*. London: SAGE Publications.

戸江哲理 (2008)「乳幼児をもつ母親の悩みの分かち合いと『先輩ママ』のアドヴァイス─ある「つどいの広場」の会話分析」『子ども社会研究』14, pp. 59–74.

山本真理 (2013)「物語の受け手によるセリフ発話—物語の相互行為的展開」『社会言語科学』16 (1), pp. 139–159.
Zanotto, Marra Sophia, Lynne Cameron and Marilda C. Cavalcanti (eds.). (2008) *Confronting Metaphor in Use: An Applied Linguistic Approach*. Amsterdam; Philadelphia: John Benjamins.

第3章
メタファーと身体表象
発語から談話への展開と変容について[*]

片岡邦好

1. はじめに

　近年の言語学的メタファー研究の嚆矢は Lakoff and Johnson (1980a) による *Metaphors We Live By* であることは間違いない。ただしその根底には、Jakobson and Halle (1956: 91, 95) によるメタファー（暗喩＝狭義の比喩）とメトニミー（換喩）の原理が色濃く浸透している。メタファーは類似性・等価性にもとづく代替、置換という操作を経る点で、Jakobson (1960) が述べるところの「範列 (Paradigm)」―同時性による選択にもとづく垂直軸―を構成する一方、メトニミーは、近接性・隣接性にもとづく「連辞 (Syntagm)」―つまり連結の操作を経て、経時的・因果的な連結による水平軸―を構成する。この基本的な操作規範は Lakoff and Johnson (1980a, 1980b) のメタファー理論においてもほぼ踏襲されている。両者は一見して対立的で分離した操作のようにも見えるが、段階的な融合を経るものである。Lakoff / Johnson 理論の革新性は、意味の拡張や連想の基軸に 1970 年代の先端的な理論であった「フレーム」「スクリプト」「スキーマ」といった概念を取り込み、認知的原理によるメタファー理論を確立した点にあった（その関係について鍋島 (2016) が詳細に解説している[1]）。そして日本においても、1990 年代以降、楠見 (2007)、鍋島 (2011) らをはじめ、学際的な取り組みが行われてきた。
　また、ジェスチャーによる「メタファー」を語る際には McNeill (1992) による分類は避けて通ることができない。その分類は Lakoff and Johnson

(1980a)のメタファー理論（根源領域から目標領域への概念的な写像［mapping］という原理）に依拠するものの、全ての概念的メタファーの身体的発現を想定するわけではない。確かに McNeill が分類した「比喩的ジェスチャー」は、「導管（conduit）」をはじめ「思考」「時空間」「感情」といった概念特性に依拠するが、異なる指向性を持つ研究者はそこに含まれないジェスチャーも「比喩的（metaphoric）」と捉えることがあり、未だ統一的な分類はない (Cienki and Müller 2007[2])。このような揺れは見られるものの、メタファーを単なる「文飾」の手段にとどまらず、身体を通じて感覚運動的な経験により形成された概念的な共通基盤 (Johnson and Lakoff 2002)、あるいは言語や身体表象の「成長点」(McNeill 2000: 後述) の発露として捉えるという共通点がある。つまりその根底に認知－身体－環境の間の相互没入を介して具現化される身体的実在を想定している。

2. ジェスチャーとメタファー

2.1 ジェスチャー分類

　本稿では、身体表象によるメタファーという観点から、言語使用に伴うジェスチャーを McNeill (1992) のモデルを元に分類し、精緻化することを目的とする。非言語全般についての分類は古くから心理学やコミュニケーション研究においてなされてきたものの（例えば Burgoon and Hoobler 2002; Ekman 2004）、無意識になされるジェスチャーを身体表象として体系的に分類した功績は McNeill らの一連の研究に帰すことができよう。ジェスチャー分類についてはすでに各所で解説がなされているが、メタファー研究者にはなじみが薄いと思われるため、まず以下では記号的側面から見たジェスチャー分類を確認しておきたい（図1）。

　本稿が対象とするのは、図1中の「エンブレム」と呼ばれるタイプ（例えば「V サイン」、「おじぎ」、「（自分を指示するために）鼻を指さす」など）以外のジェスチャーである。エンブレムはその形と意味が社会的に慣習化・共有され、その意味で「語（句）」と同様の象徴的（symbolic）特性を持つ。

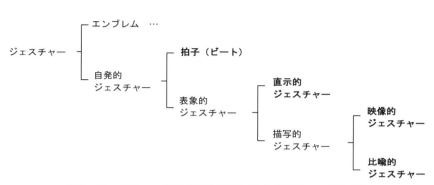

図1 ジェスチャー分類（喜多 2002: 48 より抜粋、一部改変）

　一方、そのような社会的慣行に依拠せず、おもに発話に伴って出現する「自発的（spontaneous）ジェスチャー」（喜多 2002）と呼ばれるタイプがある。この中には、上下に（しばしば小刻みに）身体（特に指）を動かす「ビート／拍子（beat）」と呼ばれるタイプと、時空間の類似性・隣接性に基づいて発現する「表象的（representational）ジェスチャー」と呼ばれるタイプがある。ビートは拍子を取るような素早い身体の振りからなり、談話中の強調点や話題の導入部などで顕著に出現するとされる。さらに、表象的ジェスチャーは、特に「指差し」により場所や事物の指示に用いられる「直示的（deictic）ジェスチャー」と、身体動作や指示対象との類似性に基づく「描写的（depicting）ジェスチャー」に分類される（ただし両者の境界線は曖昧である[3]）。描写的ジェスチャーはさらに、「映像的（iconic）ジェスチャー」と「比喩的（metaphoric）ジェスチャー」に細分化される（喜多 2002 では「暗喩的」と訳されているが、後述する分類との混乱を避けるため、便宜的に「比喩的」という訳語を採用する）。映像的ジェスチャーは、おもに指示対象の動作や空間関係の描写をするもの、比喩的ジェスチャーは抽象的な内容や概念を空間化して描写するものを指す。

　しかし、伝達内容は伝達行為が行われる以前に概念として（あるいはその構築途上に）あるはずであり、それが結果的に言語とともに（あるいは言語とは別個に）様々な身体表象を通じて表出される。McNeill はそのような概

念の「種（たね）」を「成長点（growth point）」と呼び（McNeill 2000）、図2のような関係を想定する。このモデルでは、ことばのみならず、心と環境を仲介して調整する媒体としての「からだ」による「からだ的思考」（喜多 2002）の分析が重要となる。

図2　成長点理論（McNeill 2000 を参考）

　1980年代以降のジェスチャー研究において大きな影響力を持つ理論に、Kendon（1990、2004）と McNeill（1992、2005）によるものがある。Kendon（2004）によれば、一般的なジェスチャーは「単位（unit）」を形成し、連鎖的な3つの要素―「準備期（preparation）」〜「実施期（stroke）」〜「撤収期（retraction）」からなるとされる。さらに「実施期」を挟んで偶発的に「実施前／後保持期（pre-/post-stroke hold）」が生起する（図3）。この中で「核（nucleus）」となるのはもちろん実施期（および「実施後保持期」）であり、意味的な内容を表出する部分である（準備期や撤収期が「核」に含まれない理由は、ジェスチャーが準備されても実施されない可能性や、実施期が連続して出現する場合があることによる）。「核」に相当する部分は意図的なジェスチャーから自発的／無意識的になされるものまで慣例度や卓立度は様々である。（なお、図3のジェスチャー単位の書き起こし記号には、Kendon（2004）のシステムを採用している[4]）。

　以上のことから、「成長点」が胚胎する概念や伝達意図をことばに限定してしまえば、コミュニケーション作用の一端しか捉えられないことになる。メタファーが言表内容のみならず概念化とも密接に関わる以上、言語中心主

図3　ジェスチャー単位の構成素

義（Logo-centrism）によらないメタファー分析が希求される。その分析のためには、単に手指／身体動作のみならず、視線や姿勢、参与者間の身体配置といった、環境内の「身の振り方」全般を対象に含める必要がある。加えて、伝達内容は情報・感情のやりとりの中で変容し、恒常的なものではあり得ない。

　そのような談話的変容を念頭に、以下の節では「自己表出型」のジェスチャーから、「相互依存型」のジェスチャーへの拡張を概観し、McNeill流の比喩的ジェスチャーを精緻化して「隠喩的／換喩的ジェスチャー」分類を提案する。以下では、そのような拡張が観察された活動として指導／教示場面で出現した「補足説明」と「道案内」に焦点を当てる。そのいずれも、典型的な語り（Labov 1972）の特徴を色濃く有するため、次節では語りの構造とジェスチャーの関係を見ていく。

2.2　語りとジェスチャー

　言語学／談話分析におけるナラティブ研究で最も人口に膾炙したモデルは、Labov and Waletzky（1967）および Labov（1972）によるものである（図4）[5]。Labov（1972）の定義によれば、いかなる語りも最低2つの「語り節」(せつ)（出来事の因果関係を変えることなく順序を入れ替えることのできない節）からなる[6]。そのような「最小限の語り」はまれで、ほとんどの場合、さらに多くの「語り節」と「自由節」(背景説明としてどこに挿入されても出来事の因果関係に影響しない節)からなり、十全に展開された語りは、「要約〜舞台設定〜複雑化〜評価〜結果／解決〜結尾」という構造——つまり「要

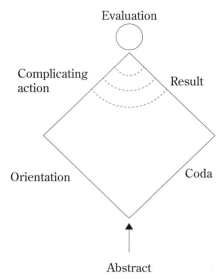

図4　Labov（1972）の語りモデル

「要約」（abstract）によって語りの世界への導入が始まり、「場面設定」（orientation）、「複雑化」（complication）を経て、適宜「評価」（evaluation）を織り交ぜながら「結果／解決」（result/ resolution）へと至り、「結尾」（coda）によって現実の世界に回帰する―という過程を経るとされる。すでに手垢にまみれた感のあるモデルとはいえ、本考察の有益な出発点である。

さらに、語りの諸相とジェスチャー・タイプにある種の相関があるという指摘（McNeill 1992、2005）は、近年のナラティブ研究に新たな知見をもたらした。まずMcNeill（1992）は、Labovの（一見）単層的なモデルに対して3層の語りのレベルを想定する（図5）。Labovが優先的に扱った「ナラティブ層」では、主に時系列に沿って出来事が描写され、「観察者視点」（Observer Viewpoint: 以下OVP）あるいは「登場人物視点」（Character Viewpoint: 以下CVP）にもとづき、おもに映像的ジェスチャーによって経験や出来事が語られるとされる。

「メタ・ナラティブ層」は、時系列的な語りの意味内容ではなく、語りの

第 3 章　メタファーと身体表象　87

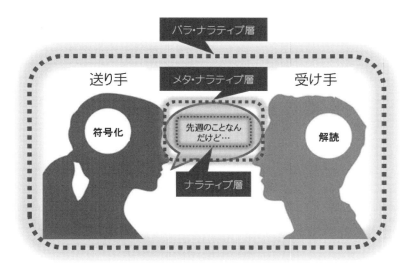

- ナラティブ層：時系列に沿って描写された出来事に言及する層
- メタ・ナラティブ層：物語の構造的な要素への言及を含む層
- パラ・ナラティブ層：「語り」から一歩退き、語りの場を構成する聞き手への意識を明示する層

図 5　語りの 3 層構造（McNeill 1992）

構造的な要素（例えば「まず最初は…」とか「これでおしまい」など）に言及するレベルである。この層は、Labov モデルの「要約」、「場面設定」、「結尾」に相当し、比喩的ジェスチャーや直示的ジェスチャーが顕著に現れるとされる。最後に「パラ・ナラティブ層」とは、「語り」という行為から一歩退き、「語りの場」を構成する聞き手への思慮（旅行の語り中に発せられた「そういえば車の免許持ってたっけ？」など）を明言する相互行為的なレベルである。Labov のモデルにはこの点への言及は見られないが、語りを誘発する「質問」そのもの（「これまで死にかけたことはありますか？」）がこのレベルにおける発話と言えよう。この層に顕著なジェスチャーは指摘されていないが、ビートと直示的ジェスチャーは全ての層を通じて出現する可能性がある（McNeill 1992）。

　このような、ジェスチャーと談話構造を包括的に捉える視点に、「キャッ

チメント」(McNeill 2005) という概念がある。キャッチメントとは、ある種のジェスチャーが談話にまたがって再帰的に使用される現象を指し、その背後に通底する視覚／空間的イメージの類似性から、局所的なテキストでは見落とされがちな包括的テーマに遡行することが可能となる[7]。それゆえ、談話内で保持される共通の特徴が隠れた一貫性／結束性を浮かび上がらせ、相互行為的理解の達成を解き明かす鍵となることが期待される (McNeill 2000、2005)。

また、会話や語りにおいては、誰の視点から語るかによって多様な推論、認識的スタンス、アイデンティティ、イデオロギー、責任などが希求・達成・維持される。ただし紙幅の制約もあるため、以下では特に視点取りとジェスチャーの関連を確認しておきたい。

2.3　ジェスチャーと(空間的)視点取り

「どのような視野から事態を把握して語るか」という問いは、単に視点の所在に限らず概念化の様式にも関わる。以下表1に見るとおり、この問題は言語学、心理学、人類学などの分野で長年にわたって研究対象となってきたという経緯がある。ただし本稿では個々の定義まで踏み込む余裕はないため、表1中の McNeill によるジェスチャー・タイプと近年の空間認知研究の代表例である Levinson (2003) の「空間参照枠 (Spatial Frame of Reference: FoR)」モデルとを比較検討してみたい。

まず、「登場人物視点 (CVP)」に基づくジェスチャーとは「内在参照枠」(Intrinsic FoR) と親和性が高く、オリゴが指示基点の内在的な視点に合流し、かつて(あるいは未来)の自己または他者の視点から事態を描写することに等しい(ただし Levinson のモデルにおいて、「指示基点」は人物ではなく内在的な方向性を持つ事物(「家」や「車」)と想定されている)。

一方、「観察者視点 (OVP)」に基づくジェスチャーとは、「相対参照枠」(Relative FoR) に基づくジェスチャーにほぼ相当する。これは、他者の行動あるいは環境内の事物の位置関係などを、観察者として客観的に描写する方法である。ただしジェスチャーの視点取りに関して、McNeill は段階的な

第 3 章　メタファーと身体表象　89

表 1　主観／客観／融合的視点取り（Kataoka 2012、鍋島 2016 を改訂）

	研究例	主観的視点	間主観的視点	客観的視点	環境的視点
ジェスチャー研究	McNeill	CVP	OVP inside?	OVP outside	
	Parrill		二重視点		
	片岡		間主観的視点		
言語学・メタファー研究	Linde & Labov	Tour		Map	
	Langacker	Viewing arrangement / Reference point construction			
	池上	主観的事態把握		客観的事態把握	
	中村	I モード		D モード	
	鍋島	S モード		O モード	
認知心理学・言語人類学	Tversky	Route		Gaze	Survey
	Levinson	(Intrinsic*)		Relative	Absolute

＊認識主体の視野ではなく、事物固有の方向性に基づく

「距離（distance）」を想定する（McNeill 1992: 192–193）。例えば、CVP は「登場人物視点」に同化している点で最も近距離からの描写であり、距離の近さは描写の重要度に比例すると述べている。McNeill はさらに OVP を "OVP-outside" と "OVP-inside" に細分化し、その描写上の近接性に基づいて［CVP < OVP-inside < OVP-outside］という距離階層を想定する。

　例えば図 6 はいずれも、登場人物 A が登場人物 B を対岸に放り投げようとした一連の場面を語り手が描写したものだが（詳細は片岡 2017）、図 6a で語り手は A の視点に同化して「放り投げる」動作を実演しており、CVP に基づく映像的ジェスチャーとなっている。一方、図 6b では A と B がもろともに跳ね上がって落下する動作を、あたかも近傍で観察したかのように描写しており、OVP-inside による映像的ジェスチャーと考えられる。最後に図 6c では、最終的に登場人物 A のみが対岸に飛び移ったことを、離れた場所から客観的に描写する映像的ジェスチャーとなっており、OVP-outside にも

とづく視点取りであることが分かる（ただし実際の身体操作を詳細に検討すると、さまざまな融合形が観察され、判別困難な事例も存在する（片岡 2017））。

(a) 登場人物視点（語りの登場人物の視点から事態を描写：CVP）
(b) 観察者視点1（行為者の近傍から事態を描写：OVP inside）
(c) 観察者視点2（遠方から客観的に事態を描写：OVP outside）

図6　CVPとOVP間の「距離」

最後に、「絶対参照枠」(Absolute FoR) に基づくジェスチャーは地理的な場所への「指差し(Deictic gesture)」として表出する (Kita 2003、Levinson 2003)。もちろん指差しは必ずしも「絶対的」であるわけではなく、ジェスチャー空間内の（仮想の）事物の他、会話参与者やその人物に関連した言及内容への指差しなども起こる（荒川 2011[8]）。また、Levinson らがフィールド調査した Guugu Yimithirr 語や Tenejapa 語などの「絶対参照枠言語」とは異なり (Haviland 1993、Levinson 2003: Ch.6)、経験や出来事の「想起」においては、日本語話者の絶対的な指差しは非常にまれである（片岡 2008）。

3. 比喩的ジェスチャー

身体によるメタファーの事例として、McNeill (1992) は（言葉、発想、知識の）「導管」(conduit)、「思考」(thinking)、「空間」(space)、「光線」(beam)、「存在」(existence)、「感情」(emotion) といった「比喩的ジェスチャー」を取り上げている(1)。以下では、それらの事例を中心に、Lakoff and Johnson (1980b) で提起された概念的／存在論的メタファーに照らしつつ、比喩的

ジェスチャーとの関連を確認する（ただし相互の抽象化のレベルと対象がやや異なるため、部分的、重複的な関係でもあり得る）。

McNeill 理論と Lakoff/Johnson 理論の対応（と非対応）については数多くの論考があるが（例えば Cienki & Müller 2007 参照）、以下では日本語談話における典型的な事例を検証してみたい。なお、これらの事例はいずれも自己表出型の自発的ジェスチャーである。

(1)　　McNeill の分類 ⇔ Lakoff/Johnson の分類
(a)　　「導管」(conduit)
　　　⇔ Conduit metaphor: *Ideas are entities; Words are containers*, etc.
(b)　　「思考」(thinking)
　　　⇔ Ontological metaphor: *The mind is a container/a machine/brittle; Ideas are plants, products, food*, etc.
(c)　　「空間」(space)
　　　⇔ Orientational metaphor: e.g., *Control is up; Rational is up; Known is down*, etc.
(d)　　「存在」(existence)
　　　⇔ Ontological metaphor: *Ideas are people/resources/money/food*[9], etc.
(e)　　「光線」(beam)
　　　⇔ Ontological metaphor: *Light is a tangible object*; その拡張として、*A flash (of light) is knowing/realization*, etc.
(f)　　「感情」(emotion)
　　　⇔ *Love is a journey; Anger is a hot fluid in a container*, etc.

まず事例(2)（導管）で、話者は新聞の論説におけるレトリックについて述べている。その際、「トピックを ...」(2–a) と述べながら、予め固定された左手方向に右手の平を近づけ、「明示して」(2–b) と発すると同時に両手を前方に押し出すジェスチャーを行っている。「トピック」とはことばの言表内容が紡ぐ概念単位であり、ここにおいてそれが両手により支えられた「物体」

と捉えられ、かつそれが箱のような入れ物として前方向に提示されたことから、(上述の *Ideas are entities.* に加え) *Words are containers.* という導管メタファーを具現化する比喩的ジェスチャーと考えられる。

(2) 導管

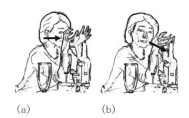

(a) あの::トピックを...((右手を左手に近づけ))
　　～～～～**********
(b) 明示して((両手を前方に押し出す))
　　********

　また事例(3)(思考)では、「自分ってゆう」と発しながら、両手を左右のこめかみ部分に持ち上げ、「認識」「なく(なる)」の下線部で側頭へのビートを3回行っている。このビートはある種の指差しとも考えられるが、あえて両手で箱を抱えるようなジェスチャーを採用することにより、脳機能による「認識」が頭蓋骨という「箱」に入った実体として扱われる点で、*The mind is a container* を実体化した比喩的ジェスチャーと考えられる。

(3) 思考

自分ってゆう認識がなくなっちゃってさあ
～～～～～*/*/***/*************
　　　　　↑↑　↑　((頭を軽くたたく))

　続く事例(4)(空間)は典型的な空間メタファーに基づく。ここではモチベーションという心理的状態が「上がる」という Orientational metaphor により敷衍され、さらに上方に突き出された手指ジェスチャーによって重層的

に（かつ発話に先行して）補強されている。

(4)　空間

モチベーション.. むっちゃ上がったね。
~~~~~~**********.-.-.-.-.-.- ((手の振り上げ))

　事例(5)と(6)は、空間メタファーと存在メタファーの判別が困難な例である。どちらも同一データ内の同一人物によるジェスチャーであるが、興味深い差異と変異が認められるため、続けて考察する。まず事例(5)では、「成長」という発話とともに、眼前のテーブル上に体側の幅で区切られた空間を横方向に設定し、さらに「過程」で下方向へのビートを3回実施している。異なるジェスチャー・ストロークが「成長過程」という発話内で連続して生起していることから、人生（生涯）という限定された時間内の、さらに限定された発達時期を焦点化していると考えられる。つまり不可視的な時間を可視的な空間に写像し、それを分節可能な実体に置き換えた点で、空間ジェスチャーと存在ジェスチャーにまたがる用法と思われる。

(5)　空間／存在

ってことはその..成長過程に
~~~~~~~~~~~~~~~******|*/*/****
　　　　　　　　　←→ ↓↓↓
　　　　　　　　((両手広げ｜下向きビート3回))

一方事例 (6) は、「すっごい遠い」という発話から、「遠距離」を示す映像的ジェスチャーを想起するかもしれない。しかし、この「遠い」とともに実施されたのは右手による下向きビートであり、事例 (6) のジェスチャーの実施期は「ないない」と同期し、コンビニの存在を否定することに寄与している。詳細に観察すると、このジェスチャーは「手の平」が見えるような形で実施されており（上述の事例 (5) と比較されたい）、両手で描写された空間内の「空虚さ」が露呈するように調整がなされていることから、存在の有無を示す比喩的ジェスチャーにより近いと思われる。

(6) 空間／存在

```
コンビニがすっごい遠いんだよ.
     ~~~~~~~*****._._._._  ((右手ビート))
ないない.
********_._._._
  ←    →              ((両手を広げた後撤収))
```

次の事例 (7) (光線) は、存在論的メタファー (Ontological metaphor) の中の、「光（線）」メタファーである。地球上では「光」は上から降り注ぎ、それがしばしば「天啓」のメタファーとなることは多くの宗教画が示すところである。一方、光が存在しない場合（つまり闇）は、対極的に「下」として概念化される。事例 (7) は、非常に暗く演出された店内で、ライトを点滅させることが店員への注文の合図となることを描写した場面である。右側の話者は、「その..」と述べながら左手を肩の高さに持ち上げ（準備期）、電球の形を模しながら（映像的ジェスチャー）、「電気」「ピカピカ」「光って」という発語（の下線部分）で上向きのビートを実施する。その際、手指もわずかに開放されており、「光」が実体を伴って「現れ」、「放出」されると捉えた比喩的ジェスチャーと考えられる。

(7)　光線

```
　　　　　　　　　　その..電気が..＞ピカピカくって光って
　　　　　　　　　~~~~~****/*******/************/.-.-.-
　　　　　　　　　　　　↑　　　↑　　　　　↑　((上方向のビート))
```

　最後に、事例 (8)（感情）（ここでは「怒り」）では、「ぶち切れる」というメタファー表現とともに発されてはいるものの、そのジェスチャーは「切れる」ことを具現化したものではなく、*Anger is a hot fluid in a container* (Lakoff and Johnson 1980b) の帰結により生じた「液体が暴発する」という事態を、左手の素早い開放動作により表している。この点で、McNeill (2000) が述べる通り、言語表現とジェスチャー表現は同じ「概念の種」（＝成長点）を持ちながらも、ことばや身体動作を介して表面化する際には異なる表象として実現される可能性を示すものである。

(8)　感情（怒り）

```
　　　　　　　　　あたしぶち切れてさ，((爆発＝怒りのジェスチャー))
　　　　　　　　~~~~~****.-.-.-
```

　もちろん、McNeill が述べる比喩的ジェスチャーを日本語談話において特定するだけでは十分ではない。そこには、同一概念を言語文化間でどのように描写するかという対照分析的な視点が必要であり、さらにそのような差異や変異がどのような要因で出現するのかを分析の射程に含む必要がある。あ

るいは以下のように、一連の談話内での生起のタイミングやジェスチャー・タイプと談話構造の相関や(不)整合を考察するのでなければ、単に既存の提案の追認に終わる。従って続く 4.1 節では、McNeill の比喩的ジェスチャーを精緻化し、そこにレベルの異なる隠喩的および換喩的ジェスチャーという 2 種類のジェスチャー・タイプを確認する。さらに 4.2 節では、詩的談話構築の資源としてアドホックに共有される換喩的ジェスチャーを確認し、まさにそれが「キャッチメント」に相当することを述べる。

4. メトニミーとしてのジェスチャー・タイプ

以下では、McNeill の比喩的ジェスチャーの分類を精緻化するために、便宜的に「隠喩的ジェスチャー」と「換喩的ジェスチャー」を想定する(表 2)。ここで述べる隠喩的ジェスチャーとは、3 節で確認した発語レベルの「比喩的ジェスチャー」に加え、談話レベルで(より相互依存的に)機能するジェスチャーを含む[10]。例えば後者は、到底容認できないような発話や演説内容に対して、抗議の身振りを示したり(より端的には中指を立てたり)するジェスチャーがそれに相当するだろう(ただし両者は連続体をなすと考えられる)。

表2 McNeill の分類と本稿の分類

McNeill の分類	本稿の分類		例：
比喩的ジェスチャー	隠喩的ジェスチャー	発語レベル	3節(おもに McNeill による「比喩的ジェスチャー」)
		談話レベル	発話や演説内容に対して抗議の身振りをする
	換喩的ジェスチャー	発語レベル	指輪をはめる／指切り⇒結婚
		談話レベル	4節(談話の構造指標；テーマの一貫性＝キャッチメント)

さらに、メトニミー（換喩）はメタファー（暗喩＝狭義の比喩）と異なり、隣接性・近接性や連想に基づき発現する点で「指標的」な操作といえる。言い換えれば、AがBを指標する時、AはBのメトニミーと捉えることができる（ただし McNeill の比喩的ジェスチャー分類では、両者を区別しない）。その場合にも、発語レベルと談話レベルの差異が想定される。例えば、「指輪をはめる」ジェスチャー（あるいは「指切り」や『家族になろうよ』を歌う福山雅治の物まねなど）により「結婚」を連想させたり、後述するように「心臓の鼓動」により「蘇生」を示す行為は、発語レベルの「換喩的ジェスチャー」と考えられる[11]。

さらに 4.1 節では、談話レベルにおける換喩的ジェスチャーとでも呼ぶべき現象を指摘したい。言語使用に限らず、実践により慣例化され、「自然な流れ」となった行為／ジェスチャーは談話過程のメトニミーとして作用する。本節では、2.2 節で言及したジェスチャーと語りの構造の観察を発展させ、ジェスチャー・タイプそのものが特定の談話構造のメトニミーとして機能することを確認する。さらに、そのような「談話指標」としての換喩的ジェスチャーは、比較的安定的に連繋するタイプ（4.1 節）から、より流動的かつアドホックに現場で構築されるタイプ（4.2 節：キャッチメント）にまたがることを検証する。

4.1　語りの諸相とジェスチャー・タイプの慣例化

すでに 2.2 節において、語りの諸相とジェスチャー・タイプにある種の相関があるという指摘（McNeill 1992、2005）は紹介した。以下では、McNeill の述べる「語りの3層」において、「自発的ジェスチャー」が生起する際の一般的傾向について要説する。それに続き、視点ジェスチャー（OVPとCVP）や特定の非言語行動（視線や指差し）が、メタ・ナラティブ層において談話レベルの換喩的ジェスチャーとして機能することを述べる。

まずナラティブ層では、「観察者視点」（OVP）あるいは「登場人物視点」（CVP）にもとづき経験や出来事が語られるわけだが、語りの典型的な展開は、時空間や場面の設定から始まるため、より客観的な OVP によって描写

が開始されることが自然である。その際、非常に希ではあるが「絶対的指差し」(実際の地理関係に基づく方向指示)が生起することがある。「絶対的指差し」は拡張された空間認識に依拠するために、そのような知識／知覚が必要とされる道案内や広大空間の場面設定などを除いて、語りや会話での出現は非常に限られる。それが用いられるのは、語りや案内の冒頭(あるいは視点をリセットする場面)のみである (Kita 2003; 片岡 2008[12])。この点で、「絶対的指差し」と OVP は語りの「場面設定」という談話レベルの換喩的ジェスチャーとなりうる。

　その後、「複雑化」の進展に伴い、より主観的で内在的な「登場人物視点」に基づくジェスチャーを伴って経験や行為が語られる。言うなれば、CVP は「複雑化」を指標する(談話レベルの)換喩的ジェスチャーである。その際にも、登場人物の多寡に応じて採用されるジェスチャーに質的な差が生まれる。一般的に、複数の登場人物がいる語りの場合、クライマックス(特に「評価」や「解決」)においては、異なる経験や見解を集約することが重要になるため、複数の視点を単一ジェスチャー内に具現化する例が散見される。その際、複数の視点が融合する「間主観的(intersubjective)視点」(IVP) に基づくジェスチャーが採用されることがある (Parrill 2009、片岡 2011b)。また(クライマックスにおける)視点調整の際には、ジェスチャーの「マイクロ・スリップ」(ジェスチャー・ストロークの一時保留や誤動作)が起こることも観察されている (古山ら 2011)。つまり IVP は「クライマックス」や多様な「評価」、相互理解のメトニミーとなっている。さらに、ジェスチャー研究やマルチモーダル分析から、語り(やターン)の冒頭および終結部分で話し手から聞き手への「視線配布」が顕著になされることもわかっており (Kendon 1967、Goodwin 1981、Mondada 2007)、この点で談話レベルでの身体的メトニミーと考えることもできる。

　ここで語りの諸相とジェスチャー・タイプの対応を見るために、道案内を語りの亜種として分析した Kataoka (2013) の分析を参照しつつ説明を進めたい(図7)。まず語りの冒頭で、道案内の誘導者 M (右：語り手)による絶対的指差しが生起し、目標地点への地理的な方向が示される (1a)。興味深い

第 3 章　メタファーと身体表象　99

ことに、随伴者 H（左：聞き手）もその行為に刺激され、目標地点への絶対的な指差しを実施している（1b）。実は H も目標地点を漠然と把握しているため、それ以後の道案内は相互投機的に行われている。それに続き M は、現在地点を出発してから、認知地図内にあるランドマーク（スーパーマーケット）を下方向への手差し（2）により眼前に設定する。このジェスチャーは、広大空間を身体前面のテーブルに収めようとする点で OVP-outside に相当すると考えられる（ただし絶対的な方向軸には基づかない）。

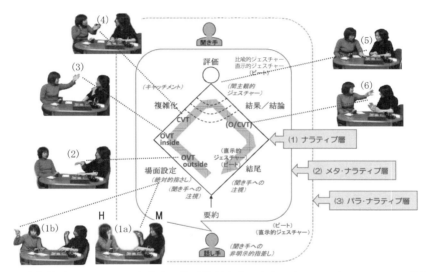

- 映像的ジェスチャー：出来事の筋が発話内容の中心となる；おもにナラティブ層で出現する；登場人物（CVP）と観察者（OVP）の視点
- 比喩的ジェスチャー：物体、あるいは空間に見立てられた物語の構造が発話内容の中心となる；おもにメタ・ナラティブ層で出現する
- 直示的ジェスチャー（指差し）：語りの方向性（あるいはその変更）が発話内容の中心となる；全てのレベルで出現する

図 7　語りの諸相に顕著なジェスチャー・タイプ

一方 H は、その後の経路上の進行を身体前面で左手により描写しているが（3）、左側上方に「坂道を登る」という移動描写のために、主観的な進行

方向と客観的な移動経路の双方を取り込み、OVP-inside に近い視点取りを提示している。それに続き、H は身体前面に両手を突き出し、移動者（この場合運転者）が知覚する道路上の進行を示す身振り（眼前の路肩を示す映像的ジェスチャー）を行っている (4)。この時点で、移動者に内在する CVP へと移行していることが見て取れる。しかし、主要道路に合流する地点をめぐり、M と H の空間把握はすれ違いを続け、遅々として相互理解を達成できない。これは、M が広大空間を眼前に設定する方法（OVP）で案内することに対して、H が主観的な空間移動を指向する（CVP）ことによると推測される。

度重なる誤解の末、空間場面の相互理解（というクライマックス）が達成されたきっかけは、M と H が相互の仮想空間に乗り込み、間主観的な視点取りに基づくジェスチャー（IVP）へと移行したことがきっかけであった (5)。ここにおいて、H は M がテーブル上に想定した地図に左手を接地させ、M も H の CVP 的な屈折描写を取り込むことで、相互投機的な振る舞いを見せる。しかしながら、一旦相互理解が達成されるや否や、すぐさま双方のデフォルト的な視点取り（H の CVP と M の OVP-outside）へと回帰し (6)、道案内を成功裡に終了している。

ここで見た通り、特定のジェスチャーが談話の構造的特徴の指標となる点で、ジェスチャーの「タイプそのもの」が談話展開のメトニミーとして機能しうると言えよう。ただしこの図中の対応は一般的な（しかし緩い）傾向を示すにとどまり、1 対 1 の呼応を示すのでもない。また、総じてジェスチャーの発生機序については暗黙の普遍性が想定されることが多いものの、言語間対照は十分に行われていない（Kita 2009 など参照）。この点は今後の大きな課題である。

以上のジェスチャーおよび非言語的特徴は、おもにメタ・ナラティブ層という談話レベル上の指標（メトニミー）と考えられるが、それに加え、パラ・ナラティブ層において参与者間の人間関係を指標するジェスチャーも観察される。例えば、語りモードから一旦離脱して相互行為モードに移った際には、聞き手に向けられながらも聞き手自身を指さない指差しが観察される

（荒川 2011）。さらに日本人の会話では、人差し指による指差しに代えて、敬意の対象となるべき相手には、手を開いて掌を上に向けた「手差し」を行ったり、さらに慣例化された場合には、「うなずき」の角度で敬意の程度を示すこともある。つまり、ある種の「エンブレム」は、その使用において適切な社会的ステータスや人間関係を前提として調整されるのである。ただし 4.2 節ではこの現象には深入りせず、談話レベルの換喩的ジェスチャーをさらに掘り下げてみたい。

4.2　ジェスチャー・タイプの創発的馴化（キャッチメント）

　以下では、語りの展開と比較的安定的に相関した換喩的ジェスチャー（上述）に加え、語りの現場で即時的かつアドホックに結びついて実施される換喩的ジェスチャーを確認する。そこで、Kataoka（2012）における分析を元に、自然発話（以下では指導／解説）におけるジェスチャーがキャッチメントとして特定のトピック[13]とともに指導内容の明確化を推進する身体装置として作用する事例を紹介する。

　分析データとして、著書が参与観察を行いながら収集した救命講習における心肺蘇生（CPR）の訓練の映像を用いる。以下の補足説明（9）は、受講生が CPR 用マネキンに対して心肺蘇生措置を施した後に講師によって与えられたものである。

(9)　救命講習会における講師の補足説明
　　　ちょっと私言い忘れたんですけど、心臓マッサージやる時に、15 回ずっと[14]、あのぉ自分の目線を相手の人に、ことばで数えていただいて、全身を見て下さい。この時に、こ‐もしかして少しでも動き出せば、あのぉ、心臓動いたことになりますので、まっすぐに、いち、に、さん、し、ご、ろく、しち、はち、く、じゅう、ってかたちでえ、目線をいろいろな所に置いて、確認しながら心臓マッサージをやって下さい。で、もっと状況が良くなれば、周りも見ながら、あ救急車の音がするな、あ誰か誘導出てよ、ってゆうようなことばも、

ね、ゆうようなこともありますんで、あのぉ周りを観察するという意味で、全身を見ながらやってって下さい。

発話(9)を一読する限り、一まとまりの説明のように感じるかもしれないが、音調的特徴、言語的平行性、身体的反復性を詳細に検討すると、等価的な3連構造からなることがわかる。詳細はKataoka(2012)に譲るが、象徴的な行為として、この講師はこの補足説明を3つに細分化して少しずつ異なる説明を繰り返している(表3)。

表3　講師による「心肺蘇生時の留意点」と下位トピック

下位トピック	発話
1．目線	ちょっと 私言い忘れたんですけど→、心臓マッサージやる時に→、15回ずっと→、あのぉ→自分の目線を相手の人に→、ことばで数えていただいて→、全身を見て下さい↘。
2．心臓	この時に→、こ-もしかして少しでも動き出せば→、あのぉ→、心臓動いたことになりますので→、まっすぐに→、「いち、に、さん、し、ご、ろく、ひち、はち、く、じゅう」→、ってかたちでえ→、目線をいろいろな所に置いて→、確認しながら心臓マッサージをやって下さい↘。
3．周り	で→、もっと状況が良くなれば→、周りも見ながら→、「あ救急車の音がするな」→、「あ誰か誘導出てよ」→、ってゆうようなことばも→、ね→、ゆうようなこともありますんで→、あのぉ→、周りを観察するという意味で→、全身を見ながらやってって下さい↘。

まず上記発話(9)は、補足説明の趣旨から「心肺蘇生時の留意点」という上位トピックを形成すると考えられる。このトピックはさらに、発話中のポーズにおける音調が平板調(→)か下降調(↘)かという特徴により3つの下位トピックに分割できる。その境界は、「ちょっと」「この時に」「で」というトピック転換の前置き表現で開始され、さらに境界末部分が「〜て〜て下さい」(四角部分)という同一構文で終結することにより構造的平行性を達成している。また、全てのトピックの中間部で、何らかの「引用」(「15回…ことばで数え」→「いち、に、さん、し…」→「あ救急車の音がする

な...」)が施行されるという言表内容的な平行性も見逃せない(二重下線部)。これらの引用は全て中間部で生起し、全て両手による圧迫動作(心肺蘇生措置＝心臓マッサージ)という実践(つまり「映像的ジェスチャー」)を伴っている。それに続き、全てのトピックで傷病者や周囲を「見る(観察する)」ことの重要性が強調される(太字)。

　さらに興味深い点は、それぞれのフェーズで各1度ずつ出現する「あのぉ」というフィラーである(灰色部分)。奇しくも、その直後に述べられる語句(同じく灰色部分)が、それぞれの下位トピックを象徴するキーワードとなり、そこにおける身体表象を動機付けているように見える。例えば「1. 目線」では、波下線部分(＿)で、視線配布を示すジェスチャー(右手による右回りのスイープ動作)が行われ、「2. 心臓」ではスイープ動作に加え、心臓への(下向きの)圧迫とその鼓動を想起させる(上向きの)素早いビート・ジェスチャーが前半の波下線部分で生起する。一見して判別しにくいが、この講師は心臓マッサージを示す際は「押す」動作、心臓の鼓動を示す際は「引く」動作を用いて微細にビートを使い分けている。つまり前者は、実際の動作の映像的ジェスチャーであり、後者は心臓の鼓動により「蘇生」を示す(発語レベルの)換喩的ジェスチャーとして機能すると考えられる。最後の「3. 周り」では、両手による身体前面への収束的なジェスチャー(およびスイープ動作)が波下線部で実施される。

　言い換えれば、各下位トピックに通底する「目線」「心臓」「周り」というイメージ的側面(＝成長点)が、身体的メタファー／メトニミーとして下位トピックに横溢しているのである(図8(1〜3))。この通底するイメージにより再帰的に繰り返される一連のジェスチャーは、McNeill(2005)が「キャッチメント」と呼ぶ現象に等しく、下位トピック内のイメージ的一貫性と指示的結束性を担保し、下位トピック間を峻別することに寄与している。つまり、キャッチメントはトピックの一貫性を具現する「談話レベル」の「換喩的ジェスチャー」と考えることができる。

　これらのジェスチャーは、談話実践における多重性を示している。つまり「ナラティブ層」においては、図8における(1)「片手・右回り楕円状スイー

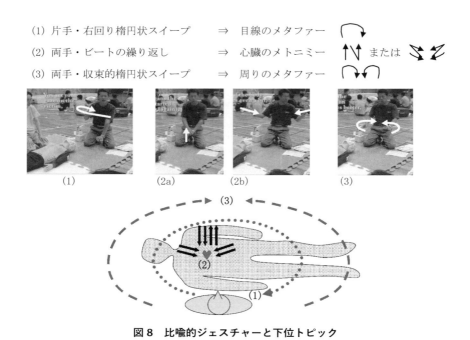

図 8　比喩的ジェスチャーと下位トピック

プ」が「目線」の隠喩的ジェスチャー、(2)「両手・ビート反復」が「心臓」の映像的ジェスチャーおよび「蘇生」の換喩的ジェスチャー、そして(3)「両手・収束的スイープ」が「周り」の隠喩的ジェスチャーとして提示され[15]、「メタ・ナラティブ層」においては、(即時的に実践された)これらの「ジェスチャー・タイプ」(図8(1〜3))が下位トピックの一貫性を指標する談話レベルの換喩的ジェスチャー(キャッチメント)として機能しているのである。

　McNeillの分類では、本稿で分類した換喩的ジェスチャーはひろく「比喩的ジェスチャー」の一部として扱われ、語りの機微とジェスチャーの機能を十分に扱えない部分が残るように思われる。本分類はそれを精緻化し、語りの実践を包括的に扱うための提案である。

5. おわりに

　本稿では、(1) McNeill が定義するところの比喩的ジェスチャーの中から、Lakoff and Johnson (1980a、1980b) の概念に通ずる代表的な事例を概観した後、(2) 語りの3層に特徴的なジェスチャータイプと、特にナラティブ層における談話展開の構造的指標となる視点ジェスチャーを確認してきた。言うなれば、言語使用に限らず、実践により慣例化され、「自然な流れ」となった行為／ジェスチャーは談話過程の換喩（メトニミー）として作用することを指摘した。そして最後に、(3) そのようなメトニミー化したジェスチャー・タイプは、(2) で確認したような慣例化されたものばかりではなく、談話参与者により即時的に調整され、アドホックに創発する身体表象にも当てはまることを確認した。これは McNeill が定義する「キャッチメント」としての特性を有し、談話を詩的に構築することで、本稿で考察したような教示・指導の明示化と促進に寄与する可能性を示した。さらに、個々のジェスチャーにはことばと同様に発語レベルで話者の意図伝達に寄与する機能、さらに談話レベルでの一貫性・結束性の構築に寄与する機能がある。ジェスチャーを発語、談話の両面で扱うことにより、メタファー研究が言語学、心理学、談話研究をまたぐ超領域的な協働をさらに推進する可能性が拓かれるであろう。

注

* 　本稿は、科学研究費基盤（C）「言語的・非言語的『不均衡』から見る社会的実践の諸相」（課題番号 25370499）の助成を受けている。また、本稿の執筆に当たっては編者の鍋島弘治朗氏から貴重な助言とコメントをいただいた。記して謝意を表したい。
1 　また、Lakoff and Johnson (1980a) の要約ともいえる *Cognitive Science* 第4巻に刊行された (1980b) 論文には、Fillmore, Minsky, Schank and Abelson らの文献しか引用されていない点が示唆的である。

2　例えば Müller (1998) は、抽象的な対象を指す指示的ジェスチャー (abstract referential gesture) も比喩的ジェスチャーと考えるが、これは McNeill (1992) の「直示的ジェスチャー」(図 1) に相当すると思われる。

3　Krauss et al. (2000) はこの分類に疑問を呈し、直示的―描写的ジェスチャー間には段階的な差異が存在すると考えている。また、McNeill (2005: 268) にも同様の指摘がある。

4　書き起こし記号 (Kendon 2004 を援用):

~~~~ : preparation　　　　　　　　***** : pre-stroke hold
***** : stroke　　　　　　　　　　 ***** : post-stroke hold
-.-.-.-.- : recovery　　　　　　　　|　| : ジェスチャー句の境界
/: ストローク内部の境界　　　　　 ((　)) : 筆者のコメント
°: 小声による発声　　　　　　　　 -: 言い直し
..: 0.2 秒以下のポーズ　　　　　　...: 0.3 から 0.6 秒までのポーズ
... (1.0): 0.7 秒以上のポーズ

5　会話分析では、Labov のモデルを批判しないまでも、一方向的、画一的な構造に代わり、協働して語りを達成する点を強調する (Schegloff 1997)。つまり、語りの権利と構造を自明のものとせず、語り手と聞き手が共創するものと捉えたのが会話分析における「ストーリー・テリング」である (Jefferson 1978、Stokoe and Edwards 2001)。

6　例えば「一郎がその男を殴った。で、そいつが一郎を殴った。」と「そいつが一郎を殴った。で、一郎がその男を殴った。」は異なる因果関係を述べている。よってこれらは「語り節」となる。

7　McNeill (2005: 117-119) は、データ中の Viv という参加者が登場人物を描写するために用いた 3 種類のキャッチメント (C1、C2、C3) に着目した。そこでは、片手による登場人物への指示が C1、左右対称的な両手による事物の描写が C2、左右非対称的な両手による登場人物と事物への指示を C3 として、一貫して指示対象とジェスチャーとの対応が保持され、ジェスチャーの視覚的／空間的特徴が談話の結束性の維持に寄与することを示した。

8　ただし喜多 (2002) では、発話を促すために聞き手に指先を向ける仕草は、「指差し」(pointing) ではなく「会話調整エンブレム」に分類されている。

9　よって、Idea は現れたり消えたりする。また、会話には「始まり」「途中」「終わり」という時系列があり、この点で TIME PASSING IS MOTION OVER A LANDSCAPE というメタファーとして捉えうる点で、時空間写像 (time-space mapping) もこの一種であろう。

10　ここで述べる「発語レベル」と「談話レベル」の差とは、単発的な「トークン」

11 瀬戸 (1997) はメタファーとメトニミーにシネクドキー (提喩) 加え、「認識の三角形」を形成すると述べているが、本稿では Lakoff and Johnson に倣い、前二者を元に分類した。
12 本稿では、「道案内談話モデル」を以下のように定義する (片岡 2011a)。
 要約：目的地の明示、訪問の意義や訪問理由の提示 (「俺んち」「おいしいラーメン屋」など)
 場面設定：時空間の設定にあたり、「要約」や「誘導」に吸収されることが多い
 誘導：道案内の核心部であり、経路描写や空間移動が中心 (近隣や迷いやすい地点への言及、異様な事物・景観の描写、逸話の挿入、その他誘導に関わる特記点など)
 問題化：(聞き手による操作) 経路の混乱や地理的認識の不一致に端を発する地理的な共通基盤構築の試み
 評価：語り全般に散逸し、訪問の価値や意義、困難さや楽しさを描写
 結論／終結：到着描写 (ときに訪問意義に関わる評価的描写を伴う)
 結尾：語りのフレームを閉じるマーカー (非言語含む) の提示、教訓の提示
13 ここで述べる「トピック」とは、機能言語学において文主語によって規定されるそれとは異なり、何がしかの関連性 ("aboutness") により規定される一繋がりの話題のことである。
14 本データ収集時 (2002 年) は、心肺蘇生措置として「心臓マッサージ 15 回＋人工呼吸 2 回」を 1 セットとして実施していたが、2005 年の国際蘇生連絡協議会 (ILCOR) のガイドライン改訂に伴い、現在は「30 回＋2 回」となっている。
15 「周り」を空間的な環境と考えるとその抽象度により隠喩的と捉えられるが、講師が周辺の事物などを指示しているのなら一種の指さしであり、指標的かつ換喩的とも捉えられる。ただしここでは、両手によって内側に収束するジェスチャーを行い、「周り」が「回り」と語源的につながるため、隠喩的ジェスチャーと判断した。

参考文献

荒川歩 (2011)「指差し行動と発話による談話の達成」『社会言語科学』14 (1)：169–176.

Burgoon, J. K., and Hoobler, G. D. (2002) Nonverbal signals. In M. L. Knapp & J. A. Daly (Eds.), *Handbook of Interpersonal Communication* (3rd ed.), pp. 240–299). Thousand Oaks, CA: Sage.

Cienki, A. and Müller, C. (Eds.) (2007) *Metaphor and Gesture*. Amsterdam: John Benjamins.

Ekman, P. (2004) Emotional and conversation nonverbal signals. In Larrazabal, Jesus and Pérez Miranda, Luis (Eds.), *Language, Knowledge and Representation*, pp. 39–50. Netherlands, Kluwer.

古山宣洋・末崎裕康・関根和生 (2011)「身振りにおけるマイクロスリップと視点の持続性」『社会言語科学』14 (1)：5–19.

Goodwin, C. (1981) *Conversational Organization: Interaction between Speakers and Hearers*. NY: Academic Press.

Haviland, J.B. (1993) Anchoring, iconicity, and orientation in Guugu Yimithirr pointing gestures. *Journal of Linguistic Anthropology* 3 (1)：3–45.

Jakobson, R. (1960) Linguistics and poetics. In T. Sebeok (Ed.), *Style in Language*, pp.350–377. Cambridge, MA: MIT Press.

Jakobson, R. and Halle M. (1956) *Fundamentals of Language*. The Hague: Mouton.

Jefferson, G. (1978) Sequential aspects of storytelling in conversation. In J. Schenkein (Ed.), *Studies in the Organization of Conversational Interaction*, pp. 219–48. New York: Academic Press.

Johnson, M. and Lakoff, G. (2002) Why cognitive linguistics requires embodied realism. *Cognitive linguistics* 13 (3), 245–264.

Kataoka, K., (1998) Gravity or levity: Vertical space in Japanese rock climbing instructions. *Journal of Linguistic Anthropology* 8 (2)：222–224.

片岡邦好 (2008)「『相対枠』言語における絶対性：道案内談話における絶対的指差し」『文明21』No. 21: 1–21.

片岡邦好 (2011a)「道案内の指差しに見る「絶対／相対参照枠」の主観的融合」『人工知能学会誌』26 (4)：323–333.

片岡邦好 (2011b)「間主観性とマルチモダリティ：直示表現とジェスチャーによる仮想空間の談話的共有について」『社会言語科学』14 (1)：61–81.

Kataoka, K. (2012) The "body poetics": Repeated rhythm as a cultural asset for Japanese life-saving instruction. *Journal of Pragmatics* 44: 680–704.

Kataoka, K. (2013) "We just don't get it right!": Multimodal competence for resolving spatial conflict in wayfinding discourse. Special issue of *Language & Communication* 33 (4), Part A: 404–419.

片岡邦好 (2017)「マルティモーダルの社会言語学―日・英対照による空間ジェスチャー分析の試み―」井上逸兵（編）『対照社会言語学』pp. 82–106. 朝倉書店

Kendon, A. (1990) *Conducting Interaction: Patterns of Behavior in Focused Encounters*.

Cambridge: Cambridge University Press.
Kendon, A. (2004) *Gesture: Visible Action as Utterance*. Cambridge: Cambridge University Press.
喜多壮太郎 (2002)『ジェスチャー：考えるからだ』金子書房
Kita, S. (2003) Interplay of gaze, hand, torso orientation, and language in pointing. In S. Kita (Ed.), *Pointing: Where Language, Culture and Cognition Meet*, pp. 307–328. Mahwah, NJ: LEA.
Kita, S. (2009) Cross-cultural variation of speech-accompanying gesture: A review. *Language and Cognitive Processes*, 24 (2), 145–167.
Krauss, R. M., Chen, Y., and Gottesman, R. F. (2000) Lexical gestures and lexical access: A process model. In D. McNeill (Ed.), *Language and Gesture*, pp. 261–283. Cambridge: Cambridge University Press.
楠見孝 (編) (2007)『メタファー研究の最前線』ひつじ書房
Labov, W. (1972) *Language in the Inner City: Studies in the Black English Vernacular*. Philadelphia: University of Pennsylvania Press.
Labov, W., and Waletzky, J. (1967) Narrative analysis. In J. Helm (Ed.), *Essays on the Verbal and Visual Arts*, pp.12–44. Seattle, WA: University of Washington Press.
Lakoff, G. and Johnson, M. (1980a) *Metaphors We Live By*. Chicago: Chicago University Press.
Lakoff, G. and Johnson, M. (1980b) The metaphorical structure of the human conceptual system. *Cognitive Science* 4: 195–208.
Levinson, S.C. (2003) *Space in Language and Cognition: Explorations in Cognitive Diversity*. Cambridge, U.K.: Cambridge University Press.
McNeill, D. (1992) *Hand and Mind*. Chicago: The University of Chicago Press.
McNeill, D. (2000) Growth points, catchments, and contexts. *Cognitive Studies*, 7 (1) : 22–36.
McNeill, D. (2005) *Gesture and Thought*. Chicago: The University of Chicago Press.
Mondada, L. (2007) Multimodal resources for turn-taking: Pointing and the emergence of possible next speakers. *Discourse Studies* 9: 194–225.
Müller, C. (1998) Iconicity and gesture. In S. Santi et al. (Eds.), *Oralité et gestualité: Communication multimodale, interaction*, pp. 321–328. Montréal, Paris: L'Harmattan.
Müller, C. (2007) What gestures reveal about the nature of metaphor. In Cienki, A. and Müller, C. (Eds.), *Metaphor and Gesture*, pp. 219–245. Amsterdam: John Benjamins.
鍋島弘治朗 (2011)『日本語のメタファー』くろしお出版
鍋島弘治朗 (2016)『メタファーと身体性』ひつじ書房

Parrill, F. (2009) Dual viewpoint gestures. *Gesture* 9 (3) : 271–289.
Schegloff, E.A. (1997) "Narrative Analysis" Thirty Years Later, *Journal of Narrative and Life History* 7: 97–106.
瀬戸賢一 (1997)『認識のレトリック』海鳴社
Stokoe, E. and Edwards, D. (2006) Story formulations in talk-in-interaction. *Narrative Inquiry* 16 (1) : 56–65.

第 4 章
関連性理論からみたメタファー*

内田聖二

1. はじめに

次の (1) は AKB48 が歌う、NHK の朝ドラの主題歌の一節である。

(1) 　 人生は紙飛行機
　　　 願いを乗せ飛んでいくよ
　　　 風の中を力の限り
　　　 ただ進むだけ
　　　 その距離を競うより
　　　 どう飛んだか　どこを飛んだのか
　　　 それが一番　大切なんだ
　　　　　　　　　　　　　　　　　　　（作詞　秋元康）

「人生は紙飛行機」というのは典型的なメタファーといえるが、「人生」と「紙飛行機」にそれぞれ単独で遭遇したとしても、互いにメタファーとして結びつくものとは考えなかったかもしれない。

また、(2) は短編の導入部の一部である。

(2) 　 We called ourselves people on the drift, not migrants. Migrants have a destination. Buddy Elgin wasn't going anywhere except to a location in his head, call it a dream if you like. *He was the noun and I was the adverb.*

> We never filed an income tax form, and our only ID was a city library card.　　　　　　　　　　(J. L. Burke, 'Going Across Jordan')

イタリックを施した箇所で、migrant と比較されている drift（流れ者）の一員である Buddy Elgin (he) と I はそれぞれ noun と adverb に見立てられている。同僚の native speaker によると、noun は確固とした人物像（solid statue）を、adverb はなんらかの action（行為）を示唆するという。これは名詞が具体的な事物を指し、副詞は動詞を修飾するのが第一義であることから納得がいく。この (2) は、(1) と異なり、metaphor topic と metaphor vehicle とを結びつけるのは簡単ではないが、このような形で提示されることで私たちは作者の意図した方向で解釈することができるのである。

　本稿では、このような解釈のプロセスをどう説明できるのかということと同時に、他の言語現象を幅広く説明できる考え方として、もっぱら関連性理論の視点から論ずるものである[1]。

2. 関連性理論（Relevance Theory）の概要

　以下は Sperber and Wilson (1986/1995[2]) に基づく関連性理論の概要である。彼らは、まず、概略 (3) のような従来のコミュニケーションのモデルをコードモデルと名づけた。

(3)　　code model
　　　　　　message　　　signal　　received signal　　received message
　　　（source）→（encoder）→（channel）→（decoder）→（destination）

ここでは、encoder が伝えたいことを記号化し、それを decoder が記号解読して伝えられていることを読み解くという対称的なモデルとなっている。伝えられる内容はまったく同じものであるという暗黙の前提に立っている。それに対して、関連性理論では (4) のように、コミュニケーションのモデルは

意図明示推論的伝達で、話し手の側と聞き手の側では異なるプロセスを経るとする。

(4)　意図明示推論的伝達（ostensive-inferential communication）
　　　コミュニケーションは意図明示と推論のふたつの側面をもち、伝達者は意図明示の側に、聴者は推論にかかわる。

すなわち、コミュニケーションは一方では話し手の意図、他方では聞き手の推論が決定的な働きをする非対称的な言語活動であると考えるのである。また、どのような場合に、ある発話は関連性、換言すれば、（肯定的な）認知効果があるのかということについては、次の3つの場合を想定している。

(5)　Case A：コンテクストと結びつき、文脈含意（contextual implication）を生み出す
　　　　　　 B：既存想定を強化する
　　　　　　 C：既存想定と矛盾することでそれを破棄し、修正する

ひとつは、新しい情報が既存想定と相互作用して新たな結論をえる文脈含意、ふたつ目は既存想定をさらに強化することになる場合、そして3つ目は新しい情報が既存想定と矛盾し、そのほうが信頼に足ると判断されれば既存想定と置き換わる場合である。この3つの認知効果があれば、その新しい情報は(6)のように規定され、よって関連性があると認定されることになる。

(6)　新情報は認知効果があれば関連性があり、認知効果が大きければ大きいほど関連性が高くなる。

さらに、関連性にはもう一方の要素があり、それは処理に要する労力（processing effort）で、おもに次の3つの要因にかかわる。

(7) (a) 情報が提示される形式
　　(b) 論理的、言語的複雑性
　　(c) コンテクストのアクセス可能性

その労力には発話の提示される形式、言語的な複雑さ、文脈の呼び出し可能性などが関与し、認知効果とは逆に、処理労力の場合はかかる労力が小さければ小さいほど関連性が高くなると考える。つまり、他の条件が同じならば、認知効果が大きければ大きいほど、そして処理労力が小さければ小さいほど、関連性は高くなるのである。

(8) a. 他の条件が同じであれば、認知効果が大きければ大きいほど関連性は高くなる。
　　b. 他の条件が同じであれば、処理労力が小さければ小さいほど関連性は高くなる。

この (8) の関連性の定義のもと、次の関連性の原理が提唱されている。

(9)　関連性の第1原理 (認知原理)
　　　人は関連性があると思われる情報に無意識的に注意が向く。

第1原理は人間は自分たちに関連のある情報に注意を向けるという認知一般の原理である。第2原理はコミュニケーションそのものにかかわり、あらゆる発話はそれ自体の最適な関連性の見込みを有しているという、我々の言語活動の基本原理である。

(10)　関連性の第2原理 (伝達原理)
　　　すべての発話はそれ自体の最適な関連性 (optimal relevance) の見込みを生み出す。

その関連性の見込みとは、発話は聞き手にとって処理するだけの関連性があるということと、話し手の能力とどの程度まで伝えるかという選好性(preference)が関与する。

(11)　最適な関連性の見込み(presumption of optimal relevance)
　　　a.　発話をはじめとする伝達行為は処理するだけの関連性がある。
　　　b.　その発話は伝達者の能力と選好性に合致する最も関連性の高いものである。

また、発話処理に思いがけない労力がかかったとしてもそれに見合うだけの効果が期待できるという、(12)にあるような、非常に興味ある見解を仮定する。

(12)　余分な労力がかかったとしてもそれに見合う効果が期待できる。

　具体的に、(13)の発話を例として関連性理論の解釈のプロセスをみてみよう。

(13)　Peter told Mary that he was tired.

発話(13)の論理形式は(14)とされ、そこから、必要があれば、(15)にあげてある4つのプロセスを相互平行的に経て(16)の表意を得ると考える[2]
(Carston 2002)。

(14)　論理形式(logical form)：X told y at t_1 that z was tired at t_2.
(15)　曖昧性の除去(disambiguation)
　　　飽和(saturation)
　　　自由拡充(free enrichment)
　　　アドホック概念構築(ad hoc concept construction)

(16) 表意 (explicature): Peter Brown told Mary Green at 3.00 p.m. on June 23 1992, that Peter Brown was tired at 3.00 p.m. on June 23 1992.

　表意を得るプロセスのなかで、語彙項目の基本的な意味が緩和されたり (broadening/loosening)、絞り込まれる (narrowing) ことがよく起こる。(17) は緩和化の例、(18) は絞込みの例である。

(17) The steak at the restaurant was raw.
(18) Mary is looking for a bachelor.

つまり、raw はもともと「生」を意味していたが、それが「十分に調理されていない」に緩められている。また、おそらく (18) が伝えようとしているのは、結婚願望のあるメアリーが探している bachelor は、多義の bachelor のなかでも、雄のアザラシでも 80 歳の独身でもなく、メアリーの結婚相手として適切な年齢の独身男性に絞り込まれるであろう。
　このように元の意味が縮小ないし拡大した意味を関連性理論ではアドホック概念 (ad hoc concept) と呼び (Carston 2002: 349–359, Wilson and Carston 2006)、大文字で表記し、右肩にアスタリスクをつけて表示する。

(19) The steak at the restaurant was RAW*.
(20) Mary is looking for a BACHELOR*.

このアドホック概念は語彙語用論 (lexical pragmatics) の中核をなし、メタファー解釈にも有効な説明手段としても使われる。
　以上の概要に加えて、3 節以降の説明でキーとなる関連性理論の考え方を 3 点押さえておきたい。
　まず、表意と推意は、相互平行的な調整 (mutual parallel adjustment) によって得られるものであって、決して「表意→推意」とか「推意→表意」などのような順を追ったプロセスを経るものではないという点である。

次に、(21)に明示されているように、相互平行的に進む発話の理解過程は処理労力の少ない道筋をたどり、関連性の見込みが達成される最初の解釈に至ると、そこで処理は終了する、という考え方である。

(21) 関連性理論の理解過程
　　　発話処理は処理労力の極力少ない道筋をたどり、関連性の見込みが達成される最初の解釈に至ればそこで処理は終了する。

これは、コンピューターが行うような網羅的な検索の仕方はしない人間の合理的な発話解釈を裏づけるものである。

　3つ目は関連性理論のコンテクストのとらえ方である。この理論では、コンテクストは、従来考えられていたように、前もって与えられているのではなく、聞き手が発話を聞いてはじめてそれらの語、文などから活性化される様々な想定と考える。内田 (2011: 15) はこれをコンテクストのダイナミックなとらえ方 (dynamic view of context) と呼んだが、この考え方は人間の認知活動一般を考える際にも直観に合う経済的な (parsimonious) 仮説であろう。

3. 関連性理論におけるメタファー

　この節では関連性理論におけるメタファーの説明について、まず、初期の考え方を提示し、そのあとで現行の考え方を述べる。次にこのアプローチを用いれば「はじめに」であげた(1)や(2)のような「新鮮な」メタファーをも説明できることを指摘する。

　当初、関連性理論ではメタファーは概数表現、誇張表現と同じ loose use の一環として扱われ、その解釈は推意のレベルで行われていた。(Sperber and Wilson 1986/95[2]: 231–237) (22a) は概数表現、(22b) は誇張表現の例である。

(22) a.　I earn £800 a week.

b.　Bill is the nicest person there is.

(22a) は、たとえば、'I earn £797. 32 a week.' と正確な数値を添えて言わなくともおおよその数値、800 ポンドで高給取りであることをうかがうことができる表現である。また、(22b) の最上級表現は文字通りには Bill がこの世の中で一番すてきな人間であることをいうが、その推意のひとつは 'Bill is a very nice person.' となろう。いずれもグライス流に言えば、質のマクシムに違反していることに注意したい。

　典型的なメタファーは、(23) にみられるように、(22) の例と同じく字義的には偽となる発話である。「部屋」は豚小屋ではなく、Robert は機械でもない。

(23) a.　This room is a pigsty.
　　　b.　Robert is a bulldozer.

(23a) のメタファーは大多数の人にとって、'This room is very filthy and untidy.' を想起させるが、(23b) が産み出す「推意」はいくつか選択の幅があり、たとえば、ロバートは次のような属性の持ち主であることを伝えるものと考えるかもしれない。

(24) a.　ロバートは一度決めたらなにがなんでもやり抜くやつだ。
　　　b.　ロバートは頑強な男だ。
　　　c.　ロバートは機械的にものを考える人物だ。

　この推意に基づくアプローチに対して、現在では 2 節で概観したアドホック概念による説明がなされている。それまでと大きく異なるところは、メタファーをもっぱら推意の観点から説明することから、アドホック概念を用いて表意としてとらえることに変更された点である。その考え方を (23b) のメタファーでみてみれば、その表出命題は (25) のように表示される。

(25)　Robert is a BULLDOZER*.

つまり、Robert を metaphor topic としてもつアドホック概念 BULLDOZER* は、本来の機械としてのブルドーザーではなく、人間である Robert を主語とする述部部分を表すとみるのである。解釈の基本が表意となったことで、他のごく普通の言語表現と同じレベルで扱うことができ、より一般的な説明が可能となったのである (Carston 2002: 358, Clark 2013: 274[3])。

　メタファーを表意のレベルで扱う利点を異なる観点から考えてみよう。たとえば、(23b) のメタファーをもう一度取り上げ、(26) として再掲する。

(26)　Robert is a bulldozer.

このメタファーは上で例示した「推意」のほか、次のような推意を伝える可能性も予想されるが、従来「推意」とした (24) とどう異なるのであろうか。

(27) a.　この難題はロバートに任せることができる。
　　 b.　ロバートが決めたことは覆すことはできない。
　　 c.　ロバートには恋の相談はできない。

上で述べたの (24) の「推意」は〈X is Y.〉の形式で言えば、X の属性にかかわるものであったが、(27) の推意は〈X is Y.〉の発話全体にかかわる推意であることがわかる。つまり、(24) の「推意」に比べ (27) の推意は質的に同一視できないものといえる[4]。この点からも (24) を表意レベルで扱うことは意味のあることなのである。

　上の (23b) のメタファーは擬人法のひとつとしてみなされてきたが、そこでは metaphor topic の Robert の人間としての属性に合致する bulldozer のアドホック概念が産み出された。たとえば、X is Y. をメタファー発話とすると、metaphor topic である X と metaphor vehicle である Y のそれぞれの意味特性が互いに重ならないとき、すわなち、共通の特性をもたないとき、X な

いし Y に新たに生じた特性を創発特性 (emergent properties) という[5]。以下では、Wilson and Carston (2006) と内田 (2013: 112–114) を参照しながら、metaphor topic と metaphor vehicle のいずれにも存在しない特性が創出されるプロセスをみてみよう。メタファー発話 (28) を取り上げる。

(28) That surgeon is a butcher.

まず、'surgeon' の概念には次のような文脈想定が存在するであろう。

(29) SURGEON
    a. 病院が職場
    b. 治療のために手術を行うことがある
    c. 手術の際には人間の体にメスを入れる
    d. 患者の生命にかかわるので、手術のときは細心の注意を払うことが求められる

一方、'butcher' はたとえば次のような文脈想定を含む概念を思い起こさせるかもしれない。

(30) BUTCHER
    a. 牛肉、豚肉、ラムなどの食肉を扱う
    b. すでに死んでいる動物をさばく
    c. 肉包丁を入れることで生死が左右されることはない
    d. 肉屋としての知識や技量が必要とされる

それぞれの文脈想定 (29) (30) には共通するものはないが、'That surgeon is a butcher.' のように主語 'surgeon' が be 動詞で 'butcher' と結びつくと、それらの文脈想定が相互作用して、'butcher' の文脈想定 (30) にはない、アドホック概念 BUTCHER* が形成される。

(31) That surgeon is BUTCHER*.

このアドホック概念 BUTCHER* は(28)という環境において一時的に形成されるもので、metaphor topic が人間であること、「生と死」「メスと肉包丁」といったコントラストなどから、たとえば、(32)のような創発特性を聞き手に想起させることになるかもしれない。

(32) BUTCHER*: a person who cuts flesh in a way appropriate to butchers

さらに、この「肉屋が肉を切るように体にメスを入れる外科医」ということから、たとえば、(33)のような推意が得られるのである。

(33) その外科医の手術は受けたくない。

このプロセスを一般的な形で言い換えれば、文脈想定(29)と(30)が存在しているところに(28)という情報が与えられると(31)という文脈含意が生まれるということであり、厳密には be 動詞で結合することのない異なる範疇間のメタファーの解釈も他の発話と同じように分析できるという、一般性の高い説明となり、よって、理論上大きなメリットとなるのである。
　以上のようなアドホック概念を用いる説明の利点のひとつは修辞表現に限らずほかの言語表現の説明にも援用できることである。たとえば、(34)の文を考えてみよう。(cf. Wilson and Carston 2006, 内田 2013: 114–115)

(34) The water is boiling.

この表現は白熱した議論が行われているときに発話されればメタファーと解釈されうる。また、湯船に入ろうとしている人に発せられたとすると、実際には湧き立ってはいない状態を表す誇張表現（hyperbole）ともとれる。さらには、沸騰まではしていないが、それに近い温度であることを示す概略表現

（approximation）ともとれる。もちろん字義通りの意味にとることも可能である。これらの間には明確な境界線はないことは直観的にも明らかであるが、このことは以下のようにアドホック概念を用いて明示的に説明することができる。

（34）において'water'と'boiling'が結びついて活性化される文脈含意として次のようなものが考えられる。

(35) a. 騒然としている、（興奮で）沸き立っている：BOILING*
b. 湯船に入れないほどの熱さ：BOILING**
c. お茶を入れるのに適した熱さ、手を入れるのは危険な熱さ：BOILING***
d. 煮沸消毒に適した温度

この4つの想定のなかで、(35a)に焦点が当てられてアドホック概念BOILING*が形成されるとメタファーとなり、(35b)を含意するアドホック概念BOILING**がかかわると誇張表現の解釈となる。また、(35c)を表すアドホック概念BOILING***は概略表現につながる。なお、(35d)は字義通りに解釈される場合である。

また、認知効果の側面からいえば、メタファー発話が生み出す推意が弱いものであればあるほど選択の幅が広くなり、よって処理労力がかかることになるが、費やした労力を補填するより大きな認知効果が期待できるのである。この推意の強弱はメタファーの新規性の説明にも利用でき、陳腐なメタファーはほぼ確立した解釈に収斂され、ひとつに特定できない複数の弱い推意をもつメタファーは解釈の確定度が少ない分、創造的なものと理論的に説明できるのである。

4. メタファーから他の言語表現へ

創発特性の現象を説明したプロセスは他の一般的な言語表現にも適用する

ことができる。この節では、以上みてきたような関連性理論からのメタファーへのアプローチが、他のより広範囲な言語表現にも適用可能であることをみてみよう。具体的には、シミリ、コロケーション、子どものメタファー表現、アドホックな名詞句を取り上げる。

4.1　シミリ (simile)

　以下では、メタファーとシミリ (simile) との差異についてもアドホック概念構築にかかわる説明が有効であることを概説する。まず、形式的な特徴をいえば、シミリの典型的な形は like を伴う言語形式である。

(36)　A is like B.

(36) のシミリに比べて、〈X is Y.〉の形をとるメタファーは、その形式上の類似から、〈X is like Y.〉というシミリから like が削除されたもので、その表現効果もほぼ同じであるとされることもあるが、シミリから like が削除されたものがメタファーであると単純にはいえない言語事実があることに注意したい[6]。以下は BNC からとったシミリの例である。

(37) a.　… your body is like a book … (BNC: AO6)
　　 b.　Life is like a glass of pure water. (BNC: A6C)

これらから単に like を削除しても対応するメタファーが成立するか疑わしい。

(38) a.　? Your body is a book.
　　 b.　? Life is a glass of pure water.

(38a) ではそれぞれ異なる範疇に属する body と book が be 動詞を介して結びつけられてもそれらの相互作用から創出されるアドホック概念がみえてこ

ない。(38b) も同様に life と a glass of pure water の関係性がすぐには顕在化してこない[7]。

また、X と Y の類似性を対比するシミリは X と Y は範疇を超えることもあれば同じ範疇内のこともある。特に、X と Y が同種の範疇でしかも意味関係が近い類語の場合は、シミリは可能でもそこから like を取り除いたメタファーは通例成立しにくいことが多い。(39) のシミリの例と、対応するメタファー (40) を比較しよう。

(39) a.　An ox is just like a cow.（BNC: FMG）
　　 b.　The draught on street corners is like a tropical breeze.（BNC: H8M）
(40) a.　? An ox is just a cow.
　　 b.　? The draught on street corners is a tropical breeze.

いわば対立関係にある ox と cow を (40a) のようにイコールの形にすることは一般にできない。また、draught と breeze は「風」の種類を表す類語であるが、これも (40b) にあるように、単純に現在形 is を挟んで表現するのは不自然である。

上で、メタファーの分析にアドホック概念を援用して説明したが、シミリの場合はどうであろうか。

(41)　Robert is like a bulldozer.

(41) のシミリにアドホック概念を適用すると、bulldozer 一語に適用される場合と、be 動詞の補語全体に適用される場合のふたつの可能性が考えられる。

(42)　Robert is like a BULLDOZER*.
(43)　Robert is [LIKE A BULLDOZER]*[8].

(42)の場合、メタファーの例(24)でみたように、アドホック概念BULLDOZER*が「一度決めたらなにがなんでもやり抜くやつだ」とか「ロバートは頑強な男だ」、「ロバートは機械的にものを考える人物だ」などを含意するということであれば、like を伴った 'like a BULLDOZER*' は「一度決めたらなにがなんでもやり抜くやつ<u>のような(人)</u>」とか「ロバートは頑強な男<u>のような(人)</u>」、「ロバートは機械的にものを考える人物のような(人)」を示唆することになる。このような冗長な解釈は直観に合致しない。

一方、(43)のように句全体をアドホック概念とみなすと、[LIKE A BULLDOZER]*は「ブルドーザーのような(人)」となろう。これは 'Robert is like a bulldozer.' そのものの解釈と同じである。ということは、(42)のようなシミリ表現ではことさらアドホック概念を構築して説明する必要がなく、字義通りに解釈すればよいことになるのである[9]。

では、形式が異なり、かつアドホック概念が関与するか否かで見解が分かれるメタファーとシミリではどのような表現効果の違いがあるのであろうか。字義通りの解釈でよいシミリは、メタファーに比べ、処理労力が少ないという点で関連性が高く、アドホック概念がかかわるメタファーは処理労力はかかるが、それに応じた認知効果が期待できるというのが一般的な関連性理論の説明となる[10]。

佐藤(1992: 110)には、本稿の考え方と通底する次のような興味深い指摘がある。

(44) 結論をみちびき出す仕事が読者にゆだねられていて、隠喩の読者は、いわば解法を見つけるゲームによって遊び、みずから発見した解答にささやかな驚きを感じる。(中略)ところが、直喩の場合は、解答はすでに書き手によって用意されているから、読み手は、その意外性に驚くことはあっても、みずから、誤解の危険をおかしつつ解読ゲームに参加することはない。傍観者の立場に近い。いちおうは、隠喩と直喩の読み取りにはそういう差があると考えていい。

これを関連性理論の視点から読み解くと、とりわけ新規なメタファーには確定していないいくつかの解釈候補があるのに対して、シミリは字義通りの解釈でよいので、大きな誤解を生じる可能性は低いということになる。

4.2　コロケーションあるいは新規な wording

　コロケーション（collocation）とは、たとえば、'a combination of words in a language, that happens very often and more frequently than would happen by chance' (OALD[9]) と規定されている。つまり、いわば固定した語と語の結びつきで、英語で kill time とは言っても日本語では「*時間を殺す」とは言わず、「時間をつぶす」となる。あるいは、日本語で「顔をつぶす」と言っても英語では '*crush face' とは言わず、'lose face' と言う。こういった語法は長年の言語使用を経て、確立したものであるが、当初は結合する語と語の意味の相互作用から生じたものと予想される。たとえば、もともと「生物の命を絶つ」を意味する kill が目的語に time をとることで、「時間を無とする」という新たな特性を獲得したとみることが可能である。本論の趣旨から解釈すると、kill が「（無生物、抽象概念の）存在を無とする」というアドホック概念化したことになろう。

　このような解釈プロセスは新規な語と語の組み合わせにもみることができる。(45) にある文は最近のペーパーバックからのものである。(45a) の percolate の意味は現在では辞書に記載されているが、主語 idea を受けて「（液体などが）しみ出る」ことから percolate に創発特性「考えがしみ出てくる」が生まれることで理解可能となったものである。また、(45b) の study にも floor にも colonize と共有する意味特性はないが、この形式で提示されると colonize がアドホック概念 COLONIZE* となり、「占有する」（「書斎が5階すべてを占めている」）と解することができる。

(45) a.　An idea was *percolating*. (Ed Kurtz, 'A Good Marriage')
　　　b.　Etienne's huge study *colonize*s the entire fifth floor, alternatively deeply quiet or else full of voices or music or static. (Anthony Doerr, *All the*

Light We Cannot See）

　このようなことばづかいは読者に新鮮な印象を与えることがある。つまり、その書き手独特の他にはない新規な言い回しとして心に残るのである。

(46) a.　It (=sex) remains in a twitch of the face, a dodged touch, a renewed vigor, a *guilty confidence*. (Ed Kurtz, 'A Good Marriage')
　　 b.　For a brief time I weighed the *delicious possibility* of skipping the service. (William K. Kruger, *Ordinary Grace*)

　(46a) は、浮気が、顔のけいれん、身体接触を避けている様子、よみがえった活力、後ろめたさを隠すために過度に自信ありげに振る舞っていること、に現れているという場面である。guilty が confidence を修飾しているが、通常の連語ではなく、上記の意味合いはこの特定の文脈のなかではじめて導出されるものである。また、(46b) は日曜礼拝をさぼる「おいしい可能性」のことに言及している場面であるが、of 以下の語句があってはじめてなるほどと納得のできる表現となっており、一般に 'delicious possibility' は容易に結びつく連語ではない。
　(45)、(46) の例はコロケーションとメタファーの要素が微妙に重なっているもので、どこからがコロケーションで、どこからがメタファーであるとの峻別は難しく、その境界はあいまいである。また、新規な言い回しには新規なものであればあるほど処理労力は必要であるが、それだけ認知効果が高くなるという関連性の原理に従うのは新鮮なメタファーの場合と同じである。
　同様な現象が副詞にもみられる。

(47)　The screen on my phone is blank. *Stubbornly, insolently* blank.　　—Paula Hawkins, *The Girl on the Train*

副詞、stubbornly と insolently はともに人の行為がどのように行われたかという様態にかかわるのが基本であるが、ここでは電話画面になにも表示されていない状態が、「手の施しようがない」、「こちらの要望をまったく受け付けない」ほどの状況であることを描写している。これは、たとえば、(26)の 'Robert is a bulldozer.' という、Robert は人、bulldozer は機械という異なる範疇が交錯するメタファー表現と同工である。すなわち、(47)では、blank と stubbornly、insolently がこのような連鎖で結びつくことで双方にはない創発特性が芽生えていると説明することができ、そのプロセスはメタファー解釈と同じである[11]。

4.3　子どものメタファー表現

子どもはごく自然にメタファー表現を発することが多い。筆者の息子が2歳のとき、車庫にいるバスを見て、「バス、ねんねしてる」と言ったことがある。車庫というおうちのなかでじっとしているバスを見て、「寝てる」と表現したものである。同様な表現を『あのね　子どものつぶやき』[12]から挙げてみる。

(48) a.　熱でしんどそうに寝ている母に、
　　　　「ぼくが、修理してあげるよ」(5歳)
　　 b.　まだ寒い日の朝、渋滞で止まっている車から出る排気ガスを見て、
　　　　「くるまが　ため息　ついてるよ」(4歳)
　　 c.　しぼんだ風船を見てひと言。
　　　　「年とったねえ」(5歳)

(48a)では、病気のお母さんをおもちゃを直すと同じ感覚で「修理する」といっている。また、(48b)では排気ガスを人間がつくため息と同一視し、渋滞という望ましくない状況をうまく表現している。さらに、(48c)はしぼんだ風船を人間のしわに見立てた立派なメタファーである。

認知言語学的な視点に立てば、これらのメタファーは「人とおもちゃ」、

「車と人」、「しぼんだ風船としわ」といった異なる範疇間のマッピングがかかわっているということになろう。しかしながら、これらの文を発話した幼児にはそのような意識はあるであろうか。子どもはむしろそのようなマッピングをする余裕、能力はないと考えるのが自然であろう。そこでは、「（おもちゃを）修理する」イコール「直す」「正常な機能を果たせる状態に戻す」といった既存情報が既に存在し、それを背景に「病気も直せる」と判断したのであろう。結果的には「メタファーと知らずにメタファーを使っている」ことになるのであるが、その説明はあくまで「あとづけ」であることは留意しておく必要がある。

このような、大人は使わない、プリミティブな言語使用は、コミュニケーションのなかで伝えたいと思ったことを具体的に言語化したものであり、計算して生じたものではない。つまり、それぞれ「病気を修理する」、「車がため息をつく」、「風船が年をとる」という見立てをしているのであり、「修理する」「ため息をつく」「年をとる」を拡張して (broadening) 用いていることになる。アドホック概念を用いて表示すれば、次のようになろう。

(49) a. 病気を ［修理する］*
　　 b. 車が ［ため息をつく］*
　　 c. 風船が ［年をとる］*

ただし、子どもはそれぞれがアドホック概念であるということ、言い換えれば、メタファーであるということ、には意識はなく、それぞれ妥当な語法であると思っているはずである。ただ、この拡張は繰り返し使用されることはなく、一般の言い方としては定着しないもので、成長するにつれて修正されていく語用であるが、大人の耳にはとても新鮮に聞こえるものではある。この種の過剰一般化 (overgeneralization) もアドホック概念を用いた文脈含意で説明することができるのである。

4.4 アドホック名詞句

　新しい意味の獲得につながるアドホック概念の構築は一般に多義語にみられる意味拡張の一環ととらえることができ、その後、より一般化してその意味が定着し、最終的に辞書の記載事項となるのである。以下では定名詞句にも同様にアドホック概念構築がかかわると考えることができることをみてみる。

　テクストでは通常は無関係な名詞が定冠詞を伴って結びつくことがある。次例の the lemonade kid に注目してみよう。Paul が小説を執筆中にドアベルが鳴った場面である。

（50）　Paul: Shit. Who is it?
　　　　Rashid: Rashid.
　　　　Paul: Who?
　　　　Rashid: Rashid Cole. *The lemonade kid*. Remember?
　　　　Paul: Oh, yeah. Come on up. Come on in.（Paul Auster, *Smoke*（映画台本））

一般に lemonade と kid はこの名詞句のみからはどのような関係ないし意味を表すのか不明であるが、このシナリオのなかではまったく違和感のない連語である。つまり、定冠詞に導かれてそれまでの文脈にあった情報が喚起されるのである。すなわち、トラックにはねられそうになった Paul を Rashid が助け、そのお礼に Paul がレモネードをおごった、という経緯があったのである。このような情報が名詞句 the lemonade kid に凝縮されているのである。この連鎖が、通常の違和感のない連語とは異なり、解釈に時間を要したことが Paul の 'Who?' と 'Oh, yeah.' に反映されている。

　この the lemonade kid に圧縮して詰め込まれた情報はその場限りのもので、定冠詞が必須である。内田（2000: 121–123、2011: 210–213）ではこのような名詞句を「アドホック名詞句（ad hoc NP）」と呼んだが、lemonade と kid それぞれの名詞の概念的意味からだけでは決して求められない「意味」

を定冠詞が仲立ちとなって読み手に最も関連性の高い解釈を促しているのである。つまり、「NP + NP」という連鎖が与えられると、定冠詞 the は「続く名詞句を同定するために聞き手が選択する文脈を限定」するというある種の手続き的情報 (cf. 内田 2000: 117) から、一般的には結びつきにくい「NP + NP」が、それまでに蓄積されている既存情報を背景として解釈されるのである。このプロセスは本稿で論じている文脈含意を得るプロセスと同根である。

　また、R. Dahl には 'The Umbrella Man' という短編がある。この the umbrella man とは、パブに置いてある他人の傘を失敬して傘のもっていない人に安く売り、その金で別のパブに入って上等のウイスキーを飲む、という詐欺まがいのことを繰り返し行っている老人をいうが、umbrella と man は通常結びつく連語ではない。このタイトルが読む者をアンビバレントな状態にし、よって、興味を抱きながらそのアドホックな関係を確認すべく読み始めることになるのである。このタイトルは 'An Umbrella Man' でも、無冠詞の 'Umbrella Man' でもなく、アドホックな名詞句であることを含意する 'The Umbrella Man' でなければならない[13]。

5. 結語

　以上の議論を踏まえて「はじめに」の (1) と (2) に戻ると、いずれも〈X is Y.〉の X と Y それぞれに元来備わっていなかった特性がアドホック概念として創出されていることになる。metaphor topic「人生」に誘発されたアドホック概念［紙飛行機*］は「自らつくりあげるもの」「(風次第で) 不確かなもの」「(逆風で) 頓挫するかもしれない」などの広範囲な含みが生じてくるであろう。

　人が metaphor topic となっている (2) についていえば、NOUN*、ADVERB* には人間の属性にかかわるまったく新しい意味合いが生じるであろう。上でも示唆したように、NOUN* は「判断が揺れない人」「頼れる人」、ADVERB* は「補佐する人物」「実務に特化した人」などが候補とな

り、'He' と 'I' の文脈想定を背景に解釈されるのである。

　通常、(2)の解釈にはかなり労力のかかる斬新なメタファーであるが、(1)は、典型的なメタファーではあるものの、普通の言語表現と同じく、特にメタファーと意識されることなく処理されるのではないかと思われる。メタファーとして意識されないということは、ごく自然に一般の言語表現のなかに組み込まれているということの反映でもある。

　言語表現は、論じてきたように、メタファーなどの修辞表現と連語現象や通常の修飾現象との間に明確な境界線があるのではなく、連続体をなすとするのが無理のないとらえかたであろう。とすれば、たとえば、メタファー、あるいは連語に特化した説明方法を求めるより、言語表現全般に説明可能なものを追求する方がより一般性の高い説明原理となろう。このように考えると、メタファーへの関連性理論からのアプローチは、修辞表現の分析に資するだけではなく、他の一般の発話にも広く援用可能な説明力の高いものといえるのである。

注

* 　本稿は内田 (2017) を加筆修正したものである。
1 　他の理論と比較することが本論の目的ではないので関連する論考のみに言及する。なお、メタファーの関連性理論と認知言語学との比較については Wilson (2009) 参照。
2 　Sperber and Wilson (1986/1995^2) は曖昧性の除去、指示付与 (reference assignment)、拡充 (enrichment) の 3 つのプロセスを提案していたが、Carston (2002) は (15) の 4 つを想定している。本稿でも後者に従う。
3 　ちなみに、字義的意味 (literal meaning) はすべてなくなるのではなく、残る (linger) という見解が Hanna (2013) で述べられている。また、Carston and Wearing (2011: 306) では、必ずしもアドホック概念構築がなされないメタファーの事例が論じられている。
4 　この差は一般的なアドホック概念構築をみてみるとわかりやすい。たとえば、夫に 'What are you going to cook for dinner?' と問われた妻が 'I'm tired.' と答えた

とすると、この 'tired' は「食事の支度ができないほど疲れている」、TIRED*を表しており、その発話の推意は「外で食事をしたい」「ピザを頼むのはどうか」「気分がよくなってからするので少し待ってほしい」等々が生じてくるであろう。
5 詳しくは、たとえば、Moreno (2004)、Wilson and Carston (2006) などを参照されたい。
6 メタファーとシミリの関係について、佐藤 (1992: 108–117)、橋元 (1989: 119–125) に示唆的な指摘がある。なお、鍋島 (2009)、鍋島 (2011: 4) ではメタファーとシミリを区別せず、同列に扱っている。
7 (37a) の文脈は以下の通り：He said your body is like a book in which men may read strange things, a foreign country in which they may travel with delight.
　　また、(37b) は次の文の一部である：Another participant was an elderly Orcadian poetess prone to say very, very softly things such as "life is like a glass of pure water."
8 句をアドホック概念とする分析については、Romeo and Soria (2010)、Iglesias (2010)、Carston (2010) を参照。
9 さらに詳しくは内田 (2013: 115–121) を参照されたい。
10 ただし、この説明は、like の有無だけが関与する、メタファー (23b) とシミリ (41) を比較したものであることに留意したい。シミリであっても考えつかなかった名詞 (句) を結びつけて注意を引くものは陳腐なメタファーより認知効果の点で優ると思われる。(cf. O'Donoghuc 2009; 144)
11 こういった説明は伝統的に論じられてきた転移修飾語 (transferred epithet) にも援用可能であるが、詳しくは稿を改める。
12 朝日新聞出版編、朝日文庫、2009 年
13 ちなみに、E. Hemingway に 'Indian Camp' という短編がある。無冠詞の名詞句となっているタイトルは、あるインディアンの村に起こった、帝王切開で生まれた赤ちゃんとその父親の自殺という生と死が、どこでも起こりうることを抽象的なレベルで暗示していると考えることができるが、タイトルとしては、場所を不定化する 'An Indian Camp' も、特定化する 'The Indian Camp' も可能ではある。

参考文献

Carston, Robyn. (2002) *Thoughts and Utterances: The Pragmatics of Explicit Communication*. Oxford: Blackwell (内田聖二・西山佑司・武内道子・山﨑英一・松井智子 (訳)『思考と発話―明示的伝達の語用論』研究社．(2008))

Carston, Robyn. (2010) 'Explicit Communication and "Free" Pragmatic Enrichment.' In Soria, B. and E. Romero. (eds.). 217–285.

Carston, Robyn. and Catherine Wearing. (2011) "Metaphor, Hyperbole and Simile: A Pragmatic Approach." *Language and Cognition* 3, 283–312.

Clark, Billy. (2013) *Relevance Theory*. Cambridge: Cambridge University Press.

Glucksberg, Sam and Catrinel Haught. (2006) "On the Relation Between Metaphor and Simile: When Comparison Fails." *Mind & Language* 21, 360–378.

Gonzalvez-Garcia, Francisco, Maria Sandra Pena Cervel and Lorena Perez Hernandez. (eds.). (2013) *Metaphor and Metonymy Revisted beyond the Contemporary Theory of Metaphor: Recent Developments and Applications*. Amsterdam: John Benjamins.

Grice, Paul. (1989) *Studies in the Way of Words*. Cambridge, Mass.: Harvard University Press.(清塚邦彦(訳)『論理と会話』勁草書房.(1998))

Hanna, Stöver. (2013) "Awareness in Metaphor Understanding." In Gonzalvez-Garcia, F. *et al*. (eds.). 67–83.

橋元良明(1989)『背理のコミュニケーション―アイロニー・メタファー・インプリケーチャー』勁草書房

Iglesias M. Hernandez. (2010) "*Ad Hoc* Concepts and Metaphor." In Soria, B. and E. Romero. (eds.). 173–182.

Moreno, Rosa E. Vega. (2004) "Metaphor Interpretation and Emergence." *UCL Working Papers in Linguistics* 16, 298–322.

鍋島弘治朗(2009)「シミリはメタファーか?―語用論的分析―」『日本語用論学会第11回大会発表論文集』63–70.

鍋島弘治朗(2011)『日本語のメタファー』くろしお出版

O' Donoghue, Josie. (2009) "Is a Metaphor (like) a Simile? Differences in Meaning, Effect and Processing." *UCL Working Papers in Linguistics* 21, 125–149.

Romero, Esther and Belen Soria. (2010) "Phrasal Pragmatics in Robyn Cartston's Programme." In Soria, B. and E. Romero. (eds.). 183–198.

佐藤信夫(1992)『レトリック感覚』(講談社学術文庫)講談社

Soria, Belen and Esther Romero. (eds.) (2010) *Explicit Communication: Robyn Carston's Pragmatics*. Basingstoke, England: Palgrave Macmillan.

Sperber, Dan. and Deirdre Wilson. (1986/1995[2]) *Relevance: Communication and Cognition*. Oxford: Blackwell.(内田聖二・中逵俊明・宋南先・田中圭子(訳)『関連性理論―伝達と認知』研究社(1993)(第2版1999))

内田聖二(2000)「定冠詞の機能―関連性理論の視点から―」小泉保(編)『言語研究における機能主義―誌上討論会―』くろしお出版

内田聖二(2011)『語用論の射程―語から談話・テクストへ』研究社

内田聖二(2013)『ことばを読む、心を読む 認知語用論入門』開拓社

内田聖二（2017）「関連性理論とメタファー―より一般的な説明をめざして―」『奈良大学紀要』第 45 号、1–15.

Wilson, Deirdre. (2009) "Parallels and Differences in the Treatment of Metaphor in Relevance Theory and Cognitive Linguistics."*Studies in Pragmatics*, 11: 42–60.

Wilson, Deirdre. and Robyn Carston. (2006) "Metaphor, Relevance, and the 'Emergent Property' Issue." *Mind & Language* 21, 404–433.

第 5 章
計算論的アプローチによるメタファー研究の最新動向と展望

内海　彰

1. はじめに

　様々な分野において多様なアプローチでメタファー研究が行われているが、その中の1つに計算論的（computational）アプローチがある。計算論的アプローチでは、メタファーに関する何らかの処理を行うプログラムやその基盤となるアルゴリズム・手法が研究の対象である。例えば、文を入力するとその文がメタファーかどうかを判定するプログラムを考えると、そのプログラムを実現するためには、どのようなデータや言語資源が必要であり、それらのデータを用いてどのようなアルゴリズム（手順）でメタファーかどうかを判別するのかを明らかにしなければいけない。

　本稿では、自然言語処理・人工知能や認知科学の分野で行われている計算論的メタファー研究を、最近の研究成果を中心にサーベイする。そして、現状で何が可能であり、何が可能でないかを明らかにしながら、今後の計算論的メタファー研究の展望について論じる。本稿の以下では、まず1節で、計算論的メタファー研究の目指すところを述べるとともに、現在に至るまでの研究の変遷を概観する。そして、2節から4節において、メタファーの同定、メタファーの理解、概念メタファーの抽出という課題のそれぞれについて行われている計算論的研究を解説する。最後に、5節では、計算論的メタファー研究の今後の課題や将来への展望について述べる。

　なお、本稿においてメタファーという用語は言語表現としてのメタファー

を指すものとして（場合によっては、言語レベルと概念レベルのメタファーの総称として）用いる。よって、概念メタファーを指すときには、明示的に「概念メタファー」と表記する。これは、計算論的メタファー研究のほとんどが言語表現としてのメタファーを対象としているという理由による。

1.1 計算論的メタファー研究の目的

計算論的メタファー研究のサーベイを行う前に、そもそも、なぜコンピュータでメタファーを処理させるのかという目的・動機を明確にしておきたい。計算論的アプローチの目的は、以下の 2 つに大別される。

1. 認知科学におけるメタファーの認知過程の科学的解明
2. 自然言語処理や人工知能におけるメタファー処理の工学的な実現

前者 1 は、メタファーを処理する際の人間の認知過程を明らかにすることが研究目標であり、その認知過程に関する仮説・理論の検証や新たな仮説生成のために、計算論的アプローチを採用する。一方、後者 2 は、コンピュータによる文章処理や対話処理（いわゆる自然言語処理）において、文章や発話に含まれるメタファーに対する適切な処理を実現することが研究目標である。したがって、比喩を処理するプログラム（計算モデル）を構築するにしても、科学的解明を目的とした研究ではプログラムの中身である処理アルゴリズムの認知的妥当性が重要であり、出力は認知的妥当性を検証するための情報に過ぎない。工学的実現を目指す研究では出力の性能向上が重要であり、処理アルゴリズムが認知過程を模倣する必要は必ずしもない。もちろん、異なる目的で構築された処理プログラムがまったく異なるものになるわけではなく、処理プログラムの認知的妥当性を確保するためには人間と同様の出力性能が求められるし、工学的性能を向上させるための処理プログラムを開発する上で人間の処理過程が参考になることも少なくない。

なお、これら 2 つのどちらの目的とも言えない研究として、4 節で述べるように、概念メタファーの自動抽出の研究がある。例えば、Mason (2004)

はウェブから収集したテキストを用いて自動的に概念メタファーを抽出するシステム CorMet を開発している。この研究は明らかに認知モデルを目指したものではなく、また概念メタファーを抽出すること自体が自然言語処理における実用タスクというわけでもない。むしろ、別のメタファー研究（必ずしも計算論的研究とは限らない）へのデータを提供するという意味合いが強いと考えられる。

1.2　計算論的メタファー研究の変遷

意外にも、計算論的メタファー研究の歴史は古い。おそらく、メタファーのコンピュータ処理を明示的に論文タイトルに示した最初の研究は Russell (1976) である。1956 年に人工知能（いわゆるコンピュータによる知的処理研究）が誕生してから 20 年後、初期の対話プログラム ELIZA (Weizenbaum 1966) や SHRDLU (Winograd 1972) から 10 年以内に、メタファーを対象としたプログラムの研究が行われていたことになる。Russell (1976) では、"The ship plowed the sea" のような動詞に比喩性があるメタファーを対象として、比喩的な表現かそうでないか（字義どおりか無意味か）を判定するプログラムについて述べられている。その後も 90 年代まで、論文数はそれほど多くないが、メタファーの計算論的研究は着実に進展した (Weiner 1984; Indurkhya 1987; Fass 1991; Martin 1992)。1991 年には、人工知能の最高峰の国際会議である IJCAI においてメタファーをはじめとする非字義的表現への計算論的アプローチに関するワークショップ (Fass et al. 1991) が開催されている。

このように人工知能や自然言語処理の分野でメタファーに注目が集まった最大の要因として、Lakoff による概念メタファー論 (Lakoff & Johnson 1980) がある。メタファーを、言語表現上の単なるニッチな現象ではなく、人間の思考や推論などの認知機構の基盤メカニズムとして捉え直すという Lakoff の主張は、人工知能や認知科学の計算論的研究においてもメタファーを避けては通れない問題であるとの共通認識をもたらした。実際に、Russell (1976) から 3 年後に出版された著名な計算言語学者である Jerry Hobbs の論

文 (Hobbs 1979) の中で、すでにメタファーを扱うことの重要性を指摘する上で Lakoff & Johnson (1980) が引用されている。なお、この頃までの研究では、その目的が認知的解明なのか言語処理の実現なのかが明確に意識されていなかった。メタファー研究に限らず、その当時の人工知能と認知科学の研究は不可分な関係にあったからである。このような研究背景も、メタファーの計算論的アプローチが一定の注目を得ることに一役買っていると言える。

しかし、人工知能の工学的意義が次第に追求されるようになり、それに十分に答えられなかった当時の人工知能が下火になっていった90年代後半ごろから、メタファーの計算論的研究は主に認知科学の分野で行われることになる。認知言語学や心理言語学でのメタファーに関する理論的枠組みや経験的知見をベースとして、メタファー理解の認知過程を計算論的に明らかにする研究が行われるようになった (e.g., Kintsch 2000; Thomas & Mareschal 2001; Utsumi 2011)。そこで用いられる手法も、90年代までの記号処理に基づく手法から、認知モデルとしての有用性が広く認識されるようになったニューラルネットワークや意味空間モデルなどの確率・統計的手法に移行している。

一方で、自然言語処理の分野でも、2000年代後半くらいから、統計的言語処理手法の進展に伴って、メタファーを対象とする研究が急速に増えてきた。そして、2013年からは毎年 Workshop on Metaphor in Natural Language Processing というワークショップが開催されるに至っている。特に多くの研究が取り組んでいる問題が、与えられた言語表現がメタファーであるかどうかを判断するというメタファー同定 (e.g., Krishnakumaran & Zhu 2007; Turney et al. 2011; Li et al. 2013; Neuman et al. 2013; Shutova et al. 2013) である。メタファー同定に注目が集まった理由としては、解くべきタスクの明確さや訓練・評価データの入手や作成の容易さが考えられる。メタファーか否かという二値分類はタスクとして明確であり、この明確さやクラウドソーシングサービスの普及などが機械学習のための訓練データや手法の評価データの作成を容易にしている。

ただし、このような研究の急増が自然言語処理の具体的なタスクの要請に応じて生じたわけではない点は注意を要する。一般的に言って人間と同等の言語処理能力を持つ人工知能の実現のためにメタファー処理が避けて通れないことは明確であるが、自然言語処理の工学的実現に向けて喫緊な／重要な課題であるかというと、必ずしもそうではない[1]。少なくとも、機械翻訳や感情分析などの具体的な応用タスクにおいて求められるのはメタファー同定ではなく、同定の先にあるメタファー理解である。このことを明確に意識した上で研究を行っていかなければ、現在の研究の隆盛はまやかしで終わってしまうかもしれない。（この点に関しては、5節で再び議論する。）

2. メタファーの同定

前述したように、自然言語処理における近年のメタファー研究のほとんどは、メタファー同定を対象としている。工学的な処理を考える上では、メタファー同定を行った後に、メタファーと判断された表現に対して比喩的な意味を求めるという2段階の処理過程を想定するのは合理的である。

自然言語処理でのメタファー同定の研究を行うに際しては、訓練・評価データとしてのメタファーコーパスが必要であるが、この点に関して Steen らによって提案された Metaphor Identification Procedure (MIP; Pragglejaz Group 2007; Steen et al. 2010) が与えた影響は大きい。MIP は与えられた言語表現がメタファーかどうかを人間ができるだけ客観的に判断できるように定められたメタファー同定手順であり、これに基づいて訓練・評価データを作成することによって、ある程度のデータの信頼性や客観性を保証できる。Steen のグループは MIP に基づいて作成したメタファーコーパス (VU Amsterdam Metaphor Corpus[2]) を公開しており、このコーパスを用いたメタファー同定の研究も行われている (Dunn 2013; Haagsma & Bjerva 2016; Rai et al. 2016; Dinh & Gurevych 2016)。また、Shutova & Teufel (2010) は MIP の考え方を拡張した概念メタファーの同定手順を提案している。

一方で、認知過程の解明を目的としてメタファーの同定を扱う研究は皆無

である。これは、多くの実験的知見によって、上述した2段階処理（心理言語学の分野では、標準語用論モデルと呼ばれる）の認知過程としての妥当性がほぼ否定されているからである(Giora 2003)。メタファー理解とメタファー同定は不可分の関係にあり、言語理解を行いながらメタファーかどうかがわかるという考えが広く浸透している。

したがって本節の以下では、自然言語処理におけるメタファー同定の研究について紹介する。まずは、メタファー同定手法の大まかな分類をした後に、メタファー同定手法で用いられている要素技術について解説する。最後にいくつかの代表的なメタファー同定手法を紹介する。

2.1 メタファー同定のアプローチ

今までに提案されているメタファー同定の手法は、規則に基づくアプローチと事例に基づくアプローチの2つに大別される。

規則に基づくアプローチでは、人間（研究者）がメタファーに関する理論的枠組みや経験的知見などを考慮しながら、人手でメタファー同定のための規則や手順を与える。メタファー同定の処理が明示的に示されているので、評価実験を通じてどの部分が有効であり、どの部分に改良の余地があるかを検討するのが容易であるが、研究者が気づくことのできない要因や手順を発見するのは困難である。

事例に基づくアプローチでは、メタファーやメタファーでない事例（訓練データ）から、機械学習手法を用いてコンピュータが自動的にメタファー同定のための規則や知識を学習する。具体的には、言語表現（入力）x_iとその分類（出力）y_i（メタファー同定の場合には、メタファーか字義か）のペアを訓練データとして大量に与え、それらの入出力関係 $y = f(x)$ を機械学習によって求める。入力 x_i は言語表現（やその文脈情報）から抽出された様々な特徴量（機械学習の分野ではこれらを素性と呼ぶ）をベクトル表現したものが用いられる。メタファー同定に有効な特徴量を与えることが研究の重要なポイントとなる。なお、メタファー同定のように出力 y_i として分類クラスを表すラベルが用いられるときには、機械学習によって学習されたモデル y

$= f(x)$ は分類器 (classifier) と呼ばれ、機械学習のことは分類器学習と呼ばれる。事例に基づくアプローチは、様々な情報がメタファー同定に有効かどうかを簡単に試すことができるとともに、研究者（人間）が気づくことのできない規則を発見することができるという利点がある。一方で、学習された分類器は基本的にブラックボックスであり、分類器のどこがどのように不十分であるかを分析するのが難しいという欠点がある。また、学習のための訓練データが大量に必要である点も、タスクによっては機械学習を適用する際の妨げになる。

2.2 メタファー同定に用いられる要素技術

自然言語処理におけるメタファー同定研究を、2.1節で述べた2つのアプローチ別に列挙したリストを表1と表2に示す。これらの表に示されている要素技術・特徴に関して、以下で詳述する。

2.2.1 選択選好・意味逸脱

メタファーかどうかを判断するための最も典型的な基準として、文の字義どおりの意味に何らかの意味的な逸脱があるかどうかが考えられる。コンピュータで意味的な逸脱を判断するための代表的な手法として、選択制限 (selectional restriction) や選択選好 (selectional preference) の利用がある。

選択制限とは、ある文中で用いられている動詞がその主語や目的語などに対して課す制限のことを指す。例えば、動詞 drink の主語として生物を表す語、目的語として液体を表す語を取るのが意味的に適切である。

(1) a. Children drink orange juice.
　　 b. The car drinks gasoline.

したがって、上記の文 (1a) は主語、目的語ともに選択制限を満たしているのに対して、文 (1b) の主語は無生物を表す car なので、選択制限に違反している。また、(1b) の目的語である gasoline は液体である点で選択制限を

表 1　自然言語処理におけるメタファー同定研究（規則に基づく手法）

研究	選択選好	意味逸脱	具象度	心像度	意味空間	感覚情緒	その他語彙	文脈
Fass (1991)	○							
Krishnakumaran & Zhu (2007)		○						
Broadwell et al. (2013)			○					○
Gandy et al. (2013)			○					
Heintz et al. (2013)							○	
Li et al. (2013)	○	○						
Neuman et al. (2013)	○	○	○					
Shutova et al. (2013)	○							
Strzalkowski et al. (2013)				○		○		○
Wilks et al. (2013)	○							
Gutiérrez et al. (2016)					○			
Shutova et al. (2016)					○			

違反していないが、ガソリンは一般的に飲むものではないので適切とは言えない。そこで、選択制限の二分法ではなくて、目的語としての適切さを程度として表すのが、選択選好である。選択選好では、ある動詞の項として来るべき単語の適切さを数値的に表し、その値の高低によって意味的な適切さを判断する。

　この方法はメタファー同定システムの多くで用いられている。Fass(1991)は初期の代表的な研究であり、この選択制限を用いて文字通りの表現かどうかを判断する。例えば、文(1b)が与えられると、Fass(1991)のMet*システムは、選択制限からこの文を非字義的な表現であると判断する。Met*では、その後、あらかじめ用意した換喩的関係に当てはまるかどうかでメトニミーかどうかを判断し、メトニミーでないと判断された場合にメタファーとしている。

　Fass(1991)の研究では選択制限を人手で与えていたが、それ以降の研究

表2　自然言語処理におけるメタファー同定研究（事例に基づく手法）

研究	選択選好	意味逸脱	具象度	心像度	意味空間	感覚情緒	その他語彙	文脈
Gedigian et al. (2006)							○	
Turney et al. (2011)			○					
Dunn (2013)							○	
Hovy et al. (2013)	○				○			
Mohler et al. (2013)								○
Beigman Klebanov et al. (2014)			○				○	
Schulder & Hovy (2014)							○	○
Tsvetkov et al. (2014)			○	○	○		○	
Gargett & Barnden (2015)		○	○		○			
Jang et al. (2015)			○				○	○
Tekiroğlu et al. (2015)			○	○	○	○	○	
Haagsma & Bjerva (2016)	○				○			
Jang et al. (2016)			○			○	○	○
Rai et al. (2016)			○	○	○	○	○	
Beigman Klebanov et al. (2016)							○	

ではコーパスや言語資源から自動的に選択制限や選択選好を獲得している。Wilks et al. (2013) は VerbNet (Kipper et al. 2008)[3] と WordNet (Fellbaum 1998)[4] から選択制限を獲得する手法を提案している。VerbNet は英語の動詞レキシコンであり、選択制限の情報も含まれている。しかし VerbNet の語彙数は約 4,000 語と小規模であるため、WordNet において各単語の語義に付されている説明文も利用して選択制限を取得する。そして、文中の動詞の各語義に対して獲得した選択制限を満たしているかどうかを調べ、選択制限を満たす語義と選択制限を満たさない語義が存在し、かつ前者が後者よりも語義順位が低い（低頻度である）場合に、その動詞が慣用的なメタファー表現であると判断する。この手法によって、再現率（人手でメタファーと判

断された表現のうちで、システムでメタファーと同定できた表現の割合）が82%、適合率（システムでメタファーと同定された表現のうちで、人手でメタファーと判断された表現の割合）が58%という性能が得られている。

コーパスから選択選好を自動的に計算する試みとして、Resnik (1993) があげられる。この研究では、ある動詞 v の選択選好の強さ (selectional preference strength) $S_R(v)$ と、動詞 v の名詞クラス c に対する選択選好を表す選択関連度 (selectional association) $A_R(v,c)$ の計算方法を提案している。

$$S_R(v) = D(P(c|v) \| P(c)) = \sum_c P(c|v) \log \frac{P(c|v)}{P(c)} \quad (1)$$

$$A_R(v,c) = \frac{1}{S_R(v)} P(c|v) \log \frac{P(c|v)}{P(c)} \quad (2)$$

R は動詞と名詞クラスの関係を表しており、「動詞と主語」や「動詞と目的語」という関係ごとに、これらの値が計算される。選択選好の強さ $S_R(v)$ は、名詞クラスの確率（頻度）分布 $P(c)$ と、動詞の項 v として出現する名詞クラスの確率（頻度）分布 $P(c|v)$ の近さを表しており、ある特定の名詞クラスしか取らないような動詞はこの値が高くなる。選択関連度 $A_R(v,c)$ は動詞 v の項として名詞クラス c が出現する確率 $P(c|v)$ が名詞クラス c そのものの出現確率 $P(c)$ より大きいほど、高い値を取る。すなわち、動詞 v が名詞クラス c を選好する度合いが大きいということになる。

Shutova (2013) は、式(2)の選択関連度が閾値以下の文をすべてメタファーと判定するベースライン手法と、選択関連度の他に言い換え処理を用いた提案手法の性能比較を行い、選択選好だけでは十分な性能が得られないことを示している。すなわち、慣用的な動詞メタファーはコーパス中で頻繁に出現するため、コーパスから獲得した選択選好にはその情報が反映されてしまい、メタファーとして判定されにくくなってしまう。一方で、Haagsma & Bjerva (2016) のように、自然言語処理にとって重要なのは慣用的なメタファーの同定ではなく新奇なメタファーの同定であり、新奇メタファーの同定にはコーパスから獲得した選択選好が有効であるという主張もある。

また、選択選好を直接用いずに意味逸脱を考慮する方法として、Hovy et

al. (2013) は単語、品詞、supersense[5] の複数のレベルで生成した文の係り受け木（文中の節の係り受け関係を木構造で表現したもの）を用いた機械学習による同定手法を提案している。この手法は、係り受け木どうしの類似度を計算することによって、メタファーに特徴的な係り受け木のパターンが存在すればメタファー文と字義文の係り受け木との類似度は低くなる、つまり意味的な逸脱を計算できるという考え方に基づいている。

　名詞メタファーに対しては、選択選好とは別の方法で意味的な逸脱を計算する。基本的な考え方は、名詞メタファーを構成する2つの名詞（喩辞と被喩辞）が同じもしくは類似する概念に属しているかどうかを計算し、異なる概念に属している場合には意味的な逸脱があるのでメタファーであると判断するというものである。同じ概念に属しているかどうかを判断するために、単語（の表す概念）の上位下位関係や類義関係に基づいて階層的に単語を分類したシソーラスや意味ネットワークなどの言語資源が用いられる。具体的には、Krishnakumaran & Zhu (2007) では WordNet、Neuman et al. (2013) では WordNet や ConceptNet (Liu & Singh 2004)[6]、Li et al. (2013) では Microsoft Concept Graph (Wu et al. 2012)[7] が用いられている。

2.2.2　具象度・心像度

　概念メタファーの目標概念は起点概念よりも抽象度が高いという傾向があることから、概念メタファーの具現化である言語メタファーに用いられる語句にもその傾向が反映されるという考え方に基づいて、メタファーを判定する試みが行われている。例えば、以下の表現における shoot down の目的語や warm の被修飾語に関して、メタファーである (2c) や (3c) のほうが、字義表現である (2b) や (3b) よりも抽象度の高い名詞が用いられている。

(2)　a.　ARGUMENT IS WAR
　　　b.　He shot down my plane.
　　　c.　He shot down my argument.
(3)　a.　AFFECTION IS WARMTH

b.　warm room
　　　c.　warm welcome

　Turney et al.(2011)はこの傾向を利用して、動詞メタファーや形容詞メタファーの比喩性を判定する手法を提案している。彼らの手法では、意味空間モデルを用いて単語の具象度(concreteness)を算出し、その値を説明変数とするロジスティック回帰を用いて言語表現がメタファーかどうかを判断する。その結果、単語の具象度のみを用いた分類器でも、形容詞メタファーで79%、動詞メタファーで68%の正解率を達成したと報告している。

　もちろん、"broken heart"のように具象名詞を用いたメタファーも少なくないので、具象度のみを用いてメタファーを判定する手法は限界がある。しかし、表1や表2に示されているように、Turney et al.(2011)以降の研究でも、具象度が広く用いられている。

　また、具象度に関連する語彙特性として、心像度(imageability)も比喩判定に用いられている(Strzalkowski et al. 2013; Tsvetkov et al. 2014; Rai et al. 2016)。心像度はその単語が表す概念のイメージの想起しやすさであり、その概念が感覚的／身体的経験に基づいて獲得される度合いを表していると解釈することも可能である[8]。これらの研究では、MRC psycholinguistic database (Wilson 1988)[9]に含まれている単語心像度の評定値を元にして、そこに含まれていない単語に対して計算した心像度の値を用いている。

　なお、具象度や心像度がメタファー同定の際の手がかりとなることは、前述したMIPでも示唆されている。MIPでは、メタファーかどうかの判定対象となる語彙の義本義を決定する上で、より具象度が高く、身体動作に関係している意味が基本義となりやすい(Pragglejaz Group 2007: 3)との基準を示している。この基準は、動詞や形容詞と係り受け関係にある名詞の具象度や心像度を求めることによって同定対象の動詞や形容詞が比喩的な意味かどうかを判断するという本節で述べた考え方と整合している。

2.2.3 意味空間モデル

意味空間モデルとは、コーパス中の単語の分布情報に対して代数的操作やニューラルネットワークによる学習を施すことによって、単語の意味を多次元ベクトルで表現する手法である (Landauer & Dumais 1997; Turney & Pantel 2010)。単語間の類似度をそれらの単語ベクトルの余弦（コサイン）によって数値的に計算できたり、構成要素の単語のベクトルを合成することによって句や文の意味をベクトル表現できることから、自然言語処理や認知科学などの分野で広く用いられている。

メタファー同定においても、分類器学習のための素性として、同定対象となる言語表現に含まれる単語のベクトル表現が用いられる（表2参照）。また、メタファー同定のための他の素性（例えば、具象度）を計算するにあたっても意味空間モデルが用いられているし (Turney et al. 2011; Tekiroğlu et al. 2015)、3節で後述するメタファー理解の計算モデルとして重要な手法である。

複数の単語から構成される言語表現（例えば、"kick the bucket" や "dark humor"）に対して、構成要素の単語ベクトルから計算される合成ベクトルを用いたメタファー同定の研究も行われている。もし複合表現が比喩的な意味で用いられているのであれば、構成要素の単語ベクトルを合成して計算されたベクトル（例えば、kick、the、bucket の合成ベクトル）と、複合表現を1単語とみなして意味空間モデルから直接計算されたベクトル（"kick the bucket" を1単語とみなした単語ベクトル）の類似度は低くなるはずである。Katz & Giesbrecht (2006) はこの考えに基づいて、単純和によるベクトル合成手法を用いて、イディオム表現の同定を行っている。

Gutiérrez et al. (2016) は形容詞メタファーの同定問題に対して、形容詞の意味をベクトル空間の線形写像とみなして形容詞名詞句のベクトルを求める合成手法を適用している。形容詞の字義的な意味と比喩的な意味を分離して2種類の合成ベクトルを計算し、形容詞名詞句を1単語とみなして計算されたベクトルとの類似度を比較してメタファーかどうかの判定を行い、約80%の正解率を達成している。また、Shutova et al. (2016) は、言語情報だ

けではなく画像情報も用いたマルチモーダル意味空間によって、メタファー同定の精度が向上することを示している。

2.2.4 感覚・情緒的意味

　形容詞メタファーでは、五感に関係する形容詞や名詞の使用やそれらの組み合わせが比喩性の指標となり得る。例えば、"sweet candy" は形容詞と名詞がともに味覚に関係する語彙なので字義表現であるが、"sweet melody" は味覚で聴覚を形容する表現なのでメタファーである。また、同じ味覚と聴覚の組み合わせでも、聴覚で味覚を形容する "noisy candy" はメタファーとして解釈することが難しい。

　Tekiroğlu et al. (2015) は、このような傾向を用いて形容詞メタファーの同定を行っている。この研究では、判定の対象となる形容詞・名詞句の感覚情報として、単語（形容詞や名詞）の五感覚との関連度や、共感覚表現における方向性 (Williams 1976) を用いている。五感覚との関連度は、コーパス中で各単語が五感を表す語彙と共起する頻度を用いる方法と、コーパス中で五感を直接表す動詞の目的語（名詞の場合）や補語（形容詞の場合）として出現する頻度を用いる方法の2種類で計算する。例えば、plate という名詞は前者の手法では（食事に関する文脈で良く用いられるので）味覚との関連性が最も高くなるが、後者の手法では（見たり触ったりすることができるので）視覚や触覚との関連性が最も高くなる。彼らは、Tsvetkov et al. (2014) の研究で用いられた素性（具象度、心像度、語意カテゴリー）に加えて上記の情報を素性として用いて分類器を学習した結果、感覚情報を用いることによって正解率が 84.5% から最大で 89.0% に向上したと報告している。

　また、感情・情緒に関わる情報をメタファー同定に利用する試みもいくつか行われている。Gargett & Barnden (2015) は、ANEW (Affective Norms for English Words; Bradley & Lang 1999)[10] における英単語に対する感情状態を表す3要素 (pleasure、arousal、dominance) の値をメタファー同定のための情報として用いている。Jang et al. (2016) は、対象文やその前後文に対して LIWC (Linguistic Inquiry and Word Count; Tausczik & Pennebaker 2010) に

よって計算される感情や認知に関するワードカウントを素性として用いている。Rai et al. (2016) は WordNet-Affect (Strapparava & Valitutti 2004)[11] における感情情報を利用している。これらの情報はいずれも単独で用いられるのではなく、分類器学習のための素性の 1 つとして用いられている。

2.2.5 その他の語彙情報

今まで述べてきた要素技術・特性の他にも、メタファー同定には様々な語彙特性・情報が用いられている。いくつかの研究で用いられている情報として、判定対象となっている単語や文のトピック（話題）がある。これらの研究では、トピックモデル（topic model）と呼ばれる文章やそこに出現する単語のトピックを統計的に推定する方法によって、単語とトピックの関連性を計算する。例えば、Heintz et al. (2013) は、潜在ディリクレ配分法（latent Dirichlet allocation; LDA）(Blei et al. 2003) というトピックモデルの代表的な手法を用いて、Wikipedia の文章から単語とトピックの関連性を推定する。これを用いて、あらかじめ与えられた起点概念や目標概念に関する単語から両概念のトピックを求め、対象文が起点概念や目標概念に関するかどうかを推定する。そして、対象文が起点概念と目標概念の両方と関係する場合には、メタファーであると判断する。Beigman Klebanov et al. (2014) は、分類器学習のための情報として、LDA で計算される各単語のトピック分布や具象度とともに、個々の単語の出現頻度（unigram）や品詞情報を用いて分類器を学習し、メタファー同定における単語頻度の効果について議論している。

他のいくつかの研究では、単語の意味的分類の情報を用いている。Dunn (2013) は、対象表現に含まれる語彙に対応する SUMO オントロジー（Niles & Pease 2001）[12] 上の概念情報を用いたメタファー同定システムを提案している。特に、概念情報に付与されているドメイン（ABSTRACT, PHYSICAL, SOCIAL, MENTAL）とイベント状態（PROCESS, STATE, OBJECT）を分類器学習のための情報として用いている。Tsvetkov et al. (2014) は、単語の supersense を機械学習の際の素性の 1 つとして用いている。ここで言う supersense とは、シソーラスなどの階層構造を持つ単語（概念）辞書における各単語の属する最上位

の概念のことを指している。多くの研究では、supersense として WordNet における 45 種類の lexicographer class が用いられる。ただし、WordNet は形容詞をすべて同一の supersense としているため、Tsvetkov et al. (2014) では形容詞に対しては独自に決定した 14 種類の supersense を用いている。Beigman Klebanov et al. (2016) は、動詞メタファーの同定に対して、上記の supersense の他に VerbNet の意味クラスや単語の基本形に基づく unigram などの意味的分類の有効性を比較検討している。その結果、単語の基本形に基づく unigram や supersense が有効であることを示している。

2.2.6 文章の話題・文脈情報

今まで述べてきた要素技術は、同定対象の文や語句に含まれる単語特性（例：具象度や感覚情報）や、対象中の単語間の関係（例：選択制限）に関するものである。しかし、対象文や語句に注目しただけではメタファーかどうかが判断できないことも少なくない。例えば、「彼は哲学者である」という文の意味が字義的か比喩的かどうかを判断するには、この表現がどのような文脈や話題の中で用いられたかが必要となる。よって、対象表現が用いられている文章の話題や文脈情報を用いてメタファーを同定する試みも多く行われている。

Broadwell et al. (2013) や Strzalkowski et al. (2013) は、文章の結束性を計算する方法であるトピック連鎖（topic chain）を用いたメタファー同定手法を提案している。トピック連鎖とは文章中に出現する語彙の連鎖のことであり、ある文に出現した名詞句が照応表現や類義語によって後続文で繰り返し指示されることによって形成される。これらの研究では、トピック連鎖に含まれる語句はその文章のトピックを表しているので、メタファーとして使用されていないという仮定に基づいて、メタファー同定が行われる。Broadwell et al. (2013) は文章中で心像度の高い語をメタファー候補として、その中でトピック連鎖に含まれる候補を除外するのに対して、Strzalkowski et al. (2013) はまずトピック連鎖に含まれる語句を考慮外とした上で、心像度が低くなく目標概念と係り受け関係にない語句をメタファーとして同定し

ている。

　Jang et al. (2015) は分類器学習に用いる素性として、トピック連鎖と同様のテクニックである語彙連鎖 (Morris & Hirst 1991) を用いている。この研究では、この他にも文脈情報として、文章中に出現する単語の意味カテゴリの分布、LDA に基づくトピック分布などを素性として与えている。さらに、Jang et al. (2016) では、トピック遷移 (topic transition) と呼ばれる文章中でのトピックの移り変わりの情報を利用する手法を提案している。そこでの仮定は、文章中にメタファーが含まれていると、その表現の前後でのトピック遷移が一貫性に欠けるというものである。例えば、medicine → relaxation → medicine のようなトピックの遷移は一貫性があるが、medicine → boat → medicine という遷移は一貫性がなく、boad というトピックの文がメタファーを含む可能性が高くなる。Jang et al. (2016) は、文単位でトピックを推定するように LDA を拡張した上で、トピック遷移を反映する 4 種類の情報 (対象文のトピック分布、対象文の前後文とのトピックの差異、対象文と異なるトピックを持つ最も近い前後文のトピック分布、対象文との意味的類似度) を素性として用い、その有効性を確認している。特に、メタファー文とその後続文のトピック遷移がメタファー同定に有効であったという結果は興味深い。

　トピック連鎖と同様の考え方として、Mohler et al. (2013) は semantic signature と呼ばれる、文章中の語句から得られる互いに関連する WordNet の語義集合を用いたメタファー同定を試みている。この研究では、メタファー表現の semantic signature と対象とする文章の semantic signature を比較して、類似している場合にはメタファーであると判断する。

　以上で述べた研究とは異なる文脈情報の扱いとして、Schulder & Hovy (2014) は情報検索における語句の重み付け手法である tf-idf を援用したメタファー同定の可能性を検討している。文章 d_j における単語 w_i の tf-idf 値は、その文章 d_j における単語 w_i の出現頻度 (tf) と、文章集合全体で単語 w_i を含む文章頻度 (df) の逆数 (idf) との積で表される。つまり、対象文章において出現頻度が高く、かつ他の文章に出現しにくい単語ほど tf-idf 値が高くな

る。Schulder & Hovy (2014) はこの tf-idf 値が低く、かつ df 値も低い場合には、その単語がメタファーとして用いられていると判断する。この方法だけではメタファー同定の性能はそれほど高くならないが、訓練データが少ない場合には有効であると述べている。

2.3 代表的なメタファー同定システム

Shutova et al. (2013) は、概念メタファー論に基づく慣用的な動詞メタファーの同定手法を提案している。この手法は、(1) 動詞メタファーの基盤となる起点概念と目標概念のペア（概念メタファー）の抽出と、(2) 抽出した起点・目標概念ペアを用いた動詞メタファーの抽出の 2 つの処理から構成される。(1) の起点・目標概念ペアの抽出では、まずスペクトラルクラスタリングを用いて動詞クラスタと名詞クラスタを作成する。次に、訓練データとして与えられた動詞メタファーを用いて、比喩的な関係が成立する動詞クラスタと名詞クラスタのペアを抽出する。つまり、各動詞クラスタが起点概念を間接的に表すものと仮定して、そのクラスタ内の動詞を含む（訓練データ内の）動詞メタファーにおいて共起する名詞を含む名詞クラスタをその起点概念と比喩的に関係する目標概念として抽出する。そして、処理 (2) において、獲得した比喩的関係（動詞クラスタと名詞クラスタのペア）を用いて、与えられたテキスト中の動詞メタファーを同定する。ただし、式 (1) で定義される選択選好の強さが低い動詞はメタファー候補からは除外される。評価実験では、本手法によって検出された動詞メタファーの 79% が正しいと人手で判断された。

Li et al. (2013) は、is-a 知識ベース Γ_H (Wu et al. 2012)[13]（単語間の上位下位関係のデータベース）と、メタファー知識ベース Γ_M（比喩的関係にある起点概念と目標概念を表す名詞ペアのデータベース）を用いた、名詞メタファーと動詞メタファーの同定手法を提案している。メタファー知識ベースは、コーパス中で「n_T BE/VB like [a] n_S」または「n_T BE [a] n_S」というパターンで出現して、かつ is-a 知識ベース Γ_H に含まれない名詞ペア (n_T, n_S) を収集することで構築される。さらに、$(n_T, n_S) \in \Gamma_M$ かつ $(n_T, n_H) \in \Gamma_H$ が成

立するとき、(n_H, n_S) を Γ_M に加えることによって、メタファー知識ベースを拡張する。つまり、tiger と sports car が比喩的関係にあり、tiger の上位概念が beast であるとき、beast と sports car も比喩的関係にあるとみなすということである。

名詞メタファーの同定では、与えられた名詞ペア (x, y) が Γ_M に含まれればメタファー、Γ_H に含まれれば字義と判断される。どちらの知識ベースにも含まれない場合には、名詞ペアがメタファーである確率 $P(x, y)$ とメタファーでない確率 $1-P(x, y)$ の比（オッズ比）を計算し、閾値以上であればメタファーと判断する。動詞メタファーに関しては、対象とする文の主語または目的語の比喩性に注目してメタファーかどうかの判断を行う。つまり、文 (1b) において、drink の比喩性を判断するのではなく、car または gasoline の比喩性を判断する。文中の動詞 v の主語もしくは目的語の名詞 x と比喩的関係にある（メタファー知識ベース Γ_M に含まれる）もう一方の名詞の集合 $\{y|\,(x, y)\,\text{or}\,(y, x) \in \Gamma_M\}$ のうちで最も選択選好の高い名詞 y^* を抽出し、その選択選好 $P(y^*|x, v)$ が、x のすべての上位概念 $\{h_x|\,(x, h_x) \in \Gamma_H\}$ の選択選好 $P(h_x|x, v)$ よりも十分に大きければ、メタファーであると判定する。例えば、文 (1b) における主語の car を名詞 x とすると、car と比喩的な関係にある単語 woman, gun, horse のうち選択選好が最も高い（つまり drink の主語として最も適切な）名詞 y^* として horse が選択される。一方、car の上位概念 h_x である vehicle, product などは drink の主語としての選択選好は非常に低い。したがって、文 (1b) はメタファーと判定される。評価実験の結果、名詞メタファーでは適合率 73％、再現率 66％、動詞メタファーでは適合率 65％、再現率 52％を達成している。

Neuman et al. (2013) は、名詞メタファー、動詞メタファー、形容詞メタファーの 3 種類のメタファーを同定する手法を提案している。同定アルゴリズムは 3 種類のメタファーごとに与えられているが、それらは全て同一の手法に基づいている。その基盤となる手法は、選択選好と具象度という 2 つの要素技術を統合したものであり、判定の対象となる表現がコーパスから獲得された具象概念に対する選択選好を満たしていなければメタファーであ

ると判定する。例えば、形容詞メタファーの同定アルゴリズムでは、対象の形容詞名詞句（例えば、"broken heart"）の形容詞（broken）と共起する（相互情報量が閾値以上の）名詞の中で最も具象度の高い（つまり抽象度の低い）名詞を一定の個数だけ選択し、それらの名詞を多く含む複数の意味カテゴリを求める。このようにして求めた意味カテゴリが形容詞 broken に対する具象概念に基づく選択選好を表しており、対象とする名詞 heart がこれらの意味カテゴリのいずれにも属していなければ、メタファーと判断される。（具象度だけを用いるメタファー同定手法では、"broken heart" はメタファーと判断されないことに注意。）

　動詞メタファーについても、対象表現が「形容詞＋名詞」から「動詞＋名詞（目的語）」に変わる点と、WordNet の他に ConceptNet を用いるという点以外は同じである。また、名詞メタファーについては、最初に 2 つの名詞が ConceptNet において異なる意味カテゴリの場合にはメタファーであると判断する。同じ意味カテゴリに属する場合には、両方の名詞に対して別々に共起する具象名詞を求め、意味カテゴリの重複があるかどうかをチェックする。2 種類のコーパスを用いた評価実験では、本手法によるメタファー同定の適合率は 71% となった。ただし、メタファーの種類によって結果にばらつきがあり、名詞メタファーが両コーパスで 84% と最も高かったのに対して、動詞メタファーは 76%、62%、形容詞メタファーは 54%、70% であった。

3. メタファーの理解

　メタファー同定に比べて、計算論的アプローチによるメタファー理解の研究は決して多いとは言えない。特に、1.2 節で述べたように、その必要性は大きいにも関わらず、自然言語処理におけるメタファー理解の研究はわずかである。メタファー理解は、メタファー同定に比べて、何を出力とするかによって問題設定が異なるとともに、メタファー文の意味が一意に定まらない、つまり正解を設定するのが難しいことが研究を妨げる要因となってい

る。さらに、機械学習のための大規模データを収集するのが困難なことも一因である。このような事情から、メタファー理解の研究のほとんどは理解過程の認知的解明を目指したものである。また、心理学・認知科学におけるメタファー研究は名詞メタファーを主な対象としていることから、計算論的研究の多くも名詞メタファーの理解を扱っている。

3.1 メタファー理解の認知モデル

「A is B」という形式の名詞メタファーの理解過程に関する認知科学・心理学の研究では、メタファー理解を「起点概念（喩辞）によって喩えられた目標概念（被喩辞）の概念体系の再構築」と捉える。つまり、起点概念による目標概念の変化を求めるのがメタファー理解であり、変化した後の目標概念がメタファーの意味となる。初期の研究では、それぞれの概念を意味特徴とその顕現性（salience）のリストとして表現し、メタファー理解を起点概念と目標概念に共通する特徴によって目標概念が変化する過程と捉える（Ortony 1979）。

この考え方に基づく計算モデルがいくつか提案されている。岩山ほか（1991）は、起点概念や目標概念を属性名と属性値（＋確率）集合のペアから成る属性リストとして表現し、起点概念のうちで顕現性の高い特徴（属性名と最大確率の属性値のペア）を目標概念に写像することによってメタファー理解を行うモデルを提案している。特徴の顕現性は、その属性の属性値集合のエントロピーによって計算される。Utsumi et al.（1998）は、このモデルを拡張して、起点概念・目標概念どちらでも顕現的でない特徴が比喩の意味として顕在化するという創発特徴をモデル化するために、異なる特徴間の情緒的類似関係を用いて、目標概念の特徴の顕現度を起点概念の顕現特徴との類似度に応じて増減させる手法を提案している。評価実験では、15個の名詞比喩に対して、それらの解釈として妥当であると人手で判断した86個の特徴の約73%の特徴を本モデルで生成できたと報告している。

最近では、2.2.3節で述べた意味空間モデルを用いて、名詞メタファーの理解過程をモデル化する研究が行われている。Kintsch（2000）の比喩理解モ

デルは、被喩辞と喩辞の意味を表すベクトルから名詞メタファーの意味を表すベクトルを合成する過程としてメタファー理解を捉える。意味空間モデルとして潜在意味分析 (LSA; Landauer & Dumais 1997) を用い、ベクトル合成には Kintsch が提案している predication アルゴリズムを用いる。このアルゴリズムでは、喩辞と類似度が最も高い m 個の単語のうち、被喩辞と最も類似する $k(<m)$ 個の単語を選択し、それらのベクトルと喩辞ベクトル、被喩辞ベクトルの重心ベクトルをメタファーの意味を表すベクトルとする。そして、この合成ベクトルとの類似度が高い意味特徴がメタファー解釈として得られる。なお、Kintsch (2000) は predication によるメタファー解釈が人間の解釈を模倣していることを定性的にしか示していないが、Kintsch & Bowles (2002) は定量的な評価を行い、本モデルで計算された比喩ベクトルと人手による比喩解釈の意味ベクトルとのコサイン類似度が 0.50 であったと報告している。

Utsumi (2011) は、認知心理学の分野で主張されているメタファー理解の 2 つの過程であるカテゴリ化 (categorization) と比較 (comparison) をそれぞれ LSA を用いてモデル化している。カテゴリ化過程のモデルとして Kintsch (2000) の predication アルゴリズムを採用するとともに、比較過程のモデルとして被喩辞と喩辞の両方と類似度の高い k 個の単語と被喩辞の重心ベクトルをメタファーの意味とする手法を提案している。さらにこの研究では、統計的モデル選択手法を用いて、複数のメタファー理論の妥当性の比較検証を行っている。近年のメタファー研究においては、メタファー表現の持つ特性に応じて、理解の際にカテゴリ化過程と比較過程が使い分けられているという考えが主流であり、その比喩特性として喩辞慣習性 (Bowdle & Gentner 2005)、適切性 (Glucksberg & Haught 2006)、解釈多様性 (Utsumi 2007) が主張されている。これらのうちのどれが妥当かを検証するために、まずメタファー表現ごとに上述したカテゴリ化過程の計算モデルと比較過程の計算モデルでメタファーの意味を計算する。その際の最適パラメータの決定に最尤推定を用いる。そして、両過程モデルで計算された 2 種類のメタファーベクトルのどちらがより人間の解釈に近いかを統計的モデル選択手法を用いて

選択する。結果として、メタファー表現ごとに比較過程とカテゴリー化過程のどちらで理解されるかが計算論的に決定される。最後に、これらのメタファー表現ごとの選択結果を従属変数、3つの比喩特性の評定値を独立変数とした判別分析を行い、どの比喩特性が過程選択の結果を最も説明するかを求める。実際に40個のメタファー表現に対して上記の方法により判別分析を行ったところ、慣習性と解釈多様性の2特性が選択結果を有意に説明でき、特に解釈多様性の説明力が高いという結果となった。

Terai & Nakagawa (2012) は意味空間に基づくメタファー理解手法を拡張して、創発特徴が顕現化する過程をダイナミックインタラクションモデルとして提案している。名詞メタファーの喩辞や被喩辞に用いられる名詞のベクトル表現として、名詞と動詞・形容詞の依存関係に基づいてPLSA (Probabilistic latent semantic analysis; Hofmann 2001) で計算された各単語の潜在クラス分布を用いている。これらのベクトル表現に対してpredicationアルゴリズムを適用して、メタファーの意味ベクトルを求める。そして、メタファーの意味ベクトルから抽出した顕現的な特徴をリカレントニューラルネットワークに与えて、特徴間のインタラクションによって最終的なメタファーの意味（を構成する特徴）を生成する。

3.2 自然言語処理におけるメタファーの意味の導出

自然言語処理における初期の代表的なメタファー理解システムとして、Martin (1992) のMIDASがあげられる。このシステムは、概念メタファー理論を基盤として動詞メタファーの理解を行う。そのために、概念メタファーに関する体系的な知識があらかじめ人手で用意されている。そして、与えられた言語表現が選択制限を満たしておらず字義的に解釈できない場合には、その表現に適用できる概念メタファーがあるかどうかを探索する。例えば、"How can I kill a process?" という表現が与えられると、killingを起点概念に持つすべての概念メタファーの適用が試みられ、その中で矛盾のない解釈を持つものが選択される。もし TERMINATING A COMPUTER PROCESS IS KILLING という概念メタファーが知識ベースに存在すれば、MIDASはこれ

を適用して Killing が Terminating を意味すること、Terminate されるものは Computer process であること、Kill の行為者（ここでは 'I'）が Terminating の行為者であることなどを解釈として生成する。さらに MIDAS は、入力された表現に適用できる概念メタファーが存在しない場合には、既存の概念メタファーを拡張することによって、新しい概念メタファーを生成することもできる。

　Shutova et al. (2013) は、動詞メタファーの理解を言い換え問題として考える。動詞メタファーが与えられると、動詞の部分を別の動詞で置き換えたときの文（や句）の尤度を計算し、尤度の高い動詞を言い換え表現の候補として抽出する。例えば、"This study has *stirred* excitement in the research community." というメタファー文が与えられると、stirred の部分を他の動詞で置き換えた言い換え文（例えば、"This study has *provoked* excitement in the research community."）のコーパス中での尤度（生起確率）を計算する。次に、WordNet を用いて元の動詞の上位語、もしくは元の動詞と共通の上位語を持つ動詞だけを言い換え候補として選択する。例えば "stir excitement" では、この時点までで create、provoke、make、elicit、arouse、stimulate、raise というような動詞が選択される。（並びは確率の高い順を示している。）そして最後に、式(2) の選択関連度でこれらの候補を再ランキングして、メタファー表現の解釈を決定する。先ほどの例では、create, stimulate, raise, make は目的語 excitement の選択関連度が非常に低いので、再ランキング後は provoke, elicit, arouse が上位となる。結果として "provoke excitement" が最も適切な言い換えとして出力される。評価実験では、出力された言い換え表現のうちの 81% が正しいと人手で判断されたと報告している。

　Shutova のグループは、言い換えによる動詞メタファー理解の枠組みを、様々な要素技術を用いて検討している。Shutova et al. (2013) の手法では、言い換え候補の選択に用いている WordNet が適用範囲を限定している可能性があるため、言語資源を用いない手法が試みられている。Shutova et al. (2012) では意味空間モデルを用いて言い換え候補を計算してから、選択選好による再ランキングを行っている。Bollegala & Shutova (2013) では、

意味空間の代わりにウェブ検索を用いて言い換え候補を抽出するとともに、選択選好だけではなく、検索ヒット数に基づく再ランキングも行っている。これらの研究では、適合率がそれぞれ 52%、42% と、Shutova et al. (2013) の 81% よりは低下しているが、言語資源を用いない方法としての有効性を示唆している。

　一方、名詞メタファーの理解に関しては、Veale & Hao (2007) が *Aristotle* というシステムを提案している[14]。このシステムでは、まずウェブ検索を用いて、それぞれの形容詞が表す属性を典型的に有する概念（を表す名詞）を知識ベースとして蓄えておく。具体的には、WordNet に含まれる各形容詞 A に対して "as A as a/an *" というクエリで検索を行い、アスタリスクの部分に多く出現する名詞 N が形容詞 A の表す属性を典型的に有する概念であると考える。さらに、得られた名詞 N に対して、クエリ "as * as a/an N" で検索を行うことにより、名詞 N の典型的な属性を求める。そして、名詞メタファーが与えられると、上記の知識ベースから得られる喩辞の典型的な属性のうちで、被喩辞にも適切である属性を選択し、それを名詞メタファーの解釈とする。被喩辞における各属性の適切さは、知識ベースの他に、Google n-gram やウェブ検索を用いて判断する。例えば、"A wedding is a funeral" という名詞メタファーが与えられたとき、funeral の典型的な属性である sad や serious などに対して、"sad wedding" や "serious wedding" の頻度を n-gram やウェブ検索から求め、頻度の高い属性（形容詞）を解釈とする。

4. 概念メタファーの抽出

　Mason (2004) が最初に概念メタファーの自動抽出システム CorMet を提案してから、いくつかの研究 (Gandy et al. 2013; Shutova & Sun 2013; Mohler et al. 2014) が概念メタファーの抽出に取り組んでいる。これらの研究は、基本的にすべて同じ考え方に基づいて、概念メタファーを抽出している。概念メタファー理論では、言語メタファーは概念メタファーの言語的な具現化の結果であると考える。したがって、言語メタファーを分析することによって

概念メタファー(を構成する起点概念や目標概念)を導出することができる。例えば、概念メタファー ARGUMENT IS WAR から得られる言語メタファーとして、以下のような表現がある。

(4) a. He *shot down* all of my arguments.
    b. He *attacked* every weak point in my argument.
    c. Your claim is *indefensible*.

これらの表現において比喩的に用いられている語彙 shoot down、attack、indefensible と係り受け関係にある名詞 argument、point、claim は目標概念 ARGUMENT を表す語彙である。また、これらの比喩的に用いられている語彙が、字義表現において項として取る名詞(例えば、missile、military base)を調べることによって、起点概念が WAR であることを知ることができる。

Gandy et al. (2013) は、上記の考え方に基づいて概念メタファーを導出する手法を提案している。まず、Neuman et al. (2013) の手法で同定した言語メタファーから、目標概念を表す名詞 n^T と比喩的に用いられている単語 f (ファセットと呼ぶ)のペアを抽出する。そして、字義表現からも同様に名詞 n^S とファセット f のペアを抽出して、同じファセットを多く共有する名詞 n^T と n^S をペアとして抽出する。最後に、これらの名詞ペアをクラスタリングすることによって、概念メタファーを導出する。Mohler et al. (2014) は、あらかじめ指定した目標概念に関する言語メタファーから起点概念を同定することによって、概念メタファーを抽出する。起点概念の同定では、言語メタファーに含まれるファセットと字義表現の中で係り受け関係にある名詞を抽出し、それらを意味空間モデルを用いてクラスタリングすることによって行っている。

一方で、Mason (2004) や Shutova & Sun (2013) は、明示的に言語メタファーを同定することなく、間接的に言語メタファーを利用することで、概念メタファーを抽出している。Mason (2004) では、あらかじめ起点概念と目標概念のドメイン(例えば、Lab と Finance)を指定してウェブから文章を

収集しておき、それぞれのドメインの文章で頻出する特徴的な動詞を決定し、2.2.1 節で述べた式 (2) を用いてそれらの動詞の選択選好を抽出する。そして選択選好に多く出現する概念（WordNet の synset）の対（例えば、liquid と income）に対して、概念メタファーとなる可能性を計算する。これらの概念は字義的な動詞の使用における選択選好を表している。例えば、liquid は Lab ドメインにおいて pour、flow、freeze などが選好する概念であり、income は Finance ドメインにおいて spend、invest、tax などの選択選好に現れる概念である。ここでもし、INCOME IS LIQUID が概念メタファーとして適切であれば、Finance ドメインの文章では pour や flow が言語メタファーとして用いられているので、Finance ドメインで計算された選択選好では、動詞 pour、flow の選択選好として income が得られるはずである。また、概念メタファーの非対称性から、spend、invest などの動詞は Lab ドメインでも特に liquid を選好しないことになる。Mason (2004) は、このような傾向の強さをスコア付けして、スコアの高い概念対を概念メタファーとして出力する。Shutova & Sun (2013) は、名詞の階層的なネットワークを構築して、異なる名詞クラスタ（概念）間に非対称で強い結合が存在するときに、その関係を概念メタファーとして抽出する。クラスタリングの際の名詞間の類似度は、それぞれの名詞が動詞の主語や目的語として出現する頻度の情報に基づいて計算されるので、言語メタファーによって概念メタファーの両概念を表す名詞間には、ある程度の類似性が成立する。例えば、概念メタファー MONEY IS LIQUID における目標概念 MONEY に関する名詞 income は目標概念内の他の名詞 money、cash と類似度が高くなるだけではなく、動詞 pour、flow などの主語や目的語として出現することから起点概念 LIQUID の名詞 water との類似度も高くなる。

5. 展望

　ここまで計算論的アプローチによるメタファー処理の最新動向について網羅的に紹介してきた。これらの研究の現状をふまえて、本節では、コン

ピュータによるメタファー研究の方向性や展望について議論する。

2 節で述べたように、自然言語処理の分野ではメタファー同定に関する研究が集中して行われている現状があり、その結果としてメタファー同定に有効な情報や手法に関する多くの知見が蓄積されつつある。メタファーとはそもそもどのような表現であり、メタファーかどうかをできるだけ客観的に判断するにはどうすればよいかという根本的な問いに対する検討のための材料を与え得る点で、これらの知見がメタファーの理論的研究や大規模なメタファーコーパスの整備に向けて有効であることは間違いない。もちろん、どのような情報がメタファー同定に本当に有効かどうかは、まだそれほど明らかになっていない。様々な情報をどのように組み合わせて用いれば広範囲の（もしくは特定の）メタファーを同定できるかどうかは、自然言語処理での知見を積み重ねることによって、徐々に明らかになっていくであろう。

一方で、実用的な自然言語処理システムを実現する上で、メタファー同定タスクがどのような意味合いを持つかは、慎重かつ十分な検討が必要である。1.2 節でも述べたように、一般論として人間のような言語能力を有する人工知能を実現するためにメタファー処理が必要なのは言うまでもないが、そこで必要とされるメタファー処理がメタファーの同定を必須とするかは必ずしも明らかではない。個々の自然言語処理アプリケーションにおいて、どのようなメタファー処理を行うことを求められているのかをきちんと把握した上で、メタファー同定の必要性を考えるべきである。

特に、メタファー同定研究のほとんどは、慣用的メタファーを新奇メタファーと区別することなく対象としているが、慣用的メタファーを抽出することの意義はもっと検討されるべきである。Haagsma & Bjerva (2016) も指摘しているように、慣用的メタファーの意味は 1 つの語義として辞書に含まれるので、慣用的メタファーの理解は自然言語処理における語義の曖昧さ解消 (word sense disambiguation) というタスクと同等とみなすことができる。よって、慣用的メタファーの同定は必ずしも必要ではないと言える。例えば Shutova et al. (2013) は、実用的な自然言語処理システムでメタファーを扱う必要性を示すために、Google 翻訳を用いて英語の動詞メタファー 62

第 5 章　計算論的アプローチによるメタファー研究の最新動向と展望　165

文をロシア語に翻訳するという実験を行い、27 文（44%）が比喩性のために正しく翻訳できなかったという実験結果を報告している。その中で、誤翻訳の例として、以下の英文が露文に直訳されてしまった例をあげている。

(5) a.　All of this *stirred* an uncontrollable excitement.
　　 b.　I *spilled* everything I knew to Bobby.

露文ではいずれも字義通りの翻訳（stir をかき回すの意味、spill をこぼすの意味で）では意味が通らず、stir を provoke の意味で、spill を tell の意味で意訳しなければ正しい翻訳とならない[15]。しかしこれらのメタファーは慣用化された表現であり、stir や spill の 1 つの語義として一般的に認識されている[16]。よって、これらの誤訳はメタファー処理の問題ではなく、これらの動詞がどの語義で用いられているかを判断する語義の曖昧さ解消の問題なのである。そう考えると、コーパスから獲得した選択選好では慣用的なメタファーを同定できないという 2.2.1 節での指摘は、自然言語処理を目的とするメタファー処理においては的外れということになる。

　一方で、新奇メタファーの意味は辞書などの言語資源から導出できないので、自然言語処理アプリケーションにとって新奇メタファーの処理は重要な課題となり得る。その際には、同定してから理解を行うという 2 段階処理が有効であろう。1 つの例として意見マイニングにおける極性判定というタスク（章末注 1 参照）を考えると、新奇メタファーに用いられている語彙は、その字義的な意味と極性が異なる可能性がある。例えば「赤い音」という表現は新奇なメタファーであるが、多くの人は何となくネガティブな意味を想像するのではないだろうか。実際に、このような形容詞メタファーは、形容詞の字義的な意味よりもネガティブな意味を喚起することが実験的に明らかになっている（Sakamoto & Utsumi 2014）。よって、正確な極性判定のためには、形容詞メタファーであることを認識して、その極性を別の方法で推測する処理が必要になる。この例に限らず、メタファー理解においては、単語の表す概念知識や概念間の構造的関係が必要であり、自然言語処理にお

いてこれらの知識をどのように獲得してメタファー理解に結びつけるかは、今後の重要な研究課題となるであろう。

　メタファー処理の認知研究において、メタファー同定を理解と切り離して考えることは、メタファーなどの非字義的表現が必ず同定・理解という2段階で処理されるという仮説がほぼ支持されていない現在では、あまり意義のないことかもしれない。しかし、すべての非字義的表現が2段階処理されないわけでなない。2段階処理されるかどうかの基準は非字義性にあるのではなく、別の基準に応じて決定されると考えられている。現在広く受け入れられている段階的顕現性仮説（graded salience hypothesis; Giora 2003）では、使用頻度、典型性、親密性などの点で顕現的な意味が最初に処理されて、その意味が文脈上で不適切である場合にその他の可能な意味が処理されるとする。よって、メタファー同定に用いられる様々な要素技術や表現特性が顕現性の高低に与える影響を調べることによって、2節のメタファー同定研究が2段階処理に関して示唆を与え得るかもしれない。

　認知過程の解明を目的としたメタファー理解に関しては、現状では名詞メタファーに対する研究がほとんどであるが、（新奇な）動詞メタファーや形容詞メタファーの理解過程の解明も今後の重要な課題である。Utsumi & Sakamoto (2011) は動詞メタファーや形容詞メタファーは間接的カテゴリー化という過程によって理解されるという仮説を提案している。例えば、以下の動詞メタファーを考えると、

(6)　The girl *ate up* the whole story.

比喩的に用いられている動詞の字義的な意味から想起される概念（例えば eat up の対象となる foods）と比喩的に表現されている概念 story との間の構造的類似性から eat up の比喩的な意味が導出されると主張している。このような過程をモデル化するために、意味空間に基づく定式化が提案されているが (Utsumi & Sakamoto 2007)、メタファー同定手法の援用も考えられる。例えば Li et al. (2013) の手法では、動詞メタファーの同定において、動詞の

目的語 story を目標概念に持つ比喩的写像（メタファー知識ベース Γ_M に含まれる名詞ペア）の起点概念（例えば、Stories are foods の foods）を導出しているが、このようにして求められる比喩的写像の解釈を導くモデルを構築することで、動詞メタファー理解の認知的解明につなげていくことが可能であろう。

6. おわりに

　本稿では、現在までに行われてきた計算論的アプローチによるメタファー研究をサーベイした。特に自然言語処理の分野では、近年になってメタファー同定に関する研究が急増しており、それらの研究成果がメタファー研究全体に何らかの示唆を与えることができれば非常に喜ばしいことである。しかし、本文でも指摘してきたように、現在の隆盛は必ずしも自然言語処理アプリケーションからの強い要請を契機とするものではないため、このままでは一過性の流行になりかねない。また、認知科学の分野ではメタファー研究は以前に比べて減少しており、メタファーそのものに対する学術的興味が弱くなっているように思えてならない。計算論的アプローチとそれ以外のアプローチの研究が相互に刺激し合いながらメタファー研究が発展していくためにも、自然言語処理や人工知能の分野でのメタファー研究に馴染みのない読者にとって、本稿がそこで何が起こっているのかを知るための一助になれば嬉しい限りである。なお、本稿の内容に関してさらに知りたい読者は、自然言語処理におけるメタファー研究のサーベイ論文（Shutova 2015）や、コンピュータに基づくメタファー処理に関してより広く解説した書籍（Veale et al. 2016）を参照されたい。また、主に認知科学における計算論的メタファー研究に関しては、拙者の解説記事（内海 2013）も参考にされたい。

注
1　メタファーとともに非字義的な表現の代表例であるアイロニー（皮肉）の同定に

ついても、自然言語処理におけるホットトピックとなっている (Joshi et al. 2016)。しかし、アイロニー同定研究の隆盛は、具体的な言語処理タスクからの要請に基づいている点で、メタファー同定と事情が異なっている。Twitter などのソーシャルメディアから製品・サービスの評判を抽出したり、公的な政策や事件に対する世論を把握するタスクである評判・意見マイニングにおいて、発言の極性判定（述べられている内容がポジティブかネガティブかを判定）は基礎技術として重要であるが、アイロニー発言をそのまま解析してしまうとポジティブと判定されてしまう。よって発言がアイロニー・皮肉であるかどうかを判定することは、正確な極性判定において不可避の課題であり、このことからアイロニー同定の研究が盛んに行われている。

2 http://purl.ox.ac.uk/ota/2541
3 https://verbs.colorado.edu/~mpalmer/projects/verbnet.html
4 https://wordnet.princeton.edu/
5 2.2.5 節を参照のこと。
6 http://conceptnet.io/
7 https://concept.msra.cn/
8 具象度と心像度は異なる概念であるが、実際には強い相関を示すことが知られており、両者を区別せずに扱うことも多い (Reilly & Kean 2007)。
9 http://ota.oucs.ox.ac.uk/headers/1054.xml
10 非商用の研究目的に限り、http://csea.phhp.ufl.edu/Media.html#bottommedia から入手できる。
11 http://wndomains.fbk.eu/wnaffect.html
12 http://www.adampease.org/OP/
13 この is-a 知識ベースは、現在は Microsoft Concept Graph として https://concept.msra.cn/ で公開されている。
14 Aristotle システムは、http://afflatus.ucd.ie/article.do?action=view&articleId=27 で公開されている。
15 Shutova et al. (2013) の実験当時と比べると Google 翻訳の性能は大きく改善されており、2017 年 4 月時点で文 (5a) については正しい露文に翻訳できている。
16 例えば WordNet では、stir の語義として provoke に相当する意味（WordNet の synset）が、spill の語義として talk に相当する意味がそれぞれ登録されている。

参考文献

Beigman Klebanov, B., Leong, C. W., Gutiérrez, E. D., Shutova, E., & Flor, M. (2016).

Semantic classifications for detection of verb metaphors. In *Proceedings of the 54th Annual Meeting of the Association for Computational Linguistics (ACL2016)*, pp. 101–106.

Beigman Klebanov, B., Leong, C. W., Heilman, M., & Flor, M. (2014). Different texts, same metaphors: Unigrams and beyond. In *Proceedings of the Second Workshop on Metaphor in NLP*, pp. 11–17.

Blei, D., Ng, A., & Jordan, M. (2003). Latent Dirichlet allocation. *Journal of Machine Learning Research*, 3, 993–1022.

Bollegala, D. & Shutova, E. (2013). Metaphor interpretation using paraphrases extracted from the Web. *PLoS ONE*, 8 (9), e74304.

Bowdle, B. & Gentner, D. (2005). The career of metaphor. *Psychological Review*, 112 (1), 193–216.

Bradley, M. M. & Lang, P. J. (1999). Affective norms for English words (ANEW): Stimuli, instruction manual and affective ratings. Tech. rep. C-1, The Center for Research in Psychophysiology, University of Florida.

Broadwell, G. A., Boz, U., Cases, I., Strzalkowski, T., Feldman, L., Taylor, S., Shaikh, S., Liu, T., Cho, K., & Webb, N. (2013). Using imageability and topic chaining to locate metaphors in linguistic corpora. In *Proceedings of International Conference on Social Computing, Behavioral-Cultural Modeling, and Prediction*, pp. 102–110.

Dinh, E.-L. D. & Gurevych, I. (2016). Token-level metaphor detection using neural networks. In *Proceedings of the Fourth Workshop on Metaphor in NLP*, pp. 28–33.

Dunn, J. (2013). What metaphor identification can tell us about metaphor-in-language. In *Proceedings of the First Workshop on Metaphor in NLP*, pp. 1–10.

Fass, D. (1991). Met *: A method for discriminating metonymy and metaphor by computer. *Computational Linguistics*, 17 (1), 49–90.

Fass, D., Hinkelman, E., & Martin, J. (eds.). (1991). *Proceedings of the IJCAI Workshop on Computational Approaches to Non-Literal Language: Metaphor, Metonymy, Idioms, Speech Acts, Implicature*.

Fellbaum, C. (ed.). (1998). *WordNet: An Electronic Lexical Database*. MIT Press.

Gandy, L., Allan, N., Atallah, M., Frieder, O., Howard, N., Kanareykin, S., Koppel, M., Last, M., Neuman, Y., & Argamon, S. (2013). Automatic identification of conceptual metaphors with limited knowledge. In *Proceedings of the Twenty-Seventh AAAI Conference on Artificial Intelligence (AAAI 2013)*, pp. 328–334.

Gargett, A. & Barnden, J. (2015). Modeling the interaction between sensory and affective meanings for detecting metaphor. In *Proceedings of the Third Workshop on Metaphor in*

NLP, pp. 21–30.

Gedigian, M., Bryant, J., Narayanan, S., & Ciric, B. (2006). Catching metaphors. In *Proceedings of the 3rd Workshop on Scalable Natural Language Understanding*, pp. 41–48.

Giora, R. (2003). *On Our Mind: Salience, Context, and Figurative Language*. Oxford University Press.

Glucksberg, S. & Haught, C. (2006). On the relation between metaphor and simile: When comparison fails. *Mind & Language*, 21 (3), 360–378.

Gutiérrez, E. D., Shutova, E., Marghetis, T., & Bergen, B. K. (2016). Literal and metaphorical senses in compositional distributional semantic models. In *Proceedings of the 54th Annual Meeting of the Association for Computational Linguistics*, pp. 183–193.

Haagsma, H. & Bjerva, J. (2016). Detecting novel metaphor using selectional preference information. In *Proceedings of the Fourth Workshop on Metaphor in NLP*, pp. 10–17.

Heintz, I., Gabbard, R., Srinivasan, M., Barner, D., Black, D. S., Freedman, M., & Weischedel, R. (2013). Automatic extraction of linguistic metaphor with LDA topic modeling. In *Proceedings of the First Workshop on Metaphor in NLP*, pp. 58–66.

Hobbs, J. R. (1979). Metaphor, metaphor schemata, and selective inferencing. SRI technical note 204, Menlo Park, CA: SRI International, Artificial Intelligence Center.

Hofmann, T. (2001). Unsupervised learning by probabilistic latent semantic analysis. *Machine Learning*, 42 (1), 177–196.

Hovy, D., Srivastava, S., Jauhar, S. K., Sachan, M., Goyal, K., Li, H., Sanders, W., & Hovy, E. (2013). Identifying metaphorical word use with tree kernels. In *Proceedings of the First Workshop on Metaphor in NLP*, pp. 52–57.

Indurkhya, B. (1987). Approximate semantic transference: A computational theory of metaphors and analogies. *Cognitive Science*, 11, 445–480.

岩山真, 徳永健伸, 田中穂積 (1991). 比喩を含む言語理解における顕現性の役割. 人工知能学会誌, 6 (5), 674–681.

Jang, H., Jo, Y., Shen, Q., Miller, M., Moon, S., & Rosé, C. P. (2016). Metaphor detection with topic transition, emotion and cognition in context. In *Proceedings of the 54th Annual Meeting of the Association for Computational Linguistics*, pp. 216–225.

Jang, H., Moon, S., Jo, Y., & Rosé, C. P. (2015). Metaphor detection in discourse. In *Proceedings of the SIGDIAL 2015 Conference*, pp. 384–392.

Joshi, A., Bhattacharyya, P., & Carman, M. J. (2016). Automatic sarcasm detection: A survey. *arXiv preprint arXiv*, 1602.03426.

Katz, G. & Giesbrecht, E. (2006). Automatic identification of non-compositional multi-word expressions using latent semantic analysis. In *Proceedings of the Workshop on*

Multiword Expressions: Identifying and Exploiting Underlying Properties, pp. 12–9 Sydney, Australia. Association for Computational Linguistics.

Kintsch, W. (2000). Metaphor comprehension: A computational theory. *Psychonomic Bulletin & Review,* 7 (2), 257–266.

Kintsch, W. & Bowles, A. (2002). Metaphor comprehension: What makes a metaphor difficult to understand?. *Metaphor and Symbol,* 17 (4), 249–262.

Kipper, K., Korhonen, A., Ryant, N. & Palmer, M. (2008). A large-scale classification of English verbs. *Language Resources and Evaluation,* 42 (1), 21–40.

Krishnakumaran, S. & Zhu, X. (2007). Hunting elusive metaphors using lexical resources. In *Proceedings of the Workshop on Computational Approaches to Figurative Language*, pp. 13–20.

Lakoff, G. & Johnson, M. (1980). *Metaphors We Live By.* The University of Chicago Press.

Landauer, T. K. & Dumais, S. T. (1997). A solution to Plato's problem: The latent semantic analysis theory of the acquisition, induction, and representation of knowledge. *Psychological Review,* 104, 211–240.

Li, H., Zhu, K. Q., & Wang, H. (2013). Data-driven metaphor recognition and explanation. *Transactions of the Association for Computational Linguistics,* 1, 379–390.

Liu, H. & Singh, P. (2004). ConceptNet: A practical commonsense reasoning tool-kit. *BT Technology Journal,* 22 (4), 211–226.

Martin, J. (1992). Computer understanding of conventional metaphoric language. *Cognitive Science,* 16, 233–270.

Mason, Z. (2004). CorMet: A computational, corpus-based conventional metaphor extraction system. *Computational Linguistics,* 30 (1), 23–44.

Mohler, M., Bracewell, D., Hinote, D., & Tomlinson, M. (2013). Semantic signatures for example-based linguistic metaphor detection. In *Proceedings of the First Workshop on Metaphor in NLP*, pp. 27–35.

Mohler, M., Rink, B., Bracewell, D., & Tomlinson, M. (2014). A novel distributional approach to multilingual conceptual metaphor recognition. In *Proceedings of 25th Inter-national Conference on Computational Linguistics* (*COLING 2014*), pp. 1752–1763.

Morris, J. & Hirst, G. (1991). Lexical cohesion computed by thesaural relations as an indicator of the structure of text. *Computational Linguistics,* 17 (1), 21–48.

Neuman, Y., Assaf, D., Cohen, Y., Last, M., Argamon, S., Howard, N., & Frieder, O. (2013). Metaphor identification in large text corpora. *PLoS ONE,* 8 (4), e62343.

Niles, I. & Pease, A. (2001). Toward a Stanford upper ontology. In *Proceedings of the 2nd*

International Conference on Formal Ontology in Information Systems (FOIS-2001), pp. 2–9.

Ortony, A. (1979). Beyond literal similarity. *Psychological Review*, 86, 161–180.

Pragglejaz Group (2007). MIP: A method for identifying metaphorically used words in discourse. *Metaphor and Symbol*, 22 (1), 1–39.

Rai, S., Chakraverty, S., & Tayal, D. K. (2016). Supervised metaphor detection using conditional random fields. In *Proceedings of the Fourth Workshop on Metaphor in NLP*, pp. 18–27.

Reilly, J. & Kean, J. (2007). Formal distinctiveness of high- and low-imageability nouns: Analyses and theoretical implications. *Cognitive Science*, 31, 157–168.

Resnik, P. (1993). Semantic classes and syntactic ambiguity. In *Proceedings of the Workshop on Human Language Technology*, pp. 278–283.

Russell, S. (1976). Computer understanding of metaphorically used verbs. *American Journal of Computational Linguistics, Microfiche* 44, 1–73.

Sakamoto, M. & Utsumi, A. (2014). Adjective metaphors evoke negative meanings. *PLoS ONE*, 9 (2), e89008.

Schulder, M. & Hovy, E. (2014). Metaphor detection through term relevance. In *Proceedings of the Second Workshop on Metaphor in NLP*, pp. 11–17.

Shutova, E., Teufel, S., & Korhonen, A. (2013). Statistical metaphor processing. *Computational Linguistics*, 39 (2), 301–353.

Shutova, E. (2013). Metaphor identification as interpretation. In *Proceedings of the Second Joint Conference on Lexical and Computational Semantics (*SEM)*, Volume 1, pp. 276–285.

Shutova, E. (2015). Design and evaluation of metaphor processing systems. *Computational Linguistics*, 41 (4), 579–623.

Shutova, E., Kiela, D., & Maillard, J. (2016). Black holes and white rabbits: Metaphor identification with visual features. In *Proceedings of NAACL-HLT 2016*, pp. 160–170.

Shutova, E. & Sun, L. (2013). Unsupervised metaphor identification using hierarchical graph factorization clustering. In *Proceedings of NAACL-HLT 2013*, pp. 978–988.

Shutova, E. & Teufel, S. (2010). Metaphor corpus annotated for source - target domain map-pings. In *Proceedings of the 7th International Conference on Language Resources and Evaluation (LREC2010)*, pp. 3255–3261.

Shutova, E., Van de Cruys, T., & Korhonen, A. (2012). Unsupervised metaphor processing using a vector space model. In *Proceedings of 23rd International Conference on Computational Linguistics (COLING 2012)*, pp. 1121–1130.

Steen, G. J., Dorst, A. G., Herrmann, J. B., Kaal, A. A., Krennmayr, T., & Pasma, T. (2010). *A Method for Linguistic Metaphor Identification: From MIP to MIPVU*. John Benjamins, Amsterdam/Philadelphia.

Strapparava, C. & Valitutti, A. (2004). WordNet-Affect: An affective extension of WordNet. In *Proceedings of the 4th International Conference on Language Resources and Evaluation (LREC-2004)*, pp. 1083–1086.

Strzalkowski, T., Broadwell, G. A., Taylor, S., Feldman, L., Yamrom, B., Shaikh, S., Liu, T., Cho, K., Boz, U., Cases, I., & Elliott, K. (2013). Robust extraction of metaphors from novel data. In *Proceedings of the First Workshop on Metaphor in NLP*, pp. 67–76.

Tausczik, Y. R. & Pennebaker, J. W. (2010). The psychological meaning of words: LIWC and computerized text analysis methods. *Journal of Language and Social Psychology*, 29, 24–54.

Tekiroğlu, S. S., Özbal, G., & Strapparava, C. (2015). Exploring sensorial features for metaphor identification. In *Proceedings of the Third Workshop on Metaphor in NLP*, pp. 31–39.

Terai, A. & Nakagawa, M. (2012). A corpus-based computational model of metaphor understanding consisting of two processes. *Cognitive Systems Research*, 19–20, 30–38.

Thomas, M. & Mareschal, D. (2001). Metaphor as categorization: A connectionist implementation. *Metaphor and Symbol*, 16 (1 & 2), 5–27.

Tsvetkov, Y., Boytsov, L., Gershman, A., Nyberg, E., & Dyer, C. (2014). Metaphor detection with cross-lingual model transfer. In *Proceedings of the 52nd Annual Meeting of the Association for Computational Linguistics*, pp. 248–258.

Turney, P. D., Neuman, Y., Assaf, D., & Cohen, Y. (2011). Literal and metaphorical sense identification through concrete and abstract context. In *Proceedings of the 2011 Conference on Empirical Methods in Natural Language Processing (EMNLP 2011)*, pp. 680–690.

Turney, P. D. & Pantel, P. (2010). From frequency to meaning: Vector space models of semantics. *Journal of Artificial Intelligence Research*, 37, 141–188.

Utsumi, A. (2007). Interpretive diversity explains metaphor-simile distinction. *Metaphor and Symbol*, 22 (4), 291–312.

内海彰（2013）．比喩理解への計算論的アプローチ―言語認知研究における計算モデルの役割―．認知科学, 20 (2), 249–266.

Utsumi, A., Hori, K., & Ohsuga, S. (1998). An affective-similarity-based method for comprehending attributional metaphors. *Journal of Natural Language Processing*, 5 (3), 3–32.

Utsumi, A. & Sakamoto, M. (2007). Predicative metaphors are understood as two-stage categorization: Computational evidence by latent semantic analysis. In *Proceedings of the 29th Annual Meeting of the Cognitive Science Society (CogSci2007)*, pp. 1587–1592.

Utsumi, A. & Sakamoto, M. (2011). Indirect categorization as a process of predicative metaphor comprehension. *Metaphor and Symbol*, 26 (4), 299–313.

Utsumi, A. (2011). Computational exploration of metaphor comprehension processes using a semantic space model. *Cognitive Science*, 35 (2), 251–296.

Veale, T. & Hao, Y. (2007). Comprehending and generating apt metaphors: A Web-driven, case-based approach to figurative language. In *Proceedings of the 22nd AAAI Conference of the Association for the Advancement of Artificial Intelligence (AAAI-07)*, pp. 1471–1476.

Veale, T., Shutova, E., & Beigman Klebanov, B. (2016). *Metaphor: A Computational Perspective*. Morgan & Claypool Publishers.

Weiner, E. (1984). A knowledge representation approach to understanding metaphors. *Computational Linguistics*, 10 (1), 1–14.

Weizenbaum, J. (1966). ELIZA—a computer program for the study of natural language communication between man and machine. *Communications of the ACM*, 9 (1), 36–45.

Wilks, Y., Galescu, L., Allen, J., & Dalton, A. (2013). Automatic metaphor detection using large-scale lexical resources and conventional metaphor extraction. In *Proceedings of the First Workshop on Metaphor in NLP*, pp. 36–44.

Williams, J. M. (1976). Synaesthetic adjectives: A possible law of semantic change. *Language*, 52 (2), 461–478.

Wilson, M. (1988). MRC psycholinguistic database: Machine-usable dictionary, version 2.00. *Behavior Research Methods, Instruments, & Computers*, 20 (1), 6–10.

Winograd, T. (1972). Understanding natural language. *Cognitive Psychology*, 3 (1), 1–191.

Wu, W., Li, H., Wang, H., & Zhu, K. Q. (2012). Probase: A probabilistic taxonomy for text understanding. In *Proceedings of the 2012 ACM SIGMOD International Conference on Management of Data*, pp. 481–492.

第 6 章
人の心と空模様
シェイクスピアのメタファーをめぐって[*]

大森文子

1. はじめに

　「心が晴れる」、「心が曇る」のように人の心を空模様に喩えるメタファー表現がある。本稿では、空模様を司る〈太陽〉から〈心〉へのメタファー写像について、認知詩学 (cognitive poetics) の枠組を用いて考察したい。Stockwell (2009: 26) は認知詩学の方法論を、文学作品の解釈や構成に認知科学の見識を適用するものとして特徴づける。認知詩学の主要な関心は文学にあるが、言語学や心理学に携わる研究者にとっても、認知詩学は数多くの有益な成果をもたらすと Stockwell は述べる[1]。日常言語を司る認知の重要な仕組みにメタファーがあるが、文学作品、特に詩作品はメタファー表現の宝庫であり、詩的言語の分析は認知メタファー研究に益するところが大きい。Lakoff and Turner (1989) が論じるとおり、詩のメタファーは、単なる修辞的表現ではなく、人間の概念体系の中枢部と大きな関わりがある。概念体系の基礎となるメタファーのプロセスを巧みに利用することにより、詩人は人生の重要な諸問題に読者の注意を喚起する。詩人のメタファー利用の技法には、現実世界の理解に有用な基本メタファーの拡張 (extending)、精密化 (elaborating)、基本メタファーに対する疑問視 (questioning)、複数の基本メタファーの組み合わせ (composition) などがある (Lakoff and Turner 1989: 57–139、215 参照)。

　本稿では、観察対象としてシェイクスピア作品を取り上げる。吉田健一

は、「シェイクスピアは劇作家である前に、先づ詩人だった。これは殆ど自明のことであつて、詩人の眼が彼に人間の生活、或は性格の急所を摑ませたのであり、それを一篇の劇に仕組むことに彼は年とともに、又、作品とともに巧みになつて行つた。」(吉田 2007: 85) と述べる。人間の生活や性格の急所を捉える眼力をもった詩人としてのシェイクスピアの才能を、その作品の中で味わいながら、そこに表れたメタファーの仕組みを探っていきたい。考察にあたっては、時にクリシェなどとも称される慣用メタファーの意味、メタファー写像に見られる概念領域の要素間の対応関係、それを複雑化する解釈の多様性 (Utsumi 2005, 2007 参照[2])、メタファー写像の帰結として導き出される多様な感情などに着目する。

2.〈太陽〉に対する基本的なメタファー認識

具体的な作品の考察に先立って、まずは〈気象〉によって〈心〉を理解する基本的なメタファーについて確認しておきたい。

晴れたり曇ったりという空模様を支配するのは、光、典型的には太陽と、その光を遮る雨雲である。図 1 に示すように、気象現象としての晴れや曇りと、太陽や雲との間には因果関係が成立し、根源領域 (Source Domain: SD) におけるその因果関係が目標領域 (Target Domain: TD) である心の状態にそのまま写像される。図の二重線矢印 (⇒) は写像を、一重線矢印 (→) は因果関係を表している。晴れや曇りという気象を引き起こすのが太陽と雲の存在であるように、心が明るくなったり暗くなったりするのにも、何らかの要因があるということである。

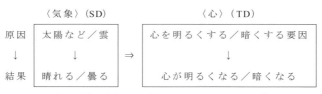

図 1 「心が晴れる／曇る」のメタファー写像

図1に示した、「心が明るくなる」ことを「空が晴れる」ことにより理解する認識、また「心を明るくする要因」を「晴天をもたらす太陽」により理解する認識のしかたは、人間一般に定着した、なじみの深い基本的メタファー認識である。

　例えば自分の心を明るくしてくれる恋人を何かに喩えようとして、"You are my …."という表現を発話する場合を想定しよう。読者諸氏はこの空所の中にどのような表現を挿入されるだろうか。

　試しに現代アメリカ英語の大規模コーパスである Corpus of Contemporary American English (COCA[3]) で、"you are my" をキーワードとして検索すると、560件ヒットする。このキーワードの直後にどういう名詞が続くかを見るために、collocates を左ゼロ、右1と指定してコロケーション検索をした。検索結果の上位20位までは表1のとおりである。

表1　COCAにおける "you are my" の共起語（右1）

順位	語	件数	順位	語	件数
1	sunshine	46	11	sister	7
2	wife	23	12	witnesses	6
3	friend	18	13	husband	5
4	hero	16	14	heart	5
5	son	14	15	enemy	5
6	daughter	11	16	mother	5
7	brother	9	17	business	4
8	life	7	18	cousin	4
9	family	7	19	favorite	4
10	guest	7	20	father	4

　表1が示すように、"you are my" の共起語としては "sunshine" が他を大きく引き離して46件ある。"You are my" と "sunshine" を組み合わせた表現が現代社会で慣用化していることがわかる。

この表現は言うまでもなく、人口に膾炙した (1) の歌に由来する。

(1)　　You are my sunshine, my only sunshine
　　　　You make me happy when skies are grey
　　　　You never know dear how much I love you
　　　　Please don't take my sunshine away　　　　　　　("You are my sunshine")

(1) では "you" が指す人物が "sunshine" に喩えられ、その sunshine が原因となって「語り手の心が幸福な状態になる」という結果が生じることが "you make me happy" という表現で明示されている。

　愛する人を太陽に喩えるような、慣用化が進み、固定化された表現様式は、通常、ステレオタイプ化された決まり文句、クリシェ (cliché) と見なされる。クリシェとは、使われる頻度が高いために、もはや豊かな意味をもたず、また面白味もない表現である[4]。Goatly (1997: 31–35) は、メタファーの慣用化のプロセスを 5 段階に分類する。「活動的なメタファー」(active metaphor)、「疲れたメタファー」(tired metaphor)、「眠ったメタファー」(sleeping metaphor)、「埋葬されたメタファー」(dead and buried metaphor)、「死んだメタファー」(dead metaphor) である。この中でメタファーとしての意味が多かれ少なかれ活性化されているのが「活動的なメタファー」と「疲れたメタファー」である。「疲れたメタファー」は、表現からメタファー義と元の字義の両方が喚起されるが、慣用化され固定化されたものである。そのため Goatly はクリシェをこのカテゴリーに含めている。

　太陽のメタファーの慣用性の高さを生み出したのは、そのメタファーが用いられてきた歴史の長さである。太陽のメタファー用法は古英語の時代から現代に至るまで存在する[5]。聖書にも太陽のメタファーは随所に見られる。引用 (2) は、神は太陽であり盾であり、人間に恵みと誉れを与えてくれると述べる。(3) はイエスの山上の垂訓からの引用で、神の愛が善人をも悪人をも等しく照らす太陽に喩えられている。引用 (4) は、美しい女性を明るく輝く太陽に喩える表現である (以下の用例の斜字体はすべて筆者による)。

(2) For the Lord God is a *sun* and shield: the Lord will give grace and glory:

(Psalm 84: 11)

(3) … for he maketh his *sun* to rise on the evil and on the good,

(Matthew 5: 45)

(4) Who is she that looketh forth as the morning, fair as the moon, clear as the *sun*, and terrible as an army with banners?　(Song of Solomon 6: 10)

　愛する人を太陽に喩える表現法は、このような伝統的な表現様式に則ったもので、今や慣用化が進み、ありふれたものとなっている。では、一般的に太陽のメタファーは、押しなべて豊かな意味を持たず、もはや面白味もないものと評価されるべきなのだろうか。

3．シェイクスピアの太陽

　上記の疑問を考える手がかりとして、本節ではシェイクスピアの用例を観察してみたい。

　シェイクスピアの太陽のメタファーと言えば、まず思い起こされるのが、引用 (5) に示された有名なバルコニーの場面におけるロミオの台詞である。

(5) But soft, what light through yonder window breaks?
　　It is the east and *Juliet is the sun!*
　　Arise fair sun and kill the envious moon
　　Who is already sick and pale with grief
　　That thou her maid art far more fair than she.
　　Be not her maid since she is envious,
　　Her vestal livery is but sick and green
　　And none but fools do wear it. Cast it off.
　　It is my lady, O it is my love!　　(*Romeo and Juliet*, II. ii. 2–10.)

Stockwell (2002: 107) は、(5) の "Juliet is the sun" という表現に近い意味をもつ類義表現をいくつか想定している。(6) に引用したように、ジュリエットを、万物に生きる活力を与え、植物を成長させ、花々に自分の方を向かせるような存在として捉え、ジュリエットに惹かれるロミオを向日性植物に喩えている。

(6) [C]onsider 'Juliet brings everything to life', 'Juliet makes the plants grow', 'Flowers bend to Juliet's face', 'sunny Juliet', or 'heliotropic Romeo'.
(Stockwell 2002: 107)

以前、筆者がある大学で認知意味論の授業を担当していた折、*Romeo and Juliet* の粗筋と、主人公のロミオとジュリエットの出自、出会いの経緯、モンタギュー家とキャピュレット家の関係、なぜロミオはバルコニーのふもとで隠れているのかを説明した上で、引用 (5) のテクストを示し、学生たちに「"Juliet is the sun" とロミオが言ったとき、どういう気持ちで、どんな意味をこめて言ったと思いますか」と質問し、小さな紙を配って意見を書いてもらった。受講生は 40 名位いたが、全員学部生で、言語分析に慣れているわけではなく、出てくる意見は比較的単純なものだろうと予想していたが、意外にもいろいろな意見が提出され、Stockwell の解釈を上回るような分析も多々見られた。学生たちの意見の詳細は大森 (2015) を参照されたい。本稿では紙面の関係で、彼らの多様な意見を包括する、洞察力に富んだ意見を提示してくれた 1 人の学生の意見を以下に引用する。

(7) ロミオはジュリエットを太陽に例えているが、これはジュリエットが自分を照らして、温めてくれる存在として言っているのだと思う。ジュリエットがキャピュレット家の娘と知って心が真っ暗になってしまっても、まだ暗闇から自分を救ってくれる、それほど恋い焦がれているのではないか。また、太陽は自分からずっと遠くにあって触ろうと思っても近づけない、また近くに行けば下手をしたら自分が焼け死

んでしまう、それほど二人の距離は遠いことを言いたくて、太陽を比喩に用いたんだと思う。また太陽の光は強くてそれほどジュリエットの魅力が溢れていることを言いたいのだと思う。

(7) に代表される学生たちの解釈には、概念領域〈太陽〉を構成する諸要素と概念領域〈ジュリエット〉の諸要素との間に多様な結びつきが見られる。2つの概念領域の写像関係を図2に示す。

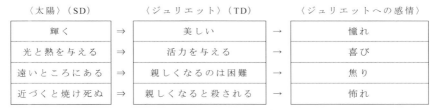

図2 *Romeo and Juliet* 2幕2場の〈太陽〉のメタファー写像

図2が示す写像では、太陽の輝きとジュリエットの美しさ、見る者に光と熱を与える太陽の性質と見る者に活力を与える源としてのジュリエットが結びついている。また、太陽は遠いところにあって近づくと焼け死んでしまう燃焼する天体であり、ジュリエットは敵の家の娘ゆえに、ロミオが近づいて親しくなるのは困難であり、親密な関係になれば殺されかねない、という点でも対応関係が成立している。これらの多様な対応関係が "Juliet is the sun" という表現の意味の成立に貢献している。このメタファー写像において特に興味深いのは、太陽もジュリエットも、生きる力を与えて恩恵を施す存在であると同時に、命を奪うという害悪を及ぼす存在でもあるという、相矛盾した性質をもつという捉え方がなされていることである。学生たちの回答には、上に挙げた4種の対応関係のそれぞれに言及した意見が多く見られた。近づくと焼け死ぬという危険性を持つ存在として太陽を特徴づけた回答の中には、太陽に近づきすぎて命を落としたギリシャ神話のイカロスを連想した意見もあった。

図2にまとめた多様なメタファー写像から推測されることは、様々な側面をもつジュリエットの性質に対応して、ロミオは様々な感情を心に喚起させているであろうということである。美しいジュリエットへの憧れ、ジュリエットを目の前にしたことに対する喜び、彼女に近づくのが困難であるが故の焦り、人目を忍ぶこの逢瀬が誰かに見つかれば殺されるかもしれないという怖れなどの感情である。ジュリエットの性質がロミオの感情の要因として働いているため、図では、その因果関係を一重線の矢印で示している。

　学生たちの解釈からわかることは、恋人を太陽に喩えるこの表現を、彼らは決して平凡なクリシェとは見なしていないということである。彼らはこの表現を前に思考停止することなく、逆に想像力を活発に働かせている。Stockwell の (6) は太陽を肯定的にしか捉えておらず、その点で単純な発想だと言わざるを得ないのに対し、学生たちの方がはるかに柔軟な発想力をもち、多様な解釈を試み、この表現のもつ豊かな意味の可能性を引き出そうとしている。

　太陽のメタファーには単なる肯定的な意味だけではなく、否定的な意味も成り立ちうるという可能性は、*Romeo and Juliet* の作品中の他の箇所からも窺われる。次の引用 (8) は、ジュリエットがロミオとひそかに結婚した日に、ロミオが来るのを待ちながら、夜に呼びかける台詞である。

(8)　Come, gentle night, come, loving, black-brow'd night,
　　　Give me my Romeo; and, when he shall die,
　　　Take him and cut him out in *little stars*,
　　　And he will make the face of heaven so fine
　　　That all the world will be in love with night
　　　And pay no worship to *the garish sun*.　　(*Romeo and Juliet*, III. ii. 20–25.)

ロミオに太陽に喩えられた、当のジュリエットが、「優しい夜よ、早く来て」と願い、「ロミオが死んだら、彼の体を持って行って、小さな星々 (little stars) に切り刻みなさい [6]。そうすれば彼が空一面に輝き、誰もが夜にあこ

がれて、ぎらつく太陽 (the garish sun) を拝むことをやめるでしょう」と太陽の光を否定的に捉えている。この日の夜をロミオとジュリエットは共に過ごすが、ロミオはこのとき人を殺して追われる身となっており、翌朝の別れが今生の別れとなる。(8) の台詞を語る時点では、ジュリエットは自分たちのそのような運命をまだ何も知らない。しかし明るい太陽を忌み嫌うこのコメントは、二人の恋愛が明るい太陽のもとでは成就しないということを予見しているかのようである。

　同様にロミオも、ジュリエットと夜を過ごして別れの朝を迎え、太陽の光であたりが明るくなる中で、(9) の台詞を発する。

(9)　More light and light; more dark and dark our woes!

(*Romeo and Juliet*, III. v. 36)

「だんだん明るくなっていく。そして僕達の心はだんだん暗くなっていく」というロミオのこの台詞は、太陽の明るさと彼らの心の明るさが反比例していることを示している。

　次にシェイクスピアの *Sonnets* を観察する。この作品は 154 篇の詩から構成され、全篇を通して語り手が 1 人称で愛を語る。内容は大きく 2 つに分かれ、1 番から 126 番までは美貌の青年に対する愛、127 番以降は "Dark Lady" と称される女性への愛が語られる。本詩集では全編にわたり、相手への賞讃、愛の喜び、欲望、不安、嫉妬、苦悩など、愛の諸相が豊かな比喩によって鮮やかに描かれている。ここでは青年への愛を描いた前半の詩群から、青年を太陽に喩えたメタファー表現に着目する。

　引用 (10) に示した Sonnet 7 は、青年の生涯を、太陽が東の空に昇り、天の頂まで昇りつめ、やがて西に沈んで行くという一日の動きに喩えたものである[7]。

(10)　Lo, in the orient when the *gracious light*
　　　Lifts up his burning head, each under eye

> Doth *homage* to his new-appearing sight,
> Serving with looks his sacred majesty;
> And having climb'd the steep-up heavenly hill,
> Resembling *strong youth* in his middle age,
> Yet mortal looks *adore* his beauty still,
> Attending on his golden pilgrimage;
> But when from highmost pitch, with weary car,
> *Like feeble age*, he *reeleth* from the day,
> The eyes, 'fore duteous, now converted are
> From his low tract, and *look another way*:
>   So thou, thyself out-going in thy noon,
>   Unlook'd on diest, unless thou get a son.　　　　　　（Sonnet 7）

　この詩は、最初の4行が東の空に昇る太陽、次の4行は天に上り詰めた昼の太陽、次の4行は西の空に移った夕方の太陽の描写で、最後の2行は、これまでの太陽の描写を美しい青年の人生を描く比喩として位置づけるという構成になっている。

　最初の4行では、神聖な美しさ（gracious light）で光り輝く朝日を人間が下界から賞賛しながら（homage）仰ぎ見る、という太陽と人間との関係性が描かれ、その関係性が青年とその周りを取り巻く人々の関係性と対応関係を結んでいる[8]。

　5行目から8行目までの昼の太陽も「屈強な若者」（strong youth）のような姿として描かれ、人々がその太陽の美しさを崇拝する（adore）という描写は、青年が中年に達した時にもその美しさが人々の賞賛と羨望の的となることを示すメタファーとなっている。

　しかし9行目からは一転、「天の頂上を越え、疲れた手で車を操り[9]、弱々しい老人のように（like feeble age）昼の世界からよろめき降りてくる（reeleth）」というように夕方の太陽への見方は否定的になり、これまで恭しく太陽を見守っていた人々の態度も一転し、そっぽを向いてしまう（look another way）様子が描写される。このような太陽に対する否定的評価が、青年が歳をとった後の落ちぶれた姿に対する人々の否定的評価と対応関係を結んでいる。

　この詩における概念領域〈太陽〉から〈青年〉への写像と、青年に対する周りの人々の感情を図3にまとめる。

図3　Sonnet 7 の〈太陽〉のメタファー写像

　図3では、朝、東の空に昇って日中空を巡った後、夕方には西に沈むという太陽の変化と、青年が輝く美しさを誇り、中年になってもなお若々しく、ところが老年になるとその美貌が衰えるという変化を遂げることとの間に、対応関係が成立しており、その変化に応じて、青年に対する人々の感情も、賞賛、崇拝から、軽蔑や無視へと変化していくことが示されている[10]。

　同様に引用（11）に示す Sonnet 12 にも、太陽が夜の闇に沈むのを見ながら（2行目）、美しい青年の命も同じようにはかないということを嘆く（9–12行目）という描写があり、（10）と類似したメタファーが見られる。

(11)　When I do count the clock that tells the time,
　　　And see the *brave day sunk* in hideous night;
　　　When I behold the violet past prime,
　　　And sable curls all silver'd o'er with white;
　　　When lofty trees I see barren of leaves,
　　　Which erst from heat did canopy the herd,
　　　And summer's green all girded up in sheaves,
　　　Borne on the bier with white and bristly beard,

> Then *of thy beauty do I question make,*
> That *thou among the wastes of time must go,*
> Since sweets and beauties do themselves forsake
> And die as fast as they see others grow;
>   And nothing 'gainst Time's scythe can make defence
>   Save breed, to brave him when he takes thee hence.　　　(Sonnet 12)

シェイクスピアのソネット群には、青年の裏切り行為に対する詩人の恨み言も見られる。

(12)　No more be griev'd at that which thou hast done:
　　　Roses have thorns, and silver fountains mud;
　　　Clouds and eclipses stain both moon and sun,
　　　And loathsome canker lives in sweetest bud.
　　　All men make faults, and even I in this,
　　　Authorizing thy *trespass* with compare,
　　　Myself corrupting, salving thy *amiss,*
　　　Excusing thy *sins* more than thy *sins* are;
　　　For to thy *sensual fault* I bring in sense—
　　　Thy adverse party is thy advocate—
　　　And 'gainst myself a lawful plea commence:
　　　Such civil war is in my *love and hate,*
　　　　That I an accessary needs must be
　　　　To that sweet thief which sourly robs from me.　　　(Sonnet 35)

引用(12)では「バラには棘が付き物で、銀の泉には泥が付き物。月も太陽も雲や蝕によって汚される (Clouds and eclipses stain both moon and sun)。この上なく芳しい花の蕾にも忌まわしい虫が巣くう」(2–4 行目)と述べられている。ここで注目すべきは、詩人にとって太陽と雲は独立した別個の存在

ではないということである。詩人は、棘がバラの忌まわしい付属物であるのと同様に、雲も太陽の忌まわしい付属物と見なし、自然界の美しいもの（薔薇、銀の泉、太陽や月、美しい蕾）にも、それに付随してその美しさを損なうものがあるという事象を、美しい青年に対して適用し、〈自然界〉から〈青年〉へのメタファー写像を成立させている。青年にとっての忌まわしい付属物は罪（trespass（6行目）、amiss（7行目）、sins（8行目））であり、それは官能の罪（sensual fault（9行目））だと詩人は訴える。人間は誰しも過ちを犯す（5行目）と述べ、美しい青年といえども人間である以上罪から逃れられないことを納得しながら、その罪が青年の美しさを損なっていることを暗になじっている。

　そのような青年を想う詩人の心には、愛と憎しみ（love and hate（12行目））が同居している。青年への憎しみと愛情を同時に表現する方法として、本来肯定的な評価がなされるはずの、美しい薔薇の花や銀の泉、太陽や月などの媒体を用い、しかもそれらに付属する、否定的に価値づけられる物に注目するという方法をとっているのである（図4参照。この図では、「付属物」という関係性を点線（…）で示している）。

図4　Sonnet 35のメタファー写像（〈太陽〉の写像を含む）

　このような表現手法をシェイクスピアは他のソネットでも用い、さらに緻密な構造をもつメタファーによって表現している。Sonnet 33は、青年の心が詩人から離れる悲しさを表現したものである。

(13)　Full many a glorious morning have I seen

> Flatter the mountain-tops with sovereign eye,
> Kissing with golden face the meadows green,
> Gilding pale streams with heavenly alchemy;
> Anon permit the basest clouds to ride
> With ugly rack on his celestial face,
> And from the forlorn world his visage hide,
> Stealing unseen to west with this disgrace:
> Even so *my sun* one early morn did shine
> With all-triumphant splendour on my brow;
> But, *out, alack!* he was but one hour mine,
> The region cloud hath mask'd him from me now.
> 　　Yet him for this my love no whit disdaineth;
> 　　Suns of the world may stain when heaven's sun staineth.　　（Sonnet 33）

詩人はこの詩の前半（1–8 行目）で、まばゆい朝日が王者の眼差しで山の峰々に光を投げかけ、金色の顔を見せて緑の牧場にキスをし、天の錬金術で川の流れも黄金に変えるが、やがて黒雲が湧き上がり、太陽の顔を覆い隠し、太陽は姿を隠したまま西へ行ってしまうのを何度も見てきたと語る。続いて後半（9 行目以降）で、詩人が愛する青年を「私の太陽」（my sun（9 行目））と呼び、「私の太陽も、ある朝早く、まばゆいばかりの光で私を照らしてくれたのに、なんということだ、太陽が私のものであったのはわずか 1 時間ほどで、今は空の雲が彼を私から隠してしまった」と嘆く。この詩では、太陽が詩人を照らして輝いたかと思えば、湧き上がった黒雲に隠れる、という太陽の変化と、青年が詩人に愛情を向けたかと思えば、浮気心が湧いて詩人を裏切る、という青年の心の変化との間に対応関係が成立している。この変化に応じて、詩人の感情も、青年の愛情が自分に向けられる喜びから、11 行目の間投詞 "out, alack!" が示すように、青年の心変わりに対する衝撃と嘆きへと変化する（図 5 参照）。

第 6 章　人の心と空模様　189

図 5　Sonnet 33 の〈太陽〉のメタファー写像

　引用 (14) に示した Sonnet 34 では、詩人は青年に直接語りかけ、自分への裏切りをなじる。ここでは、詩人の青年への複雑な感情が、上記の詩よりさらに精密度の高いメタファー写像を用いて表現されている。

(14)　Why didst thou promise such *a beauteous day*,
　　　And make me travel forth without my cloak,
　　　To let *base clouds* o'ertake me in my way,
　　　Hiding thy bravery in their rotten smoke?
　　　'Tis not enough that *through the cloud thou break*,
　　　To *dry the rain on my storm-beaten face*,
　　　For no man well of such a salve can speak
　　　That heals the wound and cures not the disgrace;
　　　Nor can thy shame give physic to my grief;
　　　Though thou repent, yet I have still the loss:
　　　The offender's sorrow lends but weak relief
　　　To him that bears the strong offence's cross.
　　　　Ah, but those tears are pearl which thy love sheds,
　　　　And they are rich and ransom all ill deeds.　　　(Sonnet 34)

前半 (1–6 行目) では、愛する青年が詩人に麗しい一日 (beauteous day) を約束し、マントも着せずに旅に送り出しておきながら、道の途中で黒雲 (base clouds) を放ってその美しい姿を汚い雲の中に隠してしまう (hiding thy bravery) のを、何故そんなことをしたのかとなじり、青年に対し、「雲の隙間から覗いて (through the cloud thou break) 嵐に打たれた私の顔に降り注い

だ雨を乾かす(dry the rain on my storm-beaten face)というのでは、まったく十分ではない」と拗ねている。図6に示すように、この詩では、「太陽が詩人を照らして明るく輝き、湧き上がった黒雲の陰に隠れ、その後で雲の隙間から覗いて再度詩人を照らす[11]」という太陽の一連の動きと、「青年が詩人に愛情を向けておきながら、浮気心が湧いて詩人を裏切り、そのあと後悔して再度詩人に愛情を向ける」という気まぐれな青年の心の動きとの間に、対応関係が成立している。そして、その動きに応じて、詩人の感情もめまぐるしく変化する。青年に愛情を向けられた喜びも束の間、裏切られ、衝撃に襲われ、悲嘆に暮れ、青年が後悔してもう一度詩人に心を向けてくれたとしても、そんなことでは大した慰めにもならないのだと駄々っ児のように悔しさをあらわにしながら、それでもなお青年の心がもう一度自分の方に向けられることを嬉しく思ってしまう（13–14行参照）、そうした詩人の複雑でいじらしい心情の変化が〈太陽〉から〈青年〉へのメタファー写像に対応して巧みに表現されている。

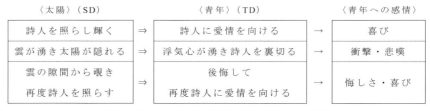

図6　Sonnet 34 の〈太陽〉のメタファー写像

4．まとめ

　以上、シェイクスピアの例を観察しながら、太陽のさまざまな面を用いて心の諸相を表現するメタファーについて考察した。
　シェイクスピアが描く〈太陽〉のメタファーは、単に愛する人のまばゆい美しさを賛美し、幸福感を表現するという単純なものではない。〈太陽〉とは、明るく輝いて、光と熱を生物に与えると同時に、その存在は遠く私達か

らは手が届かず、もしも近づいたら焼け死ぬ、東の空に昇り西の空に沈みゆく、また明るく照り輝いたかと思えば黒雲に姿を隠し、雲の隙間からまた輝くという天候の変化をもたらすというような、多様な要素を包含する複雑な概念領域である。シェイクスピアのメタファーは、このような太陽に喩えることにより、喩えられた人物の眩しい美しさ、生きる力を与えてくれるかけがえのない存在であること、危険性、年齢を重ねるにつれて変化する容貌、罪に汚れた存在であること、気まぐれで不実な態度など、対象の様々な側面を構造的に表現する。そして、その人物に対して抱く、憧れ、賞賛、崇拝、愛、喜び、焦り、怖れ、軽蔑、憎しみ、衝撃、悲嘆、悔しさなどの多様な感情がこのメタファー写像の帰結として導き出される。特に、ポジティブな感情とともにネガティブな感情も〈太陽〉のメタファーにより表現されるのがシェイクスピアのメタファーの興味深いところである。愛する人に対する恨み言を表現する場合でさえ、その人を賛美する気持ちが憎しみと同居していること、憎しみが愛情の裏返しであることが、〈太陽〉という概念領域の要素の多様性を用いることにより巧みに表現されている。

　喩えるものと喩えられるものの組み合わせが、太陽と愛する人のように一見ありふれた慣用的なものであっても、優れた詩人は〈太陽〉という概念の様々な側面に着目し、豊かな意味の可能性を備えた表現を生み出し、聞き手あるいは読み手の想像力を活性化させ、豊かな解釈を引き出すことができる。優れた文学作品を味わうことにより、人間のメタファー認識の豊かさに光を当てることができる。

注

*　本稿は JSPS 科研費 JP16K02766（基盤研究（C）、研究課題名「英語メタファーの認知詩学」）の助成を受けた研究である。なお、本稿は日本語用論学会メタファー研究会での発表（2016 年 7 月 2 日（土）於京都大学）に基づくものであるが、当日は鍋島弘治朗教授（関西大学）、松本曜教授（神戸大学）をはじめ、研究会に出席された多くの方々から有益なコメントをいただいた。ここに記して感謝申し上げ

たい。

1 "Cognitive poetics … draws on cognitive science and applies its insights to literary reading and the organization of the literary work. Though the primary focus is in the literary field, there are many useful outcomes of cognitive poetics for scholars in linguistics and psychology more generally." (Stockwell 2009: 26)

2 Utsumi（2007:292）は解釈多様性（interpretive diversity）を、媒体（vehicle）と主意（topic）のペアの比喩的解釈のもつ意味の豊かさ（semantic richness）を指す概念として規定している。

3 COCA は現代アメリカ英語 5 億 2 千万語を収録する（2017 年 3 月現在）。

4 *Oxford Advanced Learner's Dictionary* によれば、cliché は "A phrase or an idea that has been used so often that it no longer has much meaning and is not interesting." と定義されている。

5 太陽を女性賛美のための喩えとして用いる古英語の表現例には、"Mīn se swētesta *sunnan scīma*, / Iuliana! hwæt þū glæm hafast, / ginfæste giefe, geoguðhādes blǣd !" (*Juliana* 166–168) (My Juliana, thou sweetest *beam of the sunlight*, what radiance thou hast, what bountiful graces, the blossom of youth! (Translated by Herbert Spencer Murch)) がある。この用例の存在については歴史言語学者の渡辺秀樹教授（大阪大学）に教示を受けた。

6 ロミオを星に重ね合わせるジュリエットの発想は、*Romeo and Juliet* の Prologue の 6 行目に見られる "A pair of star-cross'd lovers"（星回りの悪い不運な恋人たち）という表現とも響き合っている。

7 この詩はソネット詩集の中で太陽のメタファーが用いられた最初の詩であるが、"sun" の語は本詩では用いられていない。しかし最終行の "son" が "sun" と同音で、太陽を連想させる言葉遊びが感じられる。

8 さらにこの写像は、〈君主〉と〈臣下〉の関係という全く別個の概念領域を組み込んだ、複雑なものとなっている。〈君主〉のメタファーは 1 行目の "the gracious light" と 4 行目の "serving," "majesty" に表されている（Wilson (1966) はこの 4 行目について「君主の前で廷臣が君主に顔を向け続ける、あるいは聖職者が祭壇に顔を向け続ける、といった習慣をおそらく想起させる表現」と述べている。"Perh. alluding to the practice of courtiers to keep facing a monarch while in his presence or of the similar practice of priests before the altar" (Wilson 1966: 101).）。"gracious" には国王を形容する用法で「慈悲深い」という意味があり（*OED* "gracious" 4.a. Condescendingly kind, indulgent and beneficent to inferiors. Now only of very exalted personages (cf. 4b), or in playful or sarcastic applications. b. Used as a courteous epithet in referring to kings, queens, or dukes, their actions, etc. 英国国歌の

冒頭、"God save our gracious queen!" を参照されたい。)、4 行目の内容と照らし合わせると、ここでは明らかに太陽を君主と同一視していて、太陽が光を与えることで君主のように慈悲深く人間の命を救う、ということを表していることがわかる（後で観察する 33 番のソネットでも〈青年〉が〈太陽〉に喩えられているが、そこにも「燦然と輝く朝の太陽が君主の眼差しで山々の頂を喜ばせるのを私は何度も見てきた」(Full many a glorious morning have I seen / Flatter the mountain-tops with sovereign eye, (ll. 1–2))という描写があり、〈君主〉のメタファーが明確に具現化されている）。ここでは〈君主〉から〈太陽〉への写像が〈太陽〉の概念領域の中に組み込まれ、その〈太陽〉の概念が〈青年〉に写像されて、「青年が、臣下を支配する君主の如き太陽のように、人々の羨望、憧憬を一身に集めて、彼らの心を支配する」という意味が成立している。

9 「疲れた手で車を操る (with weary car)」という表現には、馬車を駆るアポロ神のイメージが用いられている。厳密に言うと、アポロ神から太陽へ、太陽から青年へという二重の写像が見られ、青年の美のはかなさを描きながらも青年を神格化する態度が感じられる。

10 この写像には、〈人生は旅である〉(Lakoff 1987, etc.)や〈一生は一日である〉(Lakoff and Turner 1989, etc.)といった概念メタファーも関与している。ただし本詩における詩人の眼目は、〈空をめぐる太陽の変化〉と、〈青年の容姿の変化〉および〈彼に向ける人々の眼差しの変化〉との対応関係である。

11 「雲の切れ目から太陽が顔を覗かせる」という表現は、いわゆるヤコブの梯子 (Jacob's ladder, *cf.* Genesis 28:12) や雲の明るい縁 ("… there does a sable cloud / Turn forth her *silver lining* on the night, / And casts a gleam over this tufted grove." (John Milton, *A Masque of the same Author Presented at Ludlow Castle, 1634 Before the Earl of Bridgewater Then President of Wales* ['Comus'], 223–5)) を連想させる。

参考文献

Goatly, Andrew (1997) *The Language of Metaphors*. London: Routledge.

Lakoff, George (1987) *Women, Fire, and Dangerous Things: What Categories Reveal about the Mind*. Chicago: The University of Chicago Press.

Lakoff, George (1993) The Contemporary Theory of Metaphor, *Metaphor and Thought*, Second Edition, ed. by Andrew Ortony, pp. 202–251. Cambridge: Cambridge University Press.

Lakoff, George and Mark Johnson (1980) *Metaphors We Live By*. Chicago: The University of Chicago Press.

Lakoff, George and Mark Turner (1989) *More than Cool Reason: A Field Guide to Poetic Metaphor*. Chicago: The University of Chicago Press.

Leech, Geoffrey N. (1969) *A Linguistic Guide to English Poetry*. London: Longman.

Moon, Rosamund (1998) *Fixed Expressions and Idioms in English: A Corpus-Based Approach*. Oxford: Oxford University Press.

Murch, Herbert Spencer (1905) Translation of Cynewulf's Juliana, *The Journal of English and Germanic Philology*, Vol. 5, No. 3, pp. 303–319.

大森文子 (2011)「讃美のメタファーの形式と意味：Shakespeare の *Sonnets* における太陽のメタファーをめぐって」『意味と形式のはざま』大庭幸男・岡田禎之編、pp. 281–294. 英宝社.

大森文子 (2015)「メタファーのデザイン」『英語のデザインを読む』沖田知子・米本弘一編、pp. 106–118. 英宝社.

Schmidt, Alexander (1971) *Shakespeare Lexicon and Quotation Dictionary*. 2 vols. New York: Dover Publications.

Semino, Elena (2008) *Metaphor in Discourse*. Cambridge: Cambridge University Press.

Smith, Edward A. (1882) *Similes and Comparisons of Shakespeare* (from the Text of the Chiswick Edition of 1826). Philadelphia: Philadelphia.

Stockwell, Peter (2002) *Cognitive Poetics: An Introduction*. London: Routledge.

Stockwell, Peter (2009) The Cognitive Poetics of Literary Resonance, *Language and Cognition*, Vol. 1, pp. 25–44.

Utsumi, Akira (2005) The Role of Feature Emergence in Metaphor Appreciation, *Metaphor and Symbol*, Vol. 20, No. 3, pp. 151–172.

Utsumi, Akira (2007) Interpretive Diversity Explains Metaphor-Simile Distinction, *Metaphor and Symbol*, Vol. 22, No. 4, pp. 291–312.

Wilson, John Dover (1955) *Romeo and Juliet*. Cambridge: Cambridge University Press.

Wilson, John Dover (1966) *The Sonnets*. Cambridge: Cambridge University Press.

吉田健一 (2007)『シェイクスピア／シェイクスピア詩集（平凡社ライブラリー 615）』平凡社.

第 7 章
〈感情は液体〉メタファーの成立基盤と制約
概念メタファーの「まだら」をめぐって[*]

後藤秀貴

1. 序

　ヒトの感情は抽象的で捉えにくい。日本語には、感情の表出（主体の感情が外部に表れること）を液体が容器や仕切りから外に出る動詞（以後、「放出動詞」と表記）を用いて表すメタファー表現がある（Nomura 1996; 鍋島 2003、2011; 大石 2006）。

(1) a. 喜びが溢れる
　　b. 悲しみが滲む
　　c. 怒りが噴き出す
　　d. 勇気がほとばしる
　　e. 不満を {漏らす／零す}

Lakoff and Johnson (1980) に始まる概念メタファー理論（Conceptual Metaphor Theory）は、(1) のような表現の背後には、抽象的な概念領域を具体的で経験基盤の明確な概念領域を介して理解するヒトの認知能力が存在すると仮定している。〈感情〉のような概念領域は目標領域（target domain）、〈液体〉のような概念領域は起点領域（source domain）と呼ばれ、これらの領域間に構造的対応関係が認められたとき、〈感情は液体〉のような概念メタファー（conceptual metaphor）の一般化が与えられる[1]。

Lakoff(1993: 245)は、メタファーを「概念領域間の写像(mappings across conceptual domains)」と定義しているが、メタファーが厳密な(数学的な)意味での写像現象であるのならば、(1)のような表現は〈感情は液体〉メタファーに基づいて生産的に産み出されていくはずである。しかし次のように、〈感情は液体〉メタファーによって成立が保証されるはずの表現の中には容認度の低いものが存在する。

(2)　a. ?勇気が {漏れる／零れる}
　　　b. ?不満がほとばしる

概念メタファーに「使われない部分(unused part)」が存在することは、すでに Lakoff and Johnson(1980: 52)でも指摘されていた。しかし近年、(2)のような容認度の低い表現は、「写像(mapping)」という用語の原義からの逸脱、および概念メタファーの過剰一般化・乱立を問題視する根拠として度々取り上げられている(Clausner and Croft 1997; 黒田 2005)。本稿では、(2)を例とするメタファー表現の抜けを「ギャップ」、さらに「ギャップ」によって生じる表現体系の不完全性を「まだら」(鍋島 2011)と呼ぶ。

(3)　概念メタファーのギャップ
　　　メタファー的対応関係が認められる2つの概念領域が存在し、その一般化に基づけば産出が予測されるメタファー表現が不成立となる現象、およびその現象例

本稿では、日本語の放出動詞と感情名詞の共起関係をコーパス調査によって明らかにし、〈感情は液体〉という一般化からは導かれないそれらの個別的な写像関係を詳述する。そして、放出動詞を用いた感情メタファー表現の成立・不成立には、鍋島(2003、2011)で指摘された別メタファーに加え、[抑圧／開放]、[活発さ]、[安定性]などの放出の様態に関する〈力〉のスキーマが関与していることを示し、それらのパラメターを組み合わせることでま

だらに対する説明が与えられることを主張する。この調査結果から、概念メタファーのギャップの要因特定には、関連する表現の体系的な観察や実例の前後文脈の観察が有効打となることを指摘する。

　本稿の構成は次の通りである。まず、2節で概念メタファーのまだら問題に関連する先行研究の経過を概観し、3節で調査課題を示す。4節では、コーパスを活用したメタファー研究の方法論的可能性を確認したのち、本稿での調査手順を示す。5節では、日本語の放出動詞と感情名詞の共起関係をコーパス調査によって明らかにし、用例の観察を通じて、放出動詞と感情名詞の対応の偏りの要因を議論する。6節では、本稿の結論を示すとともに、メタファー表現成立の予測可能性について一般的な観点から展望を述べる。

2. まだら問題に関する先行研究

　本節では、まだら問題に関する先行研究の経過を順に追う。ここでは、ギャップの要因を［1］対応概念の欠如、［2］メタファー基盤・語義の衝突、［3］慣習性という3つの観点から捉え、関連研究を概観する。

2.1　対応概念の欠如—Lakoff（1993）、Grady（1997）

　メタファー写像にかかる一般的な原理を初めて明記したのがLakoff（1990）である。Lakoffは、Johnson（1987）に始まる「イメージ・スキーマ（image-schema）」の概念を概念メタファーにおける起点領域と目標領域の要素間の対応付けへと適用し、「不変性仮説（invariance hypothesis）」として提案した。後のLakoff（1993）で提案された「不変性原理（invariance principle）」は、本仮説に修正を加えたものである。

(4)　Metaphorical mappings preserve the cognitive topology (that is, the image-schema structure) of the source domain, in a way consistent with the inherent structure of the target domain.
　　（試訳：メタファー写像では、起点領域の認知トポロジー［すなわ

ち、イメージ・スキーマ構造］が目標領域の内在的構造に矛盾しない
　　　形で保持される。）　　　　　　　　　　　　　　（Lakoff 1993: 215）

不変性原理が示すことは次の2点である。第一に、メタファー写像は体系的である。これは、前半部が示すもので、目標領域の概念が起点領域のイメージ・スキーマに従って構造的に対応付けられることを意味する。第二に、目標領域は起点領域からの写像を「拒否（override）」することがある。これは、後半部（「起点領域のイメージ・スキーマ構造が目標領域の内在的構造に矛盾しない形で」）が条件となって生じるもので、メタファー表現のギャップはこの後半部によって説明される。〈時間は空間〉メタファーを例にとろう。以下は、〈時間〉（目標領域）のイメージ・スキーマ構造が一次元的であるがゆえに、〈空間〉（起点領域）からはそれ以上の次元に関わる概念が写像されないことを示す例である（例文は松本2007より抜粋）。

(5)　　クリスマスの {前／後／*右／*左／*上／*下}

ギャップの要因を写像の「制約」と捉えるLakoffに対し、従来の定式化レベルのメタファーを、より基本的な「プライマリー・メタファー（primary metaphor）」の合成物として捉えることで、特別な制約を設けずにギャップを説明しようとする立場もある（Grady 1997）。しかし、Lakoff (1993) の不変性原理にせよ、Grady (1997) のプライマリー・メタファー理論にせよ、一見、スキーマ構造の対応が成立していても、容認度に差が生じる表現には明確な説明が与えられない。先ほどの(1)と(2)の対照性を考えてみよう。(1)によって〈液体〉－〈感情〉、〈容器〉－〈心〉という概念要素間の対応が認められる限り、同じ〈感情〉としての「勇気」や「不満」を含んだ(2)のような表現は成立が保証されるはずである。それにも関わらず、これらの表現が不自然に感じられるという事実は、目標領域側の概念要素の抜けとしては説明がつかない。このことは、ギャップの要因として異なる種類の制約を考慮する必要があることを意味している。

2.2 メタファー基盤の合成と衝突―鍋島（2003、2011）

　上で指摘した、「一見、スキーマ構造の対応が成立していても、容認度に差が生じる表現」に対する説明を可能にした研究として、鍋島（2003、2011）が挙げられる。鍋島は、「認知の諸機構と複数のメタファー基盤に基づく入力が合成されることで、特定のメタファー表現が産出されると同時に、入力同士が衝突を起こすことでメタファー表現のギャップが生じる」という、「多重制約充足的メタファー観」（鍋島 2011: 119）を提唱する。その中で鍋島は、メタファーの合成はプライマリー・メタファーのみならず、従来の概念メタファーを含む様々なレベルで生じると主張する。

　具体例を挙げよう。鍋島（2003、2011）は〈感情は水〉の概念メタファーを挙げ、(6a、b) および (7a、b) の対照性は (8) のようなメタファーの合成を想定することで説明されると主張する[2]。

(6)　a.　勇気がほとばしる
　　　b.　?勇気が｛垂れる／漏れる／こぼれる｝
(7)　a.　不満を｛垂らす／漏らす／こぼす｝
　　　b.　?不満がほとばしる

（鍋島 2011: 139–140 より抜粋）

(8)　〈良は上・悪は下〉＋〈感情は水〉
　　　⇒〈プラスの感情は上にある水〉
　　　⇒〈マイナスの感情は下にある水〉　　　（*ibid*.: 100 に基づく）

「勇気」と「不満」は、共に〈感情は水〉メタファーによって〈水〉に関する語との共起が動機付けられている。これらが方向性を持つ語と結合した場合、〈良は上・悪は下〉メタファーとの合成が生じる。結果、「垂れる」などの下方向の移動を表す語がプラスの評価性（肯定的評価性）を有する感情語に用いられたり、「ほとばしる」などの上方向の移動を表す語がマイナスの評価性（否定的評価性）を有する感情語に用いられた場合、メタファーの「衝突」が生じるという考えである[3]。このように、核となるメタファーのみな

らず、他のメタファー基盤の介入を想定することで、まだらを説明するというのが本理論の方針である。

　鍋島 (2011) の理論は、複数のメタファーの合成を想定する点で Grady (1997) のプライマリー・メタファー理論と共通しているが、従来の概念メタファーを無理に還元するのではなく、むしろその地位を認め、他基盤の介入を想定することで可能な表現を制限していくという点が大きく異なる。鍋島の理論は、プライマリー・メタファー論ではカバーできない、より多くのまだらを解決する理論として支持される。その一方で、多重制約充足という方策を取る限り、衝突を引き起こす基盤の特定が困難ともなりかねない。ある合成モデルに基づく説明が、別の事例にも適用可能かという予測力が弱まるからである。例えば、以下の例を考えてみよう。(9) は、否定的感情としての〈怒り〉が上方向の移動を表す動詞と整合し、下方向の移動を表す動詞と整合しない例であり、(8) の予測に対する反例である。

(9)　怒りが {ほとばしる／??漏れる}

また、鍋島の「多重制約充足的メタファー観」は、核となるメタファーに複数の異なる基盤が介入することも想定している。従って、〈感情は水〉メタファーに関しても、(8) とは異なる基盤が介入しうることは十分に予測される。例えば、(10a) の「噴き出す」に関しては、肯定・否定を問わず相性の悪い感情語が存在する。(10b) の「滲む」に関しても、その方向性は明確ではないが特定の感情語との相性が悪い。

(10) a.　{??勇気／?喜び／??悲しみ／怒り／不満} が噴き出す
　　 b.　{??勇気／?喜び／悲しみ／怒り／不満} が滲む

無論、ここでの指摘は理論上の新たな課題として位置付けられるべきものである。すなわち、鍋島 (2011) で示された多重制約充足観は、ギャップに対する説明の一般方針として次の2点を要求することになる。第一に、ある

特定の概念メタファーに基づくメタファー表現を収集し、それらの比較対照を十分に行うことで、メタファー表現の成立・不成立を左右する基盤を特定することである。第二に、複数の基盤の介入が同時に認められた際に、それらの関係性を精査し、適切な説明を与えることである。

2.3　語義の衝突・慣習性——松本（2007）

　前小節までの研究は全て、写像に制約を加えたりメタファーの再定式化を行うことでギャップ問題を論じたものである。そのため、同一、もしくは極めて類似した概念を指す語の間でメタファー表現の容認度に差が表れた場合、説明が困難となる。松本（2007）は、類義語・同義語間で生じるギャップの要因として「語義的経済性の制約」を提案している。

(11)　語義的経済性の制約
　　　概念間の対応関係がある時、ある語がそれに基づくメタファー的意味を実現させることができるのは、より適切な語（過剰指定がより少ない表現）がなく、かつ、同じ意味を表すものとして他の語が定着していない場合のみである。　　　　　　　　　　　　　　（松本 2007: 82）
(12)　理論の構築に ｛着手／*着工｝ する　　　　　　　　（*ibid*.: 64[4]）
(13) a.　駅まで ｛歩く／*歩む｝
　　 b.　孤高の人生を ｛*歩く／歩む｝　　　　　　　　　　　（*ibid*.: 79）

松本は、(12)の「着手する」と「着工する」は語義レベルで違いがあることを指摘し、「着手する」が〈長期作業にとりかかる〉ことを意味するのに対し、「着工する」は〈工事に取りかかる〉ことを意味すると述べている。これにより、意図されるメタファー的意味にとって余剰的（無関係）な意味を持つ語、「着工する」の適用が妨げられるのだという。更に松本は、(13a、b)の対照性に関して、「歩く」と「歩む」には意味の差異が認められないことから過剰指定では説明が付かないと述べ、「メタファー専門の語として確立している「歩む」が、「歩く」のメタファー的意味を阻止している (p.79)」

との見解を示している。松本の「語義的経済性の制約」は、語義や慣習性といった、語レベルでのメタファー表現の分析の必要性を呈したという点で重要であろう。

2.4　ギャップ問題に関する諸説のまとめと課題提起

以上をまとめると、メタファー表現のギャップを引き起こす要因は、少なくとも表1に示す3種類へと区分される。第一に、概念間の対応関係の欠如である。これは、Lakoff (1993) の不変性原理や、Grady (1997) による概念メタファーの還元的分析によって説明が与えられてきた。第二に、概念間に潜在的対応関係があるものの、特定の要因が表現の成立へと制約を課すものである。これは更に2つの下位区分が可能である。1つは鍋島 (2003、2011) の扱う別のメタファー基盤の介入に因る写像の不成立であり、もう1つは松本 (2007) の扱う語義の不整合による表現の不成立である。第三は、松本 (2007) の述べる、同義語に課される経済的指向・慣習性に拠るものである。

3. 課題提起、仮説設定

3.1　課題提起

本稿では、表1の「メタファー基盤」に的を絞り、それがどの程度体系的に説明可能かという問題を〈感情は液体〉メタファーのケース・スタディを通じて議論する。先述の通り、放出動詞を用いた感情メタファー表現に容認度差が存在することは、既に鍋島 (2003、2011) でも指摘されており、解法の1つとして〈良は上・悪は下〉メタファーとの合成・衝突モデルが提案されている。しかし (9–10) のように、それだけでは説明のつかない例も存在する。問題はこれらをどう扱うかである。本稿の調査課題を具体的に次のように定める。

I.　「放出動詞」対「感情名詞」の対応関係を明らかにした上で、それらの

表 1　ギャップの要因と諸説の射程

	対応概念の欠如	メタファー基盤・語義の衝突	慣習性
不変性原理 (Lakoff 1993)	✔	(✔)	
プライマリーメタファーへの還元 (Grady 1997)	✔		
多重制約充足的メタファー観 (鍋島 2003、2011)	✔	✔	
語義的経済性の制約 (松本 2007)		✔	✔

動機付け・制約として働く基盤を特定する。
II. 動機付け・制約として働く複数の基盤が認められた際に、それらがどのように関わり合い、最終的なメタファー表現の成立・不成立へとつながるのかを特定する。

3.2　仮説設定

　鍋島（2011）は、〈水〉に関する動詞と〈感情〉に関する名詞の結合可能性に〈良は上・悪は下〉のメタファーが重要な役割を果たすと論じる一方で、こうした〈上下〉の概念は力強さ・弱さといった概念（「力量性・活動性」：楠見 1995）とも相関するのではないかとの見解を示している。力強さ・弱さの概念は、英語の感情メタファー研究において〈力〉のスキーマとして重視されており（Kövecses 2000）、日本語に関しても注目すべき因子といえる。

　大森（2007a、b）は、英語の「自然現象を表す名詞＋ *of* ＋感情名詞」のメタファー表現中に生起する（もしくは生起しない）名詞の意味的特徴を分析することで、15 種の感情の特徴づけを行っている（Omori 2015 も参照）。その中で、感情メタファー表現で用いられる起点領域の語は、感情の［活発さ］に強く依存することが指摘されている。大森（2007b）で報告された

British National Corpus の調査結果によれば、〈安心〉に該当する感情名詞 *comfort ／ ease* は、〈地〉領域の〈安定した大地〉に関わる名詞（e.g., *grounds*）や、〈火〉領域の〈小さな炎〉に関わる名詞（e.g., *flicker*）と共起している。一方、〈大気〉領域の〈爆発〉に関わる名詞（e.g., *burst*）や、〈水〉領域の〈激しい流動〉に関わる名詞（e.g., *flood*）との共起事例はコーパス中に存在しない。大森は調査結果を基に、〈安心〉を「穏やかで安定した感情（p.15）」と特徴づけている。

　また、鈴木（2005）は、〈怒り〉、〈喜び〉、〈悲しみ〉の日本語容器メタファー表現を対象にまだら問題を議論している。鈴木によれば、(14) の容認度差は、感情の表出に対する［抵抗力］の違いによって説明される。

(14) a.　｛怒り／?喜び｝が噴き出す
　　 b.　怒りを｛収める／我慢する｝
　　 c.　喜びを｛?収める／?我慢する｝

（鈴木 2005: 60、62–23）

(14b、c) の示すように、〈怒り〉は通常「内面に留めておくべき感情」として認識されるのに対し、〈喜び〉はそのような傾向が弱い。(14a) で「怒り」が「噴き出す」のは問題ないのに対し、「喜び」が「噴き出す」のに違和感を覚えるのはそのためである。鈴木（2005）の指摘は、今回検討する「放出動詞」対「感情名詞」の対応関係にも広く当てはまると考えられる。先行研究の知見に基づき、本稿では以下の仮説を設ける。

I.　放出動詞を用いた〈感情は液体〉メタファー表現の成立・不成立には、〈良は上・悪は下〉メタファーのみならず、［活発さ］、［抵抗力］等の放出の様態に関する〈力〉のスキーマが介入する。
II.　それらの基盤が多重制約充足的に機能することで、メタファー表現の成立・不成立を決定している。

4. 方法

4.1 概念メタファー理論とコーパス言語学

　従来の概念メタファー理論では、伝統的言語学の手法に倣い、主として作例と内省による研究が行われてきた。作例と内省による研究の利点として、主に2つのことが挙げられる。第一に、研究者が自ら言語データを作成することができるという点である。本手法を支えているのは、ヒトが言語的直観を有しており、かつ母語話者の間では容認度に一定の一致が認められるという経験的事実である。第二に、容認可能な言語表現の一部を操作することで、通常の言語使用では観察されない容認度の低い表現を産出することができる。こうして得られたミニマル・ペアを用いることで、仮説設定と検証のサイクルが可能となり、議論の洗練がなされる（中本ほか 2011 を参照）。3節で挙げた先行研究は、これらの利点を活かすことで大きな成果を得ている。

　その一方で、近年、コーパス・データに基づくメタファー研究も増加しつつある（Deignan 2005; 大石 2006; 大森 2007a, b; Omori 2015; Stefanowitsch 2006）。これらはいずれも、コーパスを活用した研究に共通する2つの利点を示している。第一に、実際の言語データに即した分析が可能となることが挙げられる。特に、本稿で扱う特定の制約に起因するメタファー表現のギャップに関しては、コーパス・データとの照合・調整を行うことで、実際の言語事実に見合った制約を導き出すことが可能となろう。第二に、研究対象とする言語現象を網羅的に観察することで、作例と内省による手法では気付きにくい詳細なデータが発見される可能性がある。

　本稿の方針は、鍋島（2011）で提案された「多重制約充足的メタファー観」を検証・精緻化することであり、そのためには、感情名詞と放出動詞の対応関係を実例の前後文脈を含め詳述・分析することが求められる。この意味において、コーパスを活用するという研究手法は有効であるといえる[5]。

4.2 調査手順

　今回、事前段階として、『分類語彙表』、『類語大辞典』に記載された6種

の放出動詞(「噴出する」、「溢れる」、「滲む」、「湧く」、「漏れる」、「零れる」)及びそれらの類義語を合わせた22項目を調査した[6]。これらを「現代日本語書き言葉均衡コーパス(BCCWJ)」の検索にかけ、感情名詞との共起事例を手作業で抽出した。このうち、感情名詞との結びつきに一貫性のある結果が得られた3種の動詞群(「噴出する」、「溢れる」、「滲む」)の内訳を「共起件数」として表2に示す。

各用例は表3の14種の感情区分に従って分類した。なお、この分類枠は『類語大辞典』、Kövecses(1990、2000)、大森(2007a、b)、九鬼(1979)、中村(1993)を参考に調査結果との調整を行った結果、導いたものである。分類枠の内部で特筆すべき偏りが観察された場合については、用例を観察する中で適宜補足を加えていく。また、「みずみずしい感情」のように感情の区分が不明瞭なものは、分類が恣意的となることを避けるために共起件数には含めていない。1つの用例中に複数の感情名詞が生起しているものに関しては、個別に数えている。

表2　感情名詞と放出動詞の共起頻度(素頻度)

語群	語	共起件数		全体件数	
噴出	噴く	1	46	211	1,036
	噴き出す	20		331	
	噴き出る	1		40	
	噴出する	24		454	
溢れる	溢れる	431	447	3,807	4,283
	溢れ出す	4		160	
	溢れ出る	10		201	
	溢れ返る	2		115	
滲む	滲む	96	138	865	1,251
	滲み出す	2		51	
	滲み出る	40		335	

表 3　感情カテゴリー

肯定的感情	歓喜	満足	愛情・愛好	安心		希望	誇り	情熱
否定的感情	悲哀・苦悩	不満	嫌悪	恐怖・驚き	不安	欲望	憤怒	
関係	対立感情					その他		

5. 調査結果

　本節では、5.1 節から 5.3 節にかけて、一貫性のある結果が得られた 3 種の動詞群（「噴出する」、「溢れる」、「滲む」）を取り上げ、各々の動詞群が表す感情の特徴を〈力〉のスキーマの観点から分析する。その後、5.4 節で各語群の比較を行い、メタファー表現の成立を左右する一連の要因を Kövecses (2000) の議論に基づき、モデル化する。5.5 節では、上記の動詞群とは異なる傾向が見られた「漏れる」、「漏らす」、「零れる」、「零す」を取り挙げ、〈力〉のスキーマとは異なる観点から分析を加える。

5.1 〈噴出する感情〉

　始めに、「噴出」系動詞の調査結果を以下に示す（表の括弧内の数値は合計数に対する共起頻度を百分率換算したものである）。表 4、図 1 が示す通り、「噴出」系動詞は 46 件中 42 件（91.3%）が否定的感情と結びついており、中でも多いのが〈憤怒〉の 15 件（32.6%）、〈欲望〉の 10 件（21.7%）である。一方、肯定的感情に関しては、〈愛情・愛好〉の 3 件（6.5%）と〈歓喜〉の 1 件（2.2%）を除き、共起事例が確認されなかった。

表 4　「噴出」系動詞と感情名詞の共起頻度

肯定的感情			否定的感情		
感情	件数（率）	例	感情	件数（率）	例
歓喜	1 (2.2)	歓喜	悲哀・苦悩	1 (2.2)	悲しみ
満足	0		不満	6 (13.0)	不満、不平
愛情・愛好	3 (6.5)	自己愛	嫌悪	7 (15.2)	嫌悪、憎悪

希望	0		欲望	10（21.7）	欲望、願望
安心	0		恐怖・驚き	1（2.2）	恐怖
誇り	0		不安	2（4.3）	不安
情熱	0		憤怒	15（32.6）	怒り、苛立ち
小計	4（8.7）		小計	42（91.3）	
合計				46（100.0）	

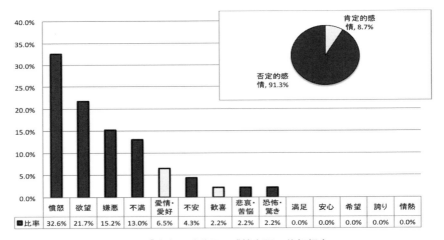

図1　「噴出」系動詞と感情名詞の共起頻度

(15) …見て見ぬふりをしろ」と命じているのだ。配下の者が不満を抱くのは当然といえた。「…石島殿への戯酌ですか」低いが、噴き出す怒りを懸命に押さえている声音だった…　　（BCCWJ: LBs9_00263[7]）

(16) …靴を脱いだ足のつま先がアンジェラのくるぶしを撫で回し、ふくらはぎから内股へと差し込まれている。新鮮な魚料理の満腹感に心地よいワインの酔いが重なって陶然としているアンジェラの顔に、高見沢への抑え切れない欲求が噴出してくる…　　（LBi9_00052）

「噴出」系動詞第一の特徴は、内面下で膨張する感情と、それを押さえ込む

［抑圧］（＝［抵抗力］：鈴木 2005）の存在である。(15) では、始めに目上の者からの指令が下され、それに従わざるを得ない人物の抱く不満が表されている。その感情は噴き出す怒りでもあり、必死に押さえ込むものの、声に表れてしまう。(16) は、抑圧されていた欲求が理性に勝ることで表情に出てしまう様子を描いたものである。

　感情のコントロールに関しては、Lakoff や Kövecses の一連の研究で繰り返し論じられているが（Lakoff and Kövecses 1987; Kövecses 1990、2000）、うち、Kövecses (1990: 184–185) は、(17) に示す感情のプロトタイプ的認知モデルを提案している。本モデルは、感情の誘因からそれに対する反応行動に至るまでのシナリオを示したもので、感情のメタファー表現はこれらのうちのいずれかの段階へと振り分けられる。

(17)　Stage0: State of emotional calm（感情の安定した状態）
　　　Stage1: Cause（誘因）
　　　Stage2: Emotion exists（感情の存在）
　　　Stage3: Control（コントロール）
　　　Stage4: Loss of control（コントロールの喪失）
　　　Stage5: Action（行動）

先に見た例は、正にこうしたプロトタイプ的シナリオの枠内に位置づけることができると考えられる。つまり、「噴出」系動詞が表すのは Stage5 の段階であるが（ただし、必ずしも特定の行動を示す訳ではない）、(15) では Stage3 の「コントロール」が、(16) では Stage4 の「コントロールの喪失」から Stage5 の「行動（表情）」への移行過程が示されている。なお、次節で取り上げるように、〈愛情〉は典型的に〈溢れる感情〉である。しかし興味深いことに、何らかの抑圧が前もって加わることで、〈噴出する感情〉として認識される。以下は、社会的な外圧によって押さえ込まれた「自己愛」を、煮えたぎる液体として見立てた例である。

(18) …自己愛は活路を経済と文化に求め、商業ドーダとしての豪商、文学ドーダとしての川柳作家、浄瑠璃・歌舞伎作者などが栄えたのである。だが、どんな<u>抑圧</u>体制も、奥深いところで<u>グツグツと煮えたぎる自己愛の噴出</u>を防ぐことはできない…　　　　　（PM31_00241）

液体が［抑圧］から解き放たれる時、その反動は放出のエネルギーへと転換する。〈噴出する感情〉の第二・第三の特徴として、その勢いの［活発さ］、［瞬発性］が挙げられる。

(19) …ところが、皇太子の明るさとは裏腹に、御所の内外では俄かに冷戦模様が広がった。民間の実業家の娘が、こともあろうに皇太子の妃に決定と知って、<u>不満が一挙に噴出した</u>のである…　（OB3X_00231）

(20) …「シャンペンをあまりにも早くあけすぎた」のである。が、より正確には、「あけたくてウズウズしていたところ、ともかくある程度の経済的な余裕ができたので、その<u>欲望が一気に噴出した</u>」といったほうがよい…　　　　　　　　　　　　　　　　（LBo3_00111）

(21) …身震いせずにはいられなかったほど、国王は激しい<u>怒りを噴き出していた</u>のである。「マグダネル卿に協力するものは他にもいるはずだ…　　　　　　　　　　　　　　　　　　（PB39_00162）

(19)、(20)のように、今回の調査では「一挙に」、「一気に」などの副詞を伴う事例が多く観察された。(20)は、人々が一定の経済的余裕を得たことを皮切りに、それまで溜め込んでいた欲望を金の浪費という形で噴出させたことを説明したものである。

　以上より、〈噴出する感情〉として次のような特徴付けを行う[8]。

(22) 〈噴出する感情〉の特徴
　　　抑圧を凌ぐことで、瞬発的に激しい勢いを伴って表出する感情

5.2 〈溢れる感情〉

「溢れる」系動詞に関しては、「溢れる」の全体件数が他の語と比べて多いことを理由に、447件の共起事例が得られた[9]。本語群は389件（87.0%）もの事例が肯定的感情と結びついており、先ほどの「噴出」系動詞とは対照を為している（$\chi^2 = 158.26$、$df = 1$、$p < .001$[10]）。中でも〈愛情・愛好〉が170件（38.0%）と突出しており、次いで多いのが〈歓喜〉の84件（18.8%）である。一方、肯定的感情であっても〈安心〉との共起事例が存在しないことや、否定的感情であっても〈欲望〉との共起数が多いなどの特徴が指摘できる。

表5　「溢れる」系動詞と感情名詞の共起頻度

肯定的感情			否定的感情		
感情	件数（率）	例	感情	件数（率）	例
歓喜	84（18.8）	歓喜、喜び	悲哀・苦悩	7（1.6）	悲しみ、悲しさ
満足	4（0.9）	満足感	不満	2（0.4）	不満
愛情・愛好	170（38.0）	愛情、好意	嫌悪	6（1.3）	憎しみ、憎悪
希望	28（6.3）	希望、期待感	欲望	28（6.3）	欲望、願望
安心	0		恐怖・驚き	3（0.7）	驚き
誇り	59（13.2）	自信、自負	不安	2（0.4）	不安、懸念
情熱	44（9.8）	情熱、勇気	憤怒	10（2.2）	怒り、苛立ち
小計	389（87.0）		小計	58（13.0）	
合計	447（100.0）				

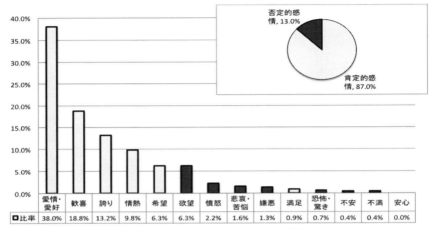

図2　「溢れる」系動詞と感情名詞の共起頻度

「溢れる」系動詞が「噴出」系動詞と大きく異なるのは、後者が圧力からの解放による液体の放出を表すのに対し、前者は液体が容器へと溜まっていった結果としての溢出を表すという点である。すなわち、液体が外に出るのは容器が液体で満たされることで起こる現象であり、自然発生的である。以下のように、「溢れる」系動詞は理性による抑圧を含意しない、［開放的］な感情を表すものとして特徴付けられる（いずれも「噴き出す」、「噴き出している」へと置き換えると不自然さが伴うことを確認されたい）。

(23)　…情熱がとめどなくあふれ出る。ほかの男がその宝を奪うかもしれないと思うと、シェイは耐えられなかった…　　　　　　（PB39_00637）
(24)　…また「職場のみんなの支えがあったから、これまでやってこれたんです」と笑顔いっぱいの■■さん。その一言一言には、仕事への愛情が溢れている…　　　　　　（OP74_00001）

また、容器を満たすほどの液体の量は、〈激しさは量〉(INTENSITY IS AMOUNT/ QUANTITY: Kövecses 2000) メタファーの介入により、感情の［活発さ］へと

対応付けられると考えられる。(25) では、はっきりと分かるほどの自信が相手の表情から伺えることが「漲る」によって強調されている。(26) は、懸念の感情を「洪水」に喩えることで、他人に向けられる尽くし難い気持ちを描いたものである[11]。

(25) …しばらくぶりに微笑むことが出来た。友も微笑んだ。彼の笑顔のそこかしこに確かに漲る自信が溢れていた…　　　　　(PB39_00197)
(26) …由利先生はまじまじと、相良の顔を見守っている。そのひとみには、やさしい懸念が、洪水のようにあふれていた ... （LBm9_00079）

なお、〈噴出する感情〉と〈溢れる感情〉は、活発であるという点で共通するものの、やや異なる性質を帯びている。「噴出」系動詞は、自己を圧倒するほどの激情を表す用例が中心であるのに対し、「溢れる」系動詞は主体に活力をもたらす豊かな感情とも言うべき用例が目立つ。このことは、〈愛情・愛好〉や〈歓喜〉などの肯定的感情の比率が「溢れる」系動詞の上位に位置していることとも整合するであろう[12]。
　以上より、〈溢れる感情〉を次のように特徴付ける[13]。

(27) 〈溢れる感情〉の特徴
　　　抑圧されることなく、自由にかつ活発に表出する感情

5.3 〈滲む感情〉

　「滲む」系動詞（「滲む」「滲み出す」「滲み出る」）は計 138 件のデータが得られた。結果を表 6、図 3 に示す。全体の傾向として言えるのは、肯定的感情よりも否定的感情への使用が多いことであり、この点に関しては「噴出」系動詞と共通している。ただし対応する感情は大きく異なり、「噴出」系動詞では 1 件（2.2%）にとどまった〈悲哀・苦悩〉との共起事例が 44 件（31.9%）と最多である（$\chi^2 = 16.48$、$df = 1$、p $<$ .001）。また、肯定的感情を観察してみると〈情熱〉においてギャップが生じていることが特徴とし

て挙げられる。

表6 「滲む」系動詞と感情名詞の共起頻度

肯定的感情			否定的感情		
感情	件数（率）	例	感情	件数（率）	例
歓喜	7（5.1）	喜び	悲哀・苦悩	44（31.9）	悲しみ、苦悩
満足	2（1.4）	満足感	不満	27（19.6）	不満、後悔
愛情・愛好	17（12.3）	愛情、優しさ	嫌悪	8（5.8）	憎しみ、侮蔑
希望	1（0.7）	期待感	欲望	3（2.2）	欲望、願望
安心	2（1.4）	安堵	恐怖・驚き	2（1.4）	恐怖心、怯えの色
誇り	8（5.8）	自信、自負	不安	4（2.9）	不安、懸念
情熱	0		憤怒	13（9.4）	怒り、憤り
小計	37（26.8）		小計	101（73.2）	
合計	138（100.0）				

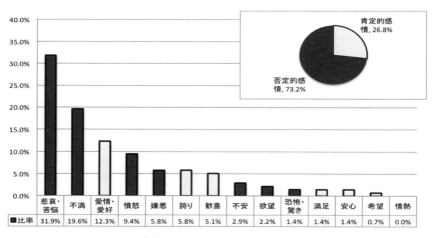

図3 「滲む」系動詞と感情名詞の共起頻度

「滲む」系動詞のメタファー表現では、その大半が前後文脈で感情の表出元を示しており、それは表情、体、言葉・音声、文字等、多岐に渡る。今回特

に多く観察されたのが、(28)、(29)に示す表情や体からの感情の表出を表す用例である。

(28) …教師たちの間にはたちまち気まずい雰囲気が生じた。とくに主任の川上はその表情に苦渋の色を滲ませている…　　　(LBf9_00002)
(29) …拙宅は紀州から一日行程の町にあるために、年に一度ぐらいは立ち寄ってくださる。このとき日常の話をされるのだが、現場員への愛情というのが体ぜんたいににじみ出ていて…　　　(PB29_00368)

放出の様態に関して言えば、「滲む」はその字義的意味において、「液体が少量ずつ、ゆっくりと表面に生ずる」ことを表す語である。この語義はメタファー表現にも引き継がれており、〈滲む感情〉は［穏やかさ］、［安定性］という点から特徴付けられる。以下のように、「静かな」、「穏やかな」などの語を前後文脈に伴う。

(30) …新国劇の舞台映像を見ても、島田さんの演技は実に禁欲的で、静かな悲しみをにじませていた…　　　(PN4a_00010)
(31) …すべてあるがままに。可能なら最高の形で次の州牧たちに譲渡を」静かな言葉からは、十年州牧をつとめた誇りがにじみでていた…
　　　(PB59_00444)
(32) …背後から誰かの声が聞こえた。穏やかだが、静かな怒りを滲ませた口調だ。聞き覚えのある声だった。…　　　(PB59_00376)

ここで、〈憤怒〉との共起事例が13件(9.4％)存在することに注目されたい。「噴出」系動詞で見たように、プロトタイプ的な怒りは、抑圧を凌ぐことで活発に表出される感情である。この場合、もはや理性の介入する余地はない。その反面、ヒトは理性を失わない限り、怒りを制御しようと試み続ける。(32)の怒りは、こうした状況を描いた例と考えられる。

したがって、「滲む」系動詞は、2種類の表出を言語化する役割を果たす

ものと考えられる。1つは、本質的に穏やかで押さえ込む必要のない感情が、自然と外に出されるタイプであり、もう1つは、理性の制御が保たれつつも感情が外に出てしまうタイプである。後者のタイプとしてもう1例挙げておこう。(33)は、自らの失恋に関する質問が繰り返される度に、苦悩が徐々に表情へと表れてくる様子を描いた例である。

(33) …「原因は、失恋と聞いていますが」「はい…」ハジメは、辛かった。ハジメから質問が発せられるたびに、黒沢の表情に、<u>隠しきれない苦悩がにじみ出てくる</u>のが分かる…　　　　(PB42_00013)

以上より、〈滲む感情〉を(34)のように特徴づける。

(34) 〈滲む感情〉の特徴
　　①抑圧されることなく表出する、本質的に穏やかで安定した感情
　　②抑圧されながらも少しずつ表出してしまう感情

5.4　議論
5.4.1　仮説に対する考察
　ここからは、3.2節で定めた以下の仮説に沿う形で考察を加えていく。

I.　放出動詞を用いた〈感情は液体〉メタファー表現の成立・不成立には、〈良は上・悪は下〉メタファーのみならず、［活発さ］、［抵抗力］等の放出の様態に関する〈力〉のスキーマが介入する。
II.　それらの基盤が多重制約充足的に機能することで、メタファー表現の成立・不成立を決定している。

仮説Iに関しては、「噴出」系動詞と「溢れる」系動詞が明確な証拠を示していた。「噴出」系動詞は、データ数が相対的に少数であるために追跡調査を要するが、肯定的感情と否定的感情の分布の差異は顕著である。先述のよ

うに、「噴出」系動詞は感情の［抑圧］という特徴が伺えるが、これが肯定的感情との対応を妨げていると考えられる。対して、「溢れる」系動詞に関しては、〈愛情・愛好〉、〈歓喜〉を始めとする肯定的感情との強い結び付きが見られた。「溢れる」系動詞が「噴出」系動詞と対照を為すのは、感情の［開放］であり、この特徴が肯定的感情・否定的感情の選択の主要因となると考えられる。その一方で、「溢れる」系動詞は〈安心〉に限り、用例が観察されなかった。先述の通り、大森（2007b）は〈安心〉を「他の感情と比べて活発な情動としての性質を持たず、安定した穏やかな感情」と特徴付けている[14]。また、今回の調査結果では、〈安心〉は穏やかな感情表出を表す「滲む」と結びついている。これらのことから、「溢れる」が表す活発な放出の様態が、〈安心〉の特性と衝突を起こしているとの説明が可能である[15]。「滲む」系動詞に関しては、〈情熱〉との対応が見られなかった。〈滲む感情〉に特徴的なのは、表出の［穏やかさ］である。この特徴が〈情熱〉との不整合を生じさせていると考えられる。

今回の調査で観察されたメタファー表現のギャップとその要因を(35)に、放出動詞が指定する特性を表7にまとめる[16]。

(35)　放出動詞を含む〈感情は液体〉メタファー表現のギャップと制約
　　　肯定的感情全般（「噴出」系）　：抑圧される感情ではない
　　　〈安心〉（「溢れる」系）　　　：活発ではなく、穏やかな感情である
　　　〈情熱〉（「滲む」系）　　　　：穏やかではなく、活発な感情である

表7　放出動詞の特性とギャップ感情・代表的感情

	抑圧開放	活発さ	安定性	ギャップ感情	代表的感情
「噴出」系	抑圧	強	不安定(瞬発)	肯定的感情全般	〈憤怒〉
「溢れる」系	開放	(やや)強		〈安心〉	〈愛情・愛好〉
「滲む」系	(抑圧)	弱	安定	〈情熱〉	〈悲哀・苦悩〉

仮説 II の議論に移ろう。まず、〈歓喜〉は「溢れる」と多く共起していることから、活発な感情として特徴付けられるが、「噴出」系動詞では共起数は１件のみであった。これは、「噴出」系動詞と〈歓喜〉が［活発さ］という基盤に関しては合致する一方で、［抑圧／開放］という基盤に関して互いに衝突を起こすためと考えられる（「噴出」系動詞が［抑圧］を指定するが、〈歓喜〉は［開放］）。反対に、［抑圧／開放］という基盤に関しては合致する一方で、［活発さ］に関して衝突を起こすと考えられるのが、〈悲哀・苦悩〉と「噴出」系動詞の対応関係である（「噴出」系動詞が［活発］を指定するが、〈悲哀・苦悩〉は［穏やか[17]］）。これらのことから、メタファー写像に介入する特定の基盤は、動機付けとして機能するのみならず、時には制約としても機能する（すなわち、「多重制約充足的」：鍋島 2011）ということが分かる。

5.4.2 放出動詞の特性と感情のシナリオモデル

前小節では、放出動詞は放出の様態に関する固有の特徴を複数持ち合わせており、それらが感情名詞との対応関係を左右していることを論じた。ここでは、［抑圧／開放］、［活発さ］、［安定性］の関係が、〈力〉(FORCE) のスキーマに基づくシナリオモデルとして統一的に説明されることを示す[18]。

Kövecses (2000) は Talmy (1988) の「力動性 (Force Dynamics)」理論を〈感情〉と〈理性〉の力関係に適用し、(36、37) に示すモデルを提案している。

(36) 起点領域：〈容器内部の圧力〉(INTERNAL PRESSURE INSIDE A CONTAINER)
 1. 主動体 (AGONIST)：圧力を受ける容器
 2. 対抗体 (ANTAGONIST)：容器内にあって、圧力を有する物質
 3. 対抗体の本質的な力傾向：物質の圧力が容器にかかること
 4. 主動体の本質的な力傾向：容器がその圧力に抵抗すること
 5a. 対抗体の力が勝ることで生じる効果：物質が容器の外に出る
 5b. 主動体の力が勝ることで生じる効果：物質は容器の外に出ない
(37) 目標領域：〈感情〉(EMOTION)
 1. 主動体 (AGONIST)：理性的自己

2. 対抗体（ANTAGONIST）：感情
3. 対抗体の本質的な力傾向：自己の反応を誘発する感情
4. 主動体の本質的な力傾向：理性的自己が反応しないよう試みること
5a. 対抗体の力が勝ることで生じる効果：自己が反応する
5b. 主動体の力が勝ることで生じる効果：自己は反応しない

(Kövecses 2000: 65–66 をもとに作成[19])

(36) は起点領域〈容器内部の圧力〉を、(37) は目標領域〈感情〉を指している。領域内の 1–4 はある 2 種類の力が競合関係にあることを示しており、5a、b ではその力の優劣に応じて起こる結果が示されている。対抗体の力が主動体の力を上回った場合、何らかの変化が結果として生じ、反対に主動体の力が上回っている場合は、元の状態が維持されるというものである。Kövecses は (36) と (37) の構造を対応させることで、〈感情〉(ANTAGONIST) が表出するのはそれが〈理性〉(AGONIST) の力を凌いだ時であるとの分析を行なっている。

さて、5.1 節から 5.3 節にかけて、「噴出」、「溢れる」、「滲む」の動詞群を ［抑圧／開放］、［活発さ］、［安定性］という 3 つの基準から特徴づけた。これらを上記のモデルに当てはめることで、表 8 に示す感情表出シナリオを導くことができる。

表 8 〈感情〉と〈理性〉の力関係に基づく〈表出する感情〉のタイプ

活発さ〈感情〉	抑圧力〈理性〉	力関係	抑圧	表出様態	メタファー表現
弱	強	活発さ＜抑圧力	持続	（表出なし）	
	弱／無	活発さ＞抑圧力		穏やか・安定	「滲む」
強	強	活発さ＞抑圧力	持続	穏やか・安定	
		活発さ＞＞抑圧力	喪失	活発・瞬発	「噴出する」
		活発さ＞抑圧力	持続	（表出なし）	
	弱／無	活発さ＞抑圧力		活発	「溢れる」

まず、感情の［活発さ］は［強］と［弱］に大分される。うち、［弱］の概念化を受けたものは、それが理性よって強く押さえ込まれた場合、表出には至らない。一方、抑え込む必要がないと認識された感情は、理性による抑圧が加えられないため、そのまま外に出される。この場合、〈穏やかな表出〉として認識されることで、「滲む」のコード化を受ける。

感情が本質的に［強］の場合、抑え込む必要性の有無によって、加えられる［抑圧力］が決定される。それが肯定的感情などの場合、抑圧を受けることなく外に出される（［開放］）。この場合、〈活発な表出〉として認識されることで、「溢れる」のコード化を受ける。一方、否定的感情などの場合、表へと出さないように強い抑圧が加えられる。感情の力が理性の力を凌駕している場合、［抑圧力］は完全に失われ、その反動が〈活発かつ瞬発的な表出〉を招く（「噴出する」による言語化）。感情の力が理性の力をやや上回る場合には、抑圧が引き続き加えられながらも少しずつ外に出される。この場合、〈穏やかな表出〉として認識されることで、「滲む」の言語化を受ける。

5.5 仮説に反する動詞——「漏れる／漏らす」「零れる／零す」

最後に、5.1 節から 5.3 節までの動詞とは振る舞いの異なる結果が得られた「漏れる」、「漏らす」、「零れる」、「零す」の 4 語について議論する。これらの動詞と感情名詞の共起数の内訳は表 9 の通りである。表から明らかなように、「漏れる」、「漏らす」、「零れる」、「零す」は肯定・否定を問わず、〈感情〉領域全体との結びつきが弱く、中でも「零れる」に関しては共起事例が見つからない。また、感情名詞との共起が 46 件観察された「漏らす」に関しても、そのうちの 34 件 (73.9%) が「不満」との共起であり、類義語の「不平」(5 件、10.8%) を合わせると全体の 8 割を超えている。

表9 「漏れる」、「漏らす」、「零れる」、「零す」と感情名詞の共起頻度

	共起語（内訳）	全体件数
漏れる	感情（1件）、喜び（1件）	1,714
漏らす	不満（34件）、不平（5件）、憤懣（3件）、願望（1件）、憤慨（1件）、不安（1件）、苦しみ（1件）	1,062
零れる	（なし）	724
零す	不平（15件）、不満（3件）	18

2.2節で見たように、鍋島（2003、2011）では「?勇気が｛漏れる／零れる｝」の不自然さの説明として、〈良は上・悪は下〉のメタファーとの合成・衝突が提案されている。しかし、下方向のイメージを持つ「漏れる」、「零れる」が共起語に否定的感情を指定するのだとしても、〈不満〉以外の否定的感情との共起事例が極めて少ないことについては十分な説明が与えられない。このことは、「漏れる」を語義から捉えた松本（2007: 55）の分析（「流動物が本来収まっているべき容器から、小さい空隙を通して少量ずつ出る」）や、5.4.2節での〈力〉のスキーマによる分析を当てはめたとしても同様である。

　したがって、ここでは「漏れる」、「漏らす」、「零れる」、「零す」の4語が〈感情〉領域との対応を実現するまでの意味拡張段階にあると想定する。そして、「制約」からは一旦退き、なぜ4語が「不満」や「不平」と対応関係にあるのかという「動機付け」を考察する[20]。まず、これらの語のメタファー的用法に着目すると、「呟き」、「呻き」等の言葉・音声に用いられ易い。さらに、「アイデア」、「本音」等、思考内容を伴う名詞と結びつくことで、その発言・発声を表す。次の通り、感情名詞と結びついた場合も同様である。

(38)　…若松監督は「バッタバッタと三振を取る投手じゃないけどな」と言いながらも、「ウフフフ」と口の端から隠せない喜びが漏れた…

(PN2c_00024)

(39)　…だから、ちょっと隠微な言葉遊びというのかな。言葉のうえでは願

<u>望を漏らしてみる</u>。この時、問われるのは男の対応…（PM31_00120）

(38)、(39)のように、「漏れる」、「漏らす」が他の放出動詞と大きく異なるのは、思考にせよ、感情にせよ、それが言葉や音声となって表出することである。このことは「零れる」、「零す」についても同様で、以下の通り、発言・発声以外の解釈は困難である。

(40) a. 不満が {滲んだ／漏れた／零れた}
 b. 太郎の表情に不満が {滲んだ／??漏れた／?零れた}
(41) a. 太郎は不満を {滲ませた／漏らした／零した}
 b. 太郎は表情に不満を {滲ませた／??漏らした／?零した}

第二に、「不満」、「不平」の意味に注目すると、その他の感情に比べてより具体的な思考内容を伴うという特徴がある。つまり、〈不満〉の感情は「何・誰に対する、どのような不服・要求か」を言葉で表現することが一般的である。その証拠として、「不満」や「不平」は発言を表す動詞との整合性が高い。

(42) a. {不満／不平／?悲しみ／*恐れ} を漏らす
 b. {不満／不平／(?)悲しみ／*恐れ} を {述べる／言う}

したがって、4語と「不満」、「不平」が比較的強い対応関係にあるのは、これらの感情名詞が〈言葉〉へのメトニミー的意味拡張を起こしているためと考えられる。以上をまとめると、(43)のような説明を与えることができる。

(43)「漏れる」、「漏らす」、「零れる」、「零す」には、発言や発声を表すメタファー的用法が定着している反面、感情の表出を表す用法は定着していない。しかし、「不満」、「不平」は〈言葉〉への意味拡張を経ることで、これら4語との結びつきを特別に実現している。

4語のみが〈感情〉への意味拡張を達成していない原因については、歴史的な視点を踏まえ検討していく必要があろう。しかしいずれにせよ、まだらに起点領域・目標領域に属する語の意味拡張・慣習性の問題（松本 2007）が絡んでいることを示唆する事例として位置付けることができる。

6. 総括と展望

6.1 コーパス調査のまとめ

　本稿では、〈感情は液体〉日本語メタファー表現のコーパス調査を通じて、感情名詞と放出動詞の対応のまだらの要因特定を試みた。概念メタファーのギャップには、従来の「概念要素の欠如」に加えて、「基盤同士の衝突」が関わることが鍋島（2011）の「多重制約充足的メタファー観」によって提案されている。鍋島（2003、2011）は、〈感情は水〉メタファーのまだらに関して〈良は上・悪は下〉メタファーの介入を提案しているが、それだけでは扱えないギャップも存在する。本稿では、コーパス調査を通じて感情名詞と放出動詞の対応関係を明らかにするとともに、用例の前後文脈の観察を通じて、それらには〈力〉のスキーマが重要な因子となっていることを論じた。また、「漏れる」、「漏らす」、「零れる」、「零す」の調査結果によって、まだらに語の意味拡張や慣習性（松本 2007）が関与していることが示された。本稿の結論を以下に示す。

I. 放出動詞と感情名詞の対応関係を決定づける中心的な動機付け・制約は、〈力〉のスキーマである。
II. ギャップを引き起こす要因の特定には、関連する表現の体系的な観察や用例の前後文脈の観察が有効打となる。

6.2 展望—「まだら」の要因をどのように特定・予測していくか？

　最後に、まだら問題をめぐる今後の理論的展望について考えてみたい。概念メタファーのまだらを巡っては、対応概念の欠如（Lakoff 1993; Grady

1997)というマクロな次元から、メタファー基盤の合成・衝突（鍋島 2003、2011）を経て、語義・慣習性（松本 2007）というミクロな次元での分析の必要性が明らかにされてきた。概念メタファー理論にとっての今後の論点は、こうした重層的なレベルで起こりうるギャップの要因を、理論内でどのように体系的に特定・予測していくかということにあると考えられる。

　1つの可能性としては、領域一般性の高いメタファーを参照するという方針が考えられる。その一候補として、鍋島（2011）では「評価性」の関わるメタファーが挙げられている。本稿で取り挙げることはなかったが、鍋島（2011）は「{*勇気／*悦び／不満／嫉妬／欲望} が渦巻く」に見られる容認度差の原因として、〈善は直・悪は曲〉メタファーとの合成・衝突を提案している。興味深いことに、「渦巻く」は〈感情〉領域のみならず、広範囲の目標領域に対して否定的な語を選好するようである。例えば、「渦巻く」は(44)の〈音声〉や(45)の〈情報〉に関する名詞と共起するが、いずれも好ましくない状況に対してのみ用いられる。

(44)　部屋中に {?笑い声／怒号} が渦巻く
(45)　日本社会に {?いいニュース／悪いニュース} が渦巻く

領域一般性の高いメタファー基盤は、この他に「方向付けのメタファー（orientational metaphor）」（Lakoff and Johnson 1980）など、理論初期から繰り返し観察されてきたものが候補として挙げられるだろう。このようなメタファーを候補に、実際の言語事実との照合・調整を行うことで、まだらに対するトップ・ダウン式の説明が可能になることが期待される。

　もう1つの方針を示す研究事例として、Karen Sullivan 氏のフレーム意味論に基づく概念メタファー分析がある（Sullivan 2013）。Sullivan の大きな主張は、不変性原理はイメージ・スキーマのみならず、意味フレームにまで拡大解釈されるべきであるというものである（p.37）。Sullivan の実施した *British National Corpus* の調査によれば、〈光〉(LIGHT) 領域に属する語 *bright/sunny/brilliant* のうち、*bright/sunny* の2語が〈幸せ〉(HAPPINESS) 領域と共起するの

に対し、*brilliant* は共起しない (e.g., {*bright/sunny/?brilliant*} *disposition*)。この要因として Sullivan は、*bright/sunny* の 2 語が〈光〉領域の〈光の存在場所〉(LOCATION OF LIGHT) フレームを喚起するのに対し、*brilliant* は異なるフレーム〈光の移動〉(LIGHT MOVEMENT) を喚起するためであると述べている。Sullivan の研究は、現在整備されつつある英語フレームネット (FrameNet) に蓄積されたフレーム情報を基盤としている。そのため、あらかじめ語の属するフレーム情報を参照することによって、メタファー表現内での振る舞いを予測することが可能になる。本理論は、フレーム意味論の知見をメタファー表現における語レベルでの分析に適用するものであり、大きな可能性を秘めている[21]。

　概念メタファーのまだらを問題視するか否かは、一見、Lakoff (1993) で示された「写像」の定義をどう解釈するかの問題に過ぎないようにも思われる。しかし本稿で示したように、まだらを議論することは、従来提案されてきた概念メタファーの内部構造を詳述し、再検討するための試みでもある。新たな概念メタファーの定式化という主流の研究方針に加え、まだらの観点からメタファーを見つめ直すことが、本理論の更なる進展をもたらすのではないだろうか。

注

*　本稿は筆者が 2014 年に大阪大学大学院言語文化研究科に提出した修士学位論文『メタファーの生産性と非生産性―〈液体〉を起点領域とする日本語メタファー表現のコーパス調査と分析―』の後半部、及び関西言語学会第 39 回大会での口頭発表「液体の放出を表す動詞のメタファー的使用とその制約―〈感情は液体〉日本語メタファー表現のコーパス調査と分析―」の内容を加筆修正したものである。研究を進めるにあたり、数多くのご助言を下さった秋田喜美先生、大森文子先生、木山直毅氏、杉本孝司先生、三宅真紀先生、渡辺秀樹先生に深く感謝申し上げる。また、鈴木幸平先生、鍋島弘治朗先生からは関西言語学会第 39 回大会での口頭発表に際して有益なご指摘を頂いた。お礼申し上げる。鍋島弘治朗先生からは、日本語用論学会第 2 回メタファー研究会での口頭発表の際や、本稿の

査読段階において大変緻密で有益なご意見を賜った。同研究会で様々な観点からご助言・ご質問を下さった岡本雅史先生、小松原哲太先生、篠原和子先生、松本曜先生にも感謝したい。(すべて五十音順)

1 本稿では先行研究に倣い、概念、概念領域、概念メタファーを指すものを山括弧(〈 〉)で表記する。また、概念レベルでのメタファーと言語レベルでのメタファーを区別し、前者を「(概念)メタファー」、後者を「メタファー表現」と呼ぶ。なお、〈感情は液体〉メタファーの起点領域を〈水〉と表記する場合もあるが、本稿では先行研究の参照・引用箇所を除き、〈液体〉と表記する。
2 鍋島(2011)では、(6、7)の容認度判定にアスタリスク(＊)が用いられているが、本稿では(5)のような解釈不能な表現との区別を明確にするために、疑問符(?)へと変更している。
3 概念もしくは語に備わる「評価性」がメタファーの基盤として重要な役割を果たすことを論じたものとしては、鍋島(2007)を参照。
4 出典元は、黒田(2005: 3)の「彼はとうとう、その困難な理論(の構築)に｛? 着工；着手｝した」から。
5 ただし、コーパスは表現の成立・不成立を完全に保証するわけではないことに注意する必要がある。ある表現の用例が見つからないとしても、それが偶然である場合や、反対に、極めて新奇的な用例が得られる場合がある。本稿ではこれらの点を考慮し、データ分析の際に適宜補足を加える。
6 事前調査段階で扱った動詞は次の通りである。なお、本稿では取り挙げないが、「湧く」系の動詞に関しても〈力〉のスキーマの観点から興味深い結果が得られているので、後藤(2015)を参照されたい。
噴く、噴き出す、噴き出る、溢れる、溢れ出す、溢れ出る、溢れ返る、溢出する、滲む、滲み出す、滲み出る、滲出する、湧く、湧き出す、湧き出る、湧き上がる、湧出する、漏れる、漏らす、零れる、零す
7 以後の用例は全てBCCWJから。下線は筆者による。
8 「噴出」系動詞には感情の発生を表すもの、即ち(17)のStage2を言語化した用例も存在する。以下は、心の中に不安が突如出現する様子を表したものである。
　(1) …一人で心配だったろ？でも大丈夫だよ、きっと分かってくれるさ」心に噴き出す不安を押し殺して、なつみにだけはこんな思いはさせたくなかったと悔やみつつ、慰めの言葉をかけた…　　　　　　　　　　(PB29_00452)
また、(15)の用例についても、場合によっては「噴き出す」が感情の発生段階を表すという解釈ができるだろう。
9 なお、鍋島(2003、2011)で挙げられた「ほとばしる(迸る)」は、『類語大辞典』では「溢れる」の下位語として分類されている。本語についても調査済みである

が、「溢れる」とは語彙素として異なる形態をとるという理由から、今回、「溢れる」系動詞に含めていない。なお、全体213件のうち、感情名詞との共起事例は12件で、内訳は「情熱」5件、「感情」4件、「欲望」2件、「激情」1件、「情念」1件である。〈情熱〉との共起件数が突出しているが、用例を観察する限り感情の力強さが「溢れる」系動詞と共通している。

　　(2) …黒田の力強い情熱と意志が迸るこの論文を、真正面からうけとめようとした…　　　　　　　　　　　　　　　　　　　　　　　　（LBi9_00105）

10　「『噴出』系動詞と『溢れる』系動詞の間で、肯定的感情名詞・否定的感情名詞との共起頻度に差がない」という帰無仮説を立て、カイ二乗検定を用いて確かめた結果の数値を表している。今回の場合、帰無仮説を棄却することによって「差がある」と結論づけることができ、「p＜.001」とは、仮説を誤って棄却しまう危険性が0.1％未満であることを示している。

11　本用例は「懸念」を〈不安〉として分類しているが、「やさしい」が加わっていることからも明らかなように、他人を想う気持ちとしての〈愛情〉の要素を含んでいると考えられる。

12　この点に関して、編者の鍋島弘治朗先生から、「溢れる」系動詞は〈一杯(full)〉という概念に焦点を当てた語であり、〈一杯〉の概念は内容物を押さえ込む力が加わらないまま容器の嵩が増した結果段階として分析できるのではないか、また、これに関連して〈歓喜〉などの感情は〈広がり〉との整合性があるのではないか（HAPPY IS WIDE: Lakoff and Johnson 1980: 18）とのご指摘をいただいた。このご指摘に感謝申し上げるとともに、本稿での議論に取り込むとすれば、感情が活発であることと開放的である（抑圧されない）ことの間には、強弱（量）の変動を制御する力の因子が存在せず、その変動は感情にとって自由であるという点において、相関性があるとも分析できよう。

13　「噴出」系動詞と同様に、「溢れる」系動詞では感情の発生を表す用例も見られる。

　　(3) …ベッド下に這い込んで、緩んだ床板をこじ開け、バースデー・ケーキの大きな塊を引っ張り出した。床に座ってそれを食べながら、ハリーは幸福感がひたひたと溢れてくるのを味わった…　　　　　　　　　　　（OB6X_00061）

14　ただし、〈安心〉と〈安堵〉が区別されている。

15　今回は用例が得られなかったが、「安心感溢れるまちづくり」のように、〈安心〉の源となる物事に対しては用いられると思われる。「安心感を｛得る／与える／求める｝」などの表現があるように、〈安心〉は外から受け取るものとしての認識が強いのかもしれない。

16　各感情がこの他にどのような特性を有するかに関しては、〈液体〉以外のメタ

ファー表現を観察することで多角的に検討する必要がある。
17　あるいは、〈悲哀・苦悩〉は〈憤怒〉、〈不満〉等の感情と比べ、表に出すことを躊躇する傾向が弱いのかもしれない。〈憤怒〉や〈不満〉が主に他者へと向けられる感情であるのに対し、〈悲哀・苦悩〉はそのような傾向が弱いためと考えられる。
18　ここでの議論は、筆者が関西言語学会第 39 回大会で口頭発表をした折に、鍋島弘治朗先生と鈴木幸平先生から頂いたご質問から着想を得たものである。
19　AGONIST と ANTANONIST の邦訳は、松本編 (2003) に基づく。
20　上述の通り、「零れる」に関しては共起事例が観察されなかったが、「不満が零れる」の表現がそれほど新奇的とは思えないこと、『筑波ウェブコーパス』から用例が 2 件得られたことを理由に、議論に含めている。
21　ただし、フレームネットは、あくまで結合価パタン (valency pattern) に基づくフレーム情報の整備を目指したものであることに留意する必要がある。結合価パタンとして表れない語の意味的差異に関しては、フレーム情報として記載されていない。

参考文献

Clausner, Timothy and William Croft. (1997) Productivity and Schematicity in Metaphors. In *Cognitive Science* 21, pp.247–282.

Deignan, Alice. (2005) *Metaphor and Corpus Linguistics*. Amsterdam: John Benjamins.（ダイグナン・アリス　渡辺秀樹・大森文子・加野まきみ・小塚良孝訳 (2010)『コーパスを活用した認知言語学』大修館書店）

後藤秀貴 (2015)「液体の放出を表す動詞のメタファー的使用とその制約―〈感情は液体〉日本語メタファー表現のコーパス調査と分析―」『KLS35』pp.73–84.

Grady, John. (1997) THEORIES ARE BUILDINGS revisited. In *Cognitive Linguistics* 8, pp.267–290.

Johnson, Mark. (1987) *The Body in the Mind: The Bodily Basis of Meaning, Imagination, and Reason*. Chicago: University of Chicago Press.（ジョンソン・マーク　菅野盾樹・中村雅之訳 (1991)『心の中の身体―想像力へのパラダイム転換』紀伊國屋書店）

国立国語研究所編 (2004)『分類語彙表―増補改訂版』大日本図書

国立国語研究所コーパス開発センター (2015)「『現代日本語書き言葉均衡コーパス』利用の手引き第 1.1 版」国立国語研究所

Kövecses, Zoltán. (1990) *Emotion Concepts*. New York: Springer Verlag.

Kövecses, Zoltán. (2000) *Metaphor and Emotion: Language, Culture, and Body in Human*

	Feeling. Cambridge: Cambridge University Press.
九鬼周造（1979）「情緒の系図―歌を手引きとして」『「いき」の構造他二篇』pp.145–216．岩波書店
黒田航（2005）「概念メタファーの体系性、生産性はどの程度か―被害の発生に関係するメタファー成立基盤の記述を通じて」『日本語学』26: pp.38–57．明治書院
楠見孝（1995）『比喩の処理過程と意味構造』風間書房
Lakoff, George. (1990) The Invariance Hypothesis. In *Cognitive Linguistics* 1, pp.39–74.（レイコフ・ジョージ　杉本孝司訳「不変性仮説―抽象推論はイメージ・スキーマに基づくか？」坂原茂編（2000）『認知言語学の発展』pp.1–59．ひつじ書房）
Lakoff, George. (1993) The Contemporary Theory of Metaphor. In Andrew Ortony (ed.) *Metaphor and Thought*［Second Edition］, pp.202–251. Cambridge: Cambridge University Press.
Lakoff, George and Mark Johnson. (1980/2003) *Metaphors We Live By*. Chicago: University of Chicago Press.（レイコフ・ジョージ　マーク・ジョンソン　渡部昇一・楠瀬淳三・下谷和幸訳（1986）『レトリックと人生』紀伊國屋書店）
Lakoff, George and Zoltán Kövecses. (1987) The Cognitive Model of Anger Inherent in American English. In Dorothy Holland and Naomi Quinn (eds.) *Cultural Models in Language and Thought*, pp.195–221. Cambridge: Cambridge University Press.
松本曜編（2003）『シリーズ認知言語学入門第 3 巻　認知意味論』大修館書店
松本曜（2007）「語におけるメタファー的意味の実現とその制約」山梨正明他編『認知言語学論考 No. 6』pp.49–93．ひつじ書房
鍋島弘治朗（2003）「メタファーと意味の構造性―プライマリーメタファーおよびイメージ・スキーマの関連から」山梨正明他編『認知言語学論考 No. 2』pp.25–109．ひつじ書房
鍋島弘治朗（2007）「領域をつなぐもの（メタファーの動機付け）としての価値的類似性」楠見孝編『メタファー研究の最前線』pp.179–199．ひつじ書房
鍋島弘治朗（2011）『日本語のメタファー』くろしお出版
中本敬子・李在鎬・黒田航（2011）「認知言語学と実証的な研究法」辻幸夫監修・中本敬子・李在鎬編『認知言語学研究の方法―内省・コーパス・実験』pp.11–25．ひつじ書房
中村明（1993）『感情表現辞典』東京堂出版
Nomura, Masuhiro. (1996) The Ubiquity of the Fluid Metaphor in Japanese: A Case Study. *Poetica* 46, pp.41–75.
大石亨（2006）「『水のメタファー』再考―コーパスを用いた概念メタファー分析の試み」『日本認知言語学会論文集 6 巻』pp.277–287.

大森文子（2007a）「自然現象と感情のメタファー写像―"a flood of joy" 型の表現をめぐって」『津田葵教授退官記念論文集』pp.639–655. 英宝社

大森文子（2007b）「自然現象と感情のメタファー写像―"a flood of joy" 型の表現をめぐって (2)」『言語文化共同研究プロジェクト 2006―文化とレトリック』pp.5–19. 大阪大学言語文化部・言語文化研究科

Omori, Ayako. (2015) *Metaphor of Emotion in English*. Tokyo: Hituzi Syobo.

柴田武・山田進編（2002）『類語大辞典』講談社

Stefanowitsch, Anatol. (2006) Words and Their Metaphors: A Corpus-Based Approach. In Anatol Stefanowitsch and Stefan Th. Gries (eds.) *Corpus-Based Approaches to Metaphor and Metonymy* (*Trends in Linguistics: Studies and Monographs* 171), pp.63–105. Berlin and New York: Mouton de Gruyter.

Sullivan, Karen. (2013) *Frames and Constructions in Metaphoric Language*. Amsterdam: John Benjamins.

鈴木幸平（2005）「感情の容器メタファーに関わる制約」『大阪外国語大学言語社会学会研究会報告集 2004』7, pp.57–68. 大阪外国語大学言語社会研究科

Talmy, Leonard. (1988). Force Dynamics in Language and Cognition. *Cognitive Science* 12, pp.49–100.

辻幸夫（編）2002.『認知言語学キーワード辞典』. 研究社

筑波大学・国立国語研究所・Lago 言語研究所『NINJAL-LWP for TWC』〈http://corpus.tsukuba.ac.jp〉

第8章
三島由紀夫『金閣寺』における比喩の認知的分析

楠見　孝

1. 三島由紀夫と比喩

　本稿では、三島由紀夫の作品、とくに『金閣寺』における比喩に焦点を当てて、比喩の用法とそれを支える認知的基盤について論じる。方法としては、用例にもとづく認知言語学的分析（たとえば鍋島 2009、2011）、認知心理学的分析（たとえば楠見 2005）と、電子化されたテキスト（コーパス）を用いる計量的分析（e.g., Deignan, 2005）の両方を用いる。

　比喩の認知過程を論じる際には、小説における比喩を材料にした場合も、小説以外の比喩を材料とした場合も、読み手の理解過程やそれを支える知識構造は、共通性をもっている。一方、相違点は、特定の作家の比喩材料は、その作家固有の作品における文体と構成に支えられている点である（e.g., Semino & Steen 2008）。

　すなわち、文体と構成は、小説における作家の特徴が発揮される重要な構成要素として位置づけることができる。三島由紀夫の小説は、比喩を駆使した華麗な文体とともに、巧みに計算された構成をもっている（楠見 2005）。

　三島自身は小説における文体について(1)のように比喩を用いて述べている。

(1)　小説家における文体とは、世界解釈の意志であり鍵なのである。混沌

> と不安に対処して、世界を整理し、区劃し、せまい造型の枠内に持ち込んで来るためには、作家の道具としては文体しかない。
>
> 　　　　　　　（三島由紀夫『永遠の旅人：川端康成の人と作品』）

ここで、文体は、作家による世界の認知（解釈）と感情を、言語（造形の枠内）で表現するための道具として捉えている。一方、小説の文体と構成は(2)のように捉えている。

(2) 　文体なしに主題はないように、文体なしに構成もありえないのである。細部と細部を結びつけ、それをいつも全体に結びつけるはたらきが、不断にはたらいているためには、文体が活きて動いて行かなければならない。　　　　　　（三島由紀夫『私の小説の方法』）

ここで、三島は、文体が活きて動くことが、小説の細部を結びつけ全体を結びつける構成を支えていることを主張している。

　本稿では、三島由紀夫の代表作である『金閣寺』の文体を、比喩にもとづいて検討していく。その観点の１つは、(1)で三島自身が示したとおり、「書き手が世界をどのように解釈し、整理して、言語という枠内に持ち込んで表現するのか」である。言語という枠内での表現を明らかにするために、どのような比喩が用いられ、どのようにはたらいているのかについて考察する。このことを通して、比喩の普遍的な性質とともに、「金閣」と「美」をテーマとした三島の作品『金閣寺』における比喩の独自性を検討していく。

　まず、三島が比喩についてどのように考えているかを、『文章読本』の最後に掲載されている「質疑応答」から見てみる。「いい比喩とはどういうものでしょうか」という問いに三島は(3)のように答えている。

(3) 　非常に適切な比喩は、小説の文章をあまりにも抽象的な乾燥したものから救って、読者のイメージをいきいきとさせて、ものごとの本質を一瞬のうちにつかませてくれます。しかし比喩の欠点は、せっかく小

説が統一し、単純化し、結晶させた世界を、比喩がまたさまざまなイ
　　　マジネーションの領域へ分散させてしまうことであります。ですから
　　　比喩は用いられすぎると軽佻浮薄にもなり、堅固な小説的世界を、花
　　　火のように爆発させてしまう危険があります。
　　　　　　　　　　　　　　　　　　　　　　（三島由紀夫『文章読本』）

　比喩の効果として、読者のイメージを刺激し、本質を一瞬のうちにつかま
せるという指摘は、比喩がイメージを介して理解容易性を高めることを示し
ている点で心理学研究と合致する（e.g., Marschark, Katz, & Paivio 1983）。一
方で、比喩が様々なイマジネーションの領域へ分散させてしまうという指摘
も重要である。この危険を避けるために、「金閣」を様々な比喩でたとえた
三島がどのような工夫をしたのかは、2節で検討する。

2.『金閣寺』における直喩の使用と類似性の成立

　隠喩（metaphor）と直喩（simile）は、主題（主題：topic）とたとえる対象（喩
辞：vehicle））の間の類似性について、作者の解釈や発見にもとづいて、表現
したものである。一方、読者においても、隠喩・直喩を理解するために、主
題とたとえる対象の類似性を認知する過程は不可欠な要素である（楠見
2007）。直喩では、「ようだ」「みたいだ」などの比喩の指標（hedge, marker）
や比喩の根拠（ground）が明示されている。それに対して、隠喩はそれらが
明示されていない比喩である。別の見方をすれば、直喩は一見類似していな
い主題とたとえる対象の間でも作者の「解釈と意志」によって「類似関係を
設定する」（佐藤 1978）ことができる。一方、隠喩は、比喩指標がないため、
対象間に類似性あるいはそれを際立たせる文脈がないと読者には理解しにく
い。
　そこで、ここでは、直喩に焦点をしぼり、三島が『金閣寺』において、主
題とたとえる語をどのような比喩指標を用いて結びつけて、類似性を成立さ
せ、直喩を作っていたかを見ていく。テキストは『新潮文庫の 100 冊』

(CD-ROM, 1995) に所収のものを用いた。ソフトウエアは、KH Coder (樋口 2014) を用いた。

　直喩に研究対象を絞ることは、電子化されたコーパスを用いて分析する方法論においてもメリットがある。比喩の同定は、比喩理論においても、研究上の作業においても困難な問題である。そこで、本稿ではまず、比喩指標にもとづいて、比喩を同定する。

　表 1 は、『金閣寺』に用いられた頻度 10 以上の主な比喩指標と関連する動詞を示す。なお、見かけ上は比喩指標があっても比喩でない場合は、頻度から除外している。たとえば、「ようだ」「みたい」は、比喩指標として知られている。しかし、「ようだ」「みたい」の主な意味には、「推量的意味」「比喩的意味」「例示的意味」の 3 つがある (森山 1995)。ここでは、「比喩的意味」を指すかどうかを確認した上で、頻度をカウントした。

　その結果、比喩指標では「ような (ように・ようだ・ようで)」が 92 回と、圧倒的に多い。対象とした行数が 4,815 行なので出現率は 1.9% である。(4) は『金閣寺』の 1 章において、主人公が少年時代、父親から繰り返し話を聞いた「金閣」を、「美」の認識において、たとえに用いた経験を語ったものである。その後の展開において、「金閣」と「美」は作品全体を貫く重要なキーワードとして、繰り返し現れる (表 4 参照)。

表 1　『金閣寺』における比喩指標と頻度

比喩指標	頻度	動詞	頻度
(の) ような (に・だ・で)	92	思われ (せ) た (る)	43
似る (た)	21	見える (た)	19
一種 (の)	19	感じる	14
(と) 同じ	18	考える	5
まるで	12	眺める	5
あたかも	11		
いかにも	11		

註：比喩指標は頻度 11 以上、動詞は 5 以上

(4)　そこで小さな夏の花を見て、それが朝露に濡れておぼろな光りを放っているように見えるとき、金閣の<u>ように</u>美しい、と私は思った。（中略）はては、美しい人の顔を見ても、心の中で、「金閣の<u>ように</u>美しい」と形容するまでになっていた。　　　　　　　　　　　（『金閣寺』1 章）

(5)の直喩は、「美」という主題を通常では類似点がない「虫歯」でたとえている。「それは舌にさわり、引っかかり、痛み、自分の存在を主張する」と述べることで、独自性の高い比喩的類似性の根拠を説明して、比喩を成立させている。

(5)　美というものは、そうだ、何と云ったらいいか、虫歯<u>のような</u>ものなんだ。それは舌にさわり、引っかかり、痛み、自分の存在を主張する。　　　　　　　　　　　　　　　　　　　　　　　　『金閣寺』(6 章)

つぎの(6)では、主人公の友人の「柏木が暗示し、私の前に即座に演じてみせた人生」が「金閣のような構造の美しさが欠けている」と「金閣」を美しい構造をもつたとえとして用いている。これは、隠喩・直喩のたとえる語は、顕著な特徴をもつカテゴリの典型例として主題を包含する陳述と捉える類包含理論によって説明ができる（Glucksberg & Keysar 1990）。『金閣寺』では、(4)や(6)のように、「金閣」は、美しいものの典型例（プロトタイプ）として、［美しいもの］のカテゴリに、「美しい人の顔」や「人生」が含まれるかどうかを主人公が語っている。すなわち、「金閣」をたとえる語に用いることによって、主人公が「金閣」のイメージを、さまざまな美しい対象へ、あるいは美しさを欠く対象へ投射している。これは、主人公が「金閣」を通して、美を捉える世界解釈（認識）のありかたを示している。

(6)　その人生には自然さも欠けていれば、金閣の<u>ような</u>構造の美しさも欠けており、いわば痛ましい痙攣<u>の一種</u>に他ならなかった。
　　　　　　　　　　　　　　　　　　　　　　　　　（『金閣寺』5 章）

主人公は、故郷である舞鶴を離れ、金閣寺の徒弟となることによって、「金閣」を昼夜、様々な角度から見ることになった。そして、状況によって、さまざまなイメージを「金閣」に投射している。

　たとえば、主人公が夜に「金閣」を見るなかで経験していることは、(7) のように語られている。ここでは、文末に「思われた」という動詞が用いられている。作品全体では、その頻度は43回と多い。(7) では「金閣が...美しい船のように思われた」と「ように」につづいて用いている。さらに、「三層の屋形船が臨んでいる池」は「海の象徴」を「思わせた」と、語り手である私の比喩的思考の流れを、連鎖的に表現している。ここでは、［金閣寺：池：：船：海］という4項類推関係（金閣寺と池の関係は、船と海の関係に等しい）によって、「金閣」を「時間の海」に浮かぶ「船」ととらえる世界解釈（認識）を示している。「海」にもとづく比喩を一貫して用いることで、読者のイマジネーションが分散しないようにしている。

(7)　そうして考えると、私には金閣そのものも、時間の海をわたってきた美しい船のように思われた。美術書が語っているその「壁の少ない、吹ぬきの建築」は船の構造を空想させ、この複雑な三層の屋形船が臨んでいる池は、海の象徴を思わせた。　　　　（『金閣寺』1章）

　(8) は「ように」につづいて動詞「見える」が、「思われた」と同様に使われている。

(8)　金閣はこんなに強い晩夏の日ざしの下では、細部の趣きを失って、内に暗い冷ややかな闇を包んだまま、ただその神秘な輪郭で、ぎらぎらした周囲の世界を拒んでいるように見えるのである。

（『金閣寺』2章）

　比喩指標の出現頻度が3位と5位の比喩指標「似る」や「同じ」は、(9) と(10) のように、主題とたとえる語の類似性を明示している。

(9) こういう風に、金閣はいたるところに現われ、しかもそれが現実に見えない点では、この土地における海とよく似ていた。舞鶴湾は志楽村の西方一里半に位置していたが、海は山に遮ぎられて見えなかった。しかしこの土地には、いつも海の予感のようなものが漂っていた。
(『金閣寺』1章)

　中学時代の主人公の心の内側を記した(9)では、「金閣」と「海」の共通点を示した上で、「よく似ていた」と「予感のようなものが漂っていた」と述べている。

(10) 私の脆い醜い肉体と同じく、金閣は硬いながら、燃えやすい炭素の肉体を持っていた。
(『金閣寺』2章)

　(10)は、「と同じ」として類似性を支える共有特徴を明示している点で、直喩である。「空襲の期待が、こんなにも私たちと金閣とを近づけた」ことによるものである。さらに、これは、主人公が金閣を焼くことを暗示するものである。
　つぎの(11)は、「有為子の脱走兵への裏切り」が「星や月や鉾杉」「と同じ」と述べて、その根拠として「われわれ証人と一緒にこの世界に住み、この自然を受け容れる」こととという主題とたとえる対象の共有する関係を示している。

(11) 月や星や、夜の雲や、鉾杉の稜線で空に接した山や、まだらの月かげや、しらじらとうかぶ建築や、こういうもののうちに、有為子の裏切りの澄明な美しさは私を酔わせた。彼女は孤りで、胸を張って、この白い石段を昇ってゆく資格があった。その裏切りは、星や月や鉾杉と同じものだった。つまり、われわれ証人と一緒にこの世界に住み、この自然を受け容れることだった。
(『金閣寺』1章)

(12)の主題は、「裏側から人生に達する暗い抜け道」という隠喩である。それは、「卑劣を勇気に変え」、「悪徳を純粋なエネルギーに還元する」ということから「一種の錬金術」としている。字義通りの錬金術は、「鉛から黄金を作り出す」ことであるから、「一種の」は比喩的な意味での「錬金術」カテゴリに含まれることを示している。そのあとの「事実」かつ「人生」と重ね、「前進し、獲得し、推移し、喪失する」と畳みかける列叙法を用いることで、比喩の実在性を高めている。

(12)　柏木は裏側から人生に達する暗い抜け道をはじめて教えてくれた友であった。それは一見破滅へつきすすむように見えながら、なお意外な術数に富み、卑劣さをそのまま勇気に変え、われわれが悪徳と呼んでいるものを再び純粋なエネルギーに還元する、<u>一種の</u>錬金術と呼んでもよかった。それでも、事実それでもなおかつ、それは人生だった。それは前進し、獲得し、推移し、喪失することができた。
　　　　　　　　　　　　　　　　　　　　　　　　　　（『金閣寺』5章）

　なお、「錬金術」の比喩は、主人公の徒弟仲間の鶴川に対しても使われている。鶴川は(13)が示すように、「鉛から黄金を作り出す錬金術師」のように、主人公の「暗い感情」を、「透明な」感情に濾過する心をもっている。「錬金術」の比喩は、柏木と鶴川に対して、対比的な機能が投射されている。

(13)　時には鶴川は、あの鉛から黄金を作り出す錬金術師<u>のようにも思われた</u>。私は写真の陰画、彼はその陽画であった。
　　　ひとたび彼の心に濾過されると、私の混濁した暗い感情が、ひとつのこらず、透明な、光りを放つ感情に変るのを、私は何度おどろいて眺めたことであろう！　私が吃りながら躊躇らっているうちに、鶴川の手が、私の感情を裏返して外側へ伝えてしまう。（『金閣寺』1章）

　『金閣寺』において「まるで」は、頻度は多くはないが、「金閣」をたとえ

る(14)、主人公の内面をたとえる(15)と(16)の用例では「ように」とともに用いられていた。

(14) 金閣は雨夜の闇におぼめいており、その輪郭は定かでなかった。それは黒々と、まるで夜がそこに結晶しているかのように立っていた。
（『金閣寺』9章）

(15) 孤独はどんどん肥った、まるで豚のように。　　（『金閣寺』1章）

(16) いざとなると欲望は重みを増し、私の肉体から離れた抽象的な構造を持ち、私の肩にのしかかるのだ。それはまるで真黒な、重い、鉄製の、工作機械のように感じられる。　（『金閣寺』5章）

(17)の「あたかも」は「ように」をともなう形で、『南泉斬猫』の公案「猫を斬ったこと」を「痛む虫歯を抜き、美を剔抉した」ことにたとえた、(5)につづく柏木の発話である。また、この公案の「猫を斬ったこと」は、主人公が、美を剔抉するために、「金閣寺を焼くこと」と構造的に対応する構造的比喩（4項アナロジー）［猫：斬る：：金閣：焼く］になっている。これは、猫を斬る話を、金閣寺を焼くことに写像する諷喩（allegory）ととらえることもできる。ここで、主題となる話とたとえる話の間には、物語の因果関係や構造の同型性が成立している。

(17) だから猫を斬ったことは、あたかも痛む虫歯を抜き、美を剔抉したように見えるが、さてそれが最後の解決であったかどうかわからない。
（『金閣寺』6章）

(18)の「いかにも」も「あたかも」と同様に「ように」などをともなう。「私を見た」表情が「町角でぶつかった知らぬ人同士」に似ていることを表現したものである。

(18) 女はいかにも、町角でぶつかった知らぬ人同士のように私を見たので

ある。　　　　　　　　　　　　　　　　　　　（『金閣寺』9章）

　(19)は、亡くなった鶴川を主題として、「比喩」をたとえる語に用いた特異な比喩である。鶴川の死後、生前の鶴川の「明瞭な形態」が、「不明瞭な無形態」（主題）の比喩となり、鶴川「その人」（主題）が、「こうした比喩に過ぎなかった」と思われたという、二重の投射が行われている。つづく(20)では、鶴川の人生が、「他の何ものかの比喩でありうるような象徴性を奪」うと述べている。さらに、鶴川の「透明な世界」を、「硝子」でたとえ、それを「トラックが粉砕」という比喩が「鶴川の死」に叶っているとしている。ここには、「比喩」を「模型」とみなし、象徴性に支えられているとする三島の比喩観が反映されている。

(19)　かくて鶴川のように、そこに存在するだけで光りを放っていたもの、それに目も触れ手も触れることのできたもの、いわば生のための生とも呼ぶべきものは、それが喪われた今では、その明瞭な形態が不明瞭な無形態のもっとも明確な比喩であり、その実在感が形のない虚無のもっとも実在的な模型であり、彼その人がこうした比喩にすぎなかったのではないかと思われた。そして何よりも嫉ましかったのは、彼は私のような独自性、あるいは独自の使命を担っているという意識を、毫も持たずに生き了せたことであった。　　（『金閣寺』5章）
(20)　この独自性こそは、生の象徴性を、つまり彼の人生が他の何ものかの比喩でありうるような象徴性を奪い、従って生のひろがりと連帯感を奪い、どこまでもつきまとう孤独を生むにいたる本源なのである。この透明な世界を、丁度透明なあまりに見えない硝子にぶつかるように、横合から走り出たトラックが粉砕したのだ。鶴川の死が病死でなかったことは、いかにもこの比喩に叶っており、事故死という純粋な死は、彼の生の純粋無比な構造にふさわしかった。　（『金閣寺』5章）

　以上のように、比喩指標から、『金閣寺』における直喩を見てきた。そこ

には、比喩指標のバリエーションと、作者の意思で、対象間の類似性を作り出して、比喩によってイマジネーションを拡張していることが見られた。さらに、(19)と(20)では「比喩」をたとえる語に用いた用例を通して、三島の比喩観を見てとることができた。

3.『金閣寺』のコーパスデータにもとづく比喩の分析

本節では『金閣寺』の全文のコーパスデータを用いて、キーワードを抽出し、比喩の分析を行う。表2は、『金閣寺』作品全体における出現頻度を示す。

この小説のテーマである「金閣」(340回)の出現頻度は高い。2節で示した用例(4、6〜10、14)の通り、「金閣」は比喩の主題として、あるいはたとえる語として用いられている。一方、小説のタイトルである「金閣寺」(13回)はそれに比べてかなり少ない。その理由は、建物を指すときは「金閣」、お寺全体を指すときは、「鹿苑寺」(30回)とともに「金閣寺」が使われているためである。『金閣寺』のテーマは、主人公を魅了し、そして放火した建物の「金閣」であって、主人公が徒弟をしていた「金閣寺」ではない(糸井1976)。

出現頻度が、飛び抜けて高いのは、「私」(1,951回)である。この小説は一人称で書かれているためである。そのほか、「自分」(138回)、その内面世界を語るときに使われる「世界」(103回)、「心」(88回)、「存在」(72回)、「言葉」(64回)、「行為」(54回)、「感情」(45回)などの語である。

他に出現頻度が高いのは、この小説の重要なキーワードである「美」(88回)、その形容語である「美しい」(90回)である。これらは、後述するように、「金閣」とともに、比喩の主題として多く用いられる。また、登場人物名の頻度も高い。これは、物語の推移によって、章ごとに変化するため、表3で詳しく述べる。

表3は、10章構成の『金閣寺』における各章の出現頻度を示す。さらに、表4は、全体の構造がわかるように、章の要約と冒頭・末尾の文、比喩の

表2 『金閣寺』のおける名詞、形容詞、形容動詞、動詞の出現頻度

抽出語	頻度	抽出語	頻度	抽出語	頻度	抽出語	頻度	抽出語	頻度
固有名詞		名詞（つづき）		名詞（つづき）		形容動詞		動詞（つづき）	
金閣	340	死	52	学校	36	不安	36	包む	49
鹿苑寺	30	影	51	京都	36	ふしぎ	28	出す	46
金閣寺	13	水	51	雲	35			与える	44
		頭	50	雪	35	形容詞		眺める	40
人物名		口	49	少年	34	美しい	90	吃る	37
私	1951	人生	48	吃り	33	白い	69	駈ける	36
老師	240	月	48	胸	33	暗い	64	愛す	35
女	220	海	47	色	33	明るい	40	信じる	35
柏木	202	海	47	肉	33	古い	38	待つ	34
鶴川	100	力	47	別	33	黒い	31	呼ぶ	33
父	85	感情	45	名	32	怖い	31	死ぬ	32
母	82	空	45	考え	30	遠い	28	笑う	32
有為子	62	生	45	肉体	30	高い	28	行う	31
和尚	58	闇	44	石	30	深い	27	現われる	30
住職	32	金	43	体	30	若い	26	生れる	30
まり子	29	池	42	木	30	永い	25	会う	29
娘	30	部屋	41	学生	29	醜い	25	近づく	29
		雨	41	欲望	29			見せる	29
名詞		男	41	現実	28	動詞		夢みる	29
目	160	形	38	葉	27	見る	283	焼く	27
人	125	道	38	猫	26	言う	189	触れる	27
顔	122	家	37	背	26	見える	162	読む	27
手	110	声	37	耳	25	思う	138	似る	26
世界	103	学校	36	内	25	出る	107	動く	26
音	99	京都	36	門	25	知る	91	語る	25
寺	88	雲	35	裏	25	思われた	84	向う	25
心	88	雪	35			来る	82	残る	25
美	88	少年	34	サ変名詞		考える	72	思う	25
足	87	吃り	33	存在	72	感じる	63	生きる	25
風	76	胸	33	行為	54	云う	62	変る	25
人間	72	色	33	意味	41	持つ	59		
火	72	肉	33	想像	36	入る	57		
身	68	別	33	建築	33	歩く	57		
言葉	64	形	38	認識	31	光る	55		
花	64	道	38	案内	27	立つ	53		
姿	61	家	37	話	27	行く	52		
一つ	57	声	37						

註　頻度25以上、ただし「金閣寺」は頻度13であるが示した。

第 8 章　三島由紀夫『金閣寺』における比喩の認知的分析　243

表 3　『金閣寺』における章別の単語出現頻度（回）

1章		2章		3章		4章		5章		6章		7章		8章		9章		10章	
抽出語	出現回数	抽出語	出現回数	抽出語	出現回数	抽出語	出現回数	抽出語	出現回数	抽出語	出現回数	抽出語	出現回数	抽出語	出現回数	抽出語	出現回数	抽出語	出現回数
私	199	金閣	169	私	226	私	155	私	180	私	144	私	313	私	182	私	177	私	206
金閣	61	鶴川	64	母	45	女	38	柏木	63	柏木	49	老師	80	柏木	36	老師	42	金閣	50
父	46	私	27	老師	39	老師	37	金閣	38	女	38	見る	44	火	31	女	33	和尚	30
有為子	43	見る	26	金閣	37	足	35	女	33	金閣	26	金閣	33	見る	31	見る	21	見る	27
見る	38	女	18	女	31	言う	28	見る	29	海	23	海	27	母	23	言う	21	音	25
美しい	30	顔	15	雪	30	見る	27	人生	24	美	17	柏木	26	金閣	21	見える	16	水	21
見える	25	白い	15	言う	27	愛す	26	娘	24	花	17	目	26	老師	20	自分	16	美	21
顔	22	見える	14	目	25	自分	25	言う	19	人	16	思い	25	言う	19	世界	13	火	19
目	20	美しい	14	見る	24	存在	22	鶴川	19	見る	15	言う	23	出る	18	金	12	行為	17
人	19	光る	13	顔	20	柏木	22	世界	18	目	15	見える	22	認識	18	考える	12	力	16
世界	19	父	13	鶴川	20	知る	21	生	17	音	14	女	21	学生	17	知る	11	見える	15
自分	17	火	12	寺	16	鶴川	18	花	16	言う	14	顔	20	見える	17	遭手	10	闇	14
月	16	言う	12	父	15	人	16	目	16	手	12	手	20	世界	15	思い	10	言う	14
憲兵	16	寺	12	自分	13	愛	14	思おれた	16	尺八	12	考える	18	目	15	金閣	9	扉	14
思おれた	16	自分	12	手	13			手	15	杜若	12	出る	18	寺	13	姿	9	手	13
										乳房	12								

註：網掛けは「金閣」と登場人物「老師」「鶴川」「柏木」を示す。

表4 『金閣寺』における各章の要約と冒頭・末尾の文、「金閣」「美」の出現頻度と出現率（各章の文の総数に対する比率）

章	あらすじ	最初の行	最後の行	文の数	金閣		美		美しい	
1	吃音で引っ込み思案な東舞鶴中学時代。懸想した有為子が脱走兵をかくまい死ぬ。	幼時から父は、私によく、金閣のことを語った。	父は夥しい喀血をして死んでいた。	503	61	12.1%	12	2.4%	30	6.0%
2	金閣寺の徒弟となる。徒弟の仲間の鶴川と親しくする。出征士官を送る女を見て、有為子の生まれかわりとおもう。	父の死によって、私の本当の少年時代は終わる。自分の少年時代に、まるきり人間的関心ともいうべきものを、欠けていたことに私は愕くのである。	たしかにあの女は、よみがえった有為子その人だと。	405	64	15.8%	9	2.2%	14	3.5%
3	太平洋戦争が終わる。金閣寺を訪れた米兵に指示されて娼婦の腹を踏む。	父の一周忌が来た。	家の費用で大谷大学へ行かしてもらうことになっている鶴川は、私の肩を叩いて喜び、老師か何の沙汰もないもう一人の徒弟は、爾後私とは口をきかなくなった。	517	37	7.2%	3	0.6%	6	1.2%
4	大谷大学予科に入学。内飜足の柏木と出会う。	私がやがて、昭和二十一年の春、大谷大学の予科へ入ったとき、老師の溢れぬ慈愛と、同僚の羨望とに包まれて、意気揚々と入学したというのではなかった。	そのとき一人の女がむこうから歩いてきた。	514	1	0.2%	0	0.0%	13	2.5%
5	柏木が連れてきた下宿の娘の裾に足を伸ばしたときに、金閣寺の幻影がらわれて、不能に陥る。鶴川の死を知る。	さきての女は、グラウンドの中を歩いていたのではない。	晴れた朝早く、寺男の老人が私の宿に来て、颱風が襲いに京都市を外れに去ったと告げた。	459	38	8.3%	10	2.2%	5	1.1%

第 8 章　三島由紀夫『金閣寺』における比喩の認知的分析　245

6	出征士官の末亡人になった女を柏木に紹介される。再び金閣寺の幻影に妨げられる。	私は鶴川の喪に、一年近くも服していたものと思われる。	声はうつろに深夜の鏡湖池に谺した。	376	26	6.9%	23	6.1%	8	2.1%
7	大学を欠席しがちになり、老師から叱責される。	総じて私の体験には一種の暗合がはたらき、鏡の廊下のように影像はつづいて、新たに会う事物にも過去に見た事物の影がはっきりと射し、こうした相似にみちびかれてしらずしらず廊下の奥、底知れぬ奥の間へ、踏みこんで行くような心地がしていた。	『金閣を焼かなければならぬ』	655	33	5.0%	2	0.3%	6	0.9%
8	舞鶴へ出奔ののち、寺に戻る。「金閣を焼かねばならぬ」と思い始める。	そののちさらに私は歩いて、宮津線の丹後由良駅の前へ出た。	そしてどんな認識や行為にも、出帆の喜びはかえがたいだろうという空想で、私たち貧しい学生の意見ははじめて一致を見た。	526	21	4.0%	8	1.5%	5	1.0%
9	五番町の遊郭のまりこのところに通う。	老師がいつも訓戒を垂れる代りに、あたかもまた訓戒を垂れるべき場合に、却って私に恩恵を施して来たのはおそらく偶然ではあるまい。	急がなければならぬ。	356	9	2.5%	0	0.0%	0	0.0%
10	金閣寺に放火する。	五番町へ行ったあくる日、実は私はすでに一つの試みをしている。	一ト仕事を終えて一服している人がよくそう思うように、生きようと私は思った。	504	50	9.9%	21	4.2%	3	0.6%
合計				4815	340		88		90	

主題またはたとえる語となることの多い「金閣」「美」の各章の出現頻度（回）を示す。

表4に示すとおり、各章における「金閣」の出現頻度は、主人公が少年時代に美しいものを見ると「金閣のように美しい」と考えていた1章（用例4、6、7、9）（出現率12.1％）と、主人公が金閣寺の徒弟になったばかりの時期の2章（用例8、10）が高く（15.8％）、3、5、6章も高い（7.2％、8.3％、6.1％）。柏木やまり子とのエピソードが中心の4章、9章はやや少ない（用例14）（0.2％、2.5％）。そして、主人公が放火する最終章である10章での出現頻度が高くなる（9.9％）。

人名では、表3に示すとおり、全章を通じて、「私」の出現頻度がもっとも高い。主人公の名前「溝口」の出現頻度は、軍機関学校の先輩と柏木から呼びかけられる2回だけである。これは、『金閣寺』が、一人称告白体による回想的手記（たとえば、稲田2007; 田中1980）という叙述形式を持つためである。

1章では、主人公に何度も「金閣」の美しさを語った「父」の出現頻度が高い（表3の1章冒頭文）。また、主人公が懸想し脱走兵と共に死ぬ「有為子」（用例10）の出現頻度が高い。「有為子」は「美」の象徴としてその後も主人公の内面世界に登場する。

2、3章において、主人公が金閣寺の徒弟となってからは、主人公の心を濾過する「透明な世界」をもつ徒弟仲間「鶴川」（用例13、19、20）、5、6章からは、主人公に「裏側から人生に達する暗い抜け道」を教えることで、精神世界に影響を与える大学の友人「柏木」の出現頻度が高い（用例10）。柏木は多くの比喩を用いて、その精神世界を語っている。3章以降は金閣寺の住職である「老師」の出現頻度が高く、作品において重要な役割を果たしている。2節で述べたように、比喩とともに用いられることが多い「思われる」「見える」「考える」は1、4、9章で頻出している（用例7、8）。

表4の2列のあらすじで示すように、5章、6章、9章では、下宿の「娘」や未亡人、娼婦といった「女」が登場し、出現頻度も高い。5章では（21）のように、下宿の「娘」は「人生」「関門」として考えるべきものとして描

いている。

(21) 　私はむしろ目の前の娘を、欲望の対象と考えることから遁れようとしていた。これを人生と考えるべきなのだ。前進し獲得するための一つの関門と考えるべきなのだ。　　　　　　　　　（『金閣寺』5 章）
(22) 　……私はようやく手を女の裾のほうへ辷らせた。
　　そのとき金閣が現われたのである。（中略）
　　それは私と、私の志す人生との間に立ちはだかり、はじめは微細画のように小さかったものが、みるみる大きくなり、あの巧緻な模型のなかに殆んど世界を包む巨大な金閣の照応が見られたように、それは私をかこむ世界の隅々までも埋め、この世界の寸法をきっちりと充たすものになった。（中略）娘が金閣から拒まれた以上、私の人生も拒まれていた。隈なく美に包まれながら、人生へ手を延ばすことがどうしてできよう。美の立場からしても、私に断念を要求する権利があったであろう。一方の手の指で永遠に触れ、一方の手の指で人生に触れることは不可能である。　　　　　　　　　　　　（『金閣寺』5 章）

　(22) では、「人生」の象徴であった「娘」の前に、「美」と「永遠」の象徴である「金閣」が立ちはだかったことを示している。ここでは、「一方の手の指で永遠に触れ」「一方の手の指で人生に触れる」というつぎのような4項関係がある（娘：人生：：金閣：美・永遠）。そして、6章においても、未亡人の「女」との間に、「金閣」が立ちはだかることが起こっている。しかし、9章の娼婦まり子「女」との間には、起きなかった。
　つぎに、主題である「金閣」との文内の共起頻度を見てみる。図1は、金閣と文内で共出現する語同士の関連度の強さ（類似度指標 Jaccard 係数）を線の太さのネットワークで示したものである。「金閣」を中心として、金閣をたとえる際などに同時に用いられる語としては、動詞では「見る」が30回、「思う」が33回であり結びつきが強いことが分かる。
　また、「金閣」は「美しい」や「美」との同じ文内での共起頻度が高く、

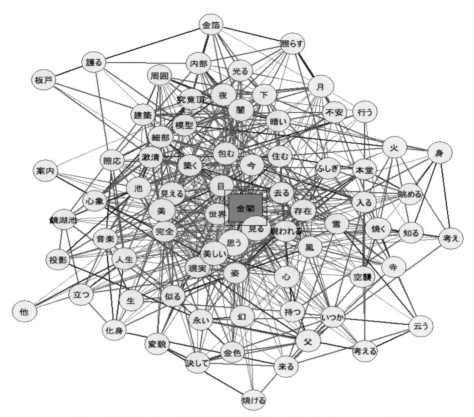

図 1　『金閣寺』における語の共出現頻度にもとづくネットワーク図

「美しい」とは用例（4、6、7）のように 22 回、「美」とは用例（22、23）のように 18 回であった。そのほか、「金閣」とともに出現する「世界」は（用例 8、11）のように 13 回、「存在」は 13 回、「音楽」は 7 回であった。

　（23）は「音楽」と「金閣」は「美」という点で類似するが、「生命」との関係においては、「音楽」は類似するが、「金閣」は非類似であると対比している。類似の中の非類似を示し、「金閣」の「美」が「生命から遠く、生を侮蔑して見える」という特異性があることを強調している。

(23) 音楽ほど生命に<u>似た</u>ものはなく、<u>同じ美</u>でありながら、金閣ほど生命から遠く、生を侮蔑して<u>見える</u>美もなかった。　　　（『金閣寺』6章）

4．まとめと今後の課題

　本稿は、三島由紀夫の『金閣寺』における比喩に焦点を当てて、その比喩を支える認知的基盤について論じた。方法としては、用例にもとづく認知言語学的、認知心理学的分析とコーパスを用いた計量的研究の両方を用いた。
　そして、1節では、三島が創作において、文体を重視し、比喩による効果として、読者のイマジネーションの刺激を重視していたこと、一方でイマジネーションの分散の危険を意識していたことを述べた。
　2節では、『金閣寺』の電子化コーパスから、比喩指標にもとづいて、直喩を抽出し、比喩指標の様々なバリエーションを分類し、その認知的基盤と三島の比喩の特徴を検討した。
　3節では、『金閣寺』の電子化コーパスから、比喩の主題やたとえる語のキーワードを、全体および章ごとの頻度にもとづいて分析した。その結果、『金閣寺』固有の「金閣」「美」「人生」「女」等に関する比喩の4項構造が明らかになった。
　今後に残された問題としては、以下の点がある。
　第1は、比喩の認定の問題である。コーパスによって、比喩指標語の同定はできるが、それが直喩を構成するかは人の判断が必要である。また、隠喩は、比喩指標がないため、同定にはいっそう困難がともなう（e.g., Deignan, 2005）。本稿では、比喩の頻度データを示したが、これは、人による判断によって誤差が入りうるのが問題である。複数の判断者をおいて、一致率をとるなどの検討が必要である。
　第2は、本稿の結果を土台に、概念メタファー理論などにもとづく認知言語学的検討（たとえば、鍋島、2011）や、評定や実験データを組み合わせて、比喩の認知過程の認知心理学的検討（たとえば、楠見 2007）を進めることである。さらに、三島由紀夫の他の作品も材料にして、三島の比喩の特色

の認知的基盤を明らかにする認知詩学研究（e.g., Gavins & Steen 2003）を進めることである。

付記　本稿の1節は、楠見（2005）の一部を加筆修正したものである。
『金閣寺』以外の三島由紀夫のテキストは、『決定版三島由紀夫全集』（新潮社）を用いた。分析に協力いただいた西川一二京都大学教育学研究科研究員、草稿にコメントをいただいた平知宏大阪市立大学特任講師、岡隆之介京都大学大学院教育学研究科博士課程大学院生（当時）に感謝します。

参考文献

Deignan, A. H.（2005）*Metaphor and Corpus Linguistics*. Amsterdam: John Benjamins（ダイグナン, A. 渡辺秀樹・大森文子・加野まきみ・小塚良孝訳（2010）『コーパスを活用した認知言語学』大修館書店）

Gavins, J. & Steen, G.（eds.）（2003）*Cognitive Poetics in Practice*, London: Routledge.（ゲイヴィンス, J., ジェラード, S. 編　内田成子訳『実践認知詩学』鳳書房）

Glucksberg, S. & Keysar, B.（1990）Understanding metaphorical comparisons: Beyond similarity. *Psychological Review*, 97, 3–18.

樋口耕一（2014）『社会調査のための計量テキスト分析―内容分析の継承と発展を目指して―』ナカニシヤ出版

稲田大貴（2007）「『金閣寺』論―不能者のエクリチュール」『九大日文（九州大学日本語文学会）』(10): 29–37.

糸井通浩（1976）「三島由紀夫「金閣寺」構造試論―文章論における意図をめぐって」『愛媛大学法文学部論集 文学科編』(9): 1–32.

楠見　孝（2005）「文芸の心理―比喩と類推から見た三島由紀夫の世界」子安増生編『芸術心理学のかたち』pp.52–72　誠信書房

楠見　孝（2007）「メタファーへの認知的アプローチ」楠見　孝編『メタファー研究の最前線』pp.525–544. ひつじ書房

Marschark, M., Katz, A. N., & Paivio, A.（1983）Dimensions of metaphor. *Journal of Psycholinguistic Research*, 12 (1), 17–40.

森山卓郎（1995）「推量・比喩比況・例示―「よう／みたい」の多義性をめぐって」宮地裕・敦子先生古稀記念論集刊行会（編）『日本語の研究：宮地裕・敦子先生古稀

記念論集』pp.493–526. 明治書院

鍋島弘治朗（2009）「シミリはメタファーか？―語用論的分析」『日本語用論学会第 11 回大会発表論文集』63–71.

鍋島弘治朗（2011）『日本語のメタファー』くろしお出版

佐藤信夫（1978）『レトリック感覚』講談社

Semino, E. & Steen, G.（2008）Metaphor in literature. In Gibbs, R.（ed.）. *Cambridge Handbook of Metaphor and Thought*. pp.232–246. Cambridge: Cambridge University Press.

田中美代子（1980）「美の変質―『金閣寺』論序説」『新潮』77（12）: 151–168.

執筆者紹介　※五十音順（*は編者）

内田聖二（うちだ　せいじ）
奈良大学教授
主な著書：『語用論の射程　語から談話・テクストへ』（2011、研究社）、『ことばを読む、心を読む　認知語用論入門』（2013、開拓社）

内海　彰（うつみ　あきら）*
電気通信大学教授
主な著書・論文：“Computational exploration of metaphor comprehension processes using a semantic space model”（*Cognitive Science*, 35, 2011）、『人工知能と社会―2025年の未来予想』（共著、2018、オーム社）

大森文子（おおもり　あやこ）
大阪大学教授
主な著書・論文：*Metaphor of Emotions in English: With Special Reference to the Natural World and the Animal Kingdom as Their Source Domains*（2015、ひつじ書房）、"Conventional Metaphors for Antonymous Emotion Concepts"（*Dynamicity in Emotion Concepts*, 2012, Peter Lang）

片岡邦好（かたおか　くによし）
愛知大学教授
主な著書・論文：『コミュニケーションを枠づける―参与・関与の不均衡と多様性』（共編著、2017、くろしお出版）、「マルチモーダルの社会言語学―日・英対照による空間ジェスチャー分析の試み」（『対照社会言語学』2017、朝倉書店）

執筆者紹介

楠見　孝（くすみ　たかし）*
京都大学教授
主な編著書・論文：『メタファー研究の最前線』（2007、ひつじ書房）、「愛の概念を支える放射状カテゴリーと概念比喩―実験認知言語学的アプローチ」（『認知言語学研究』1、2015）

後藤秀貴（ごとう　ひでき）
大阪大学大学院博士後期課程
主な論文："On the Understanding of *HARA, KIMO,* and *HARAWATA* in Japanese"（『日本認知言語学会論文集』17、2017）、「日英語の胸部と腹部の理解をめぐって―比喩的認知を生む身体経験、社会・文化経験の観点から」（『JELS』35、2018）

杉本　巧（すぎもと　たくみ）
広島国際大学准教授
主な著書・論文：「対話におけるメタファーの連鎖パターン―対話相手の反応に現れるメタファーに注目して」（『日本語用論学会第16回大会発表論文集』第9号、2014）、「メタファーと発話の連鎖―「枠組み」設定としてのメタファー表現」（『日本語用論学会第17回大会発表論文集』第10号、共著、2015）

鍋島弘治朗（なべしま　こうじろう）*
関西大学教授
主な著書：『日本語のメタファー』（2011、くろしお出版）、『メタファーと身体性』（2016、ひつじ書房）

メタファー研究 1
Metaphor Research
Edited by KJ Nabeshima, Takashi Kusumi, Akira Utsumi

発行	2018年7月27日　初版1刷
定価	4200円＋税
編者	ⓒ鍋島弘治朗・楠見孝・内海彰
発行者	松本功
装丁者	坂野公一（welle design）
印刷・製本所	亜細亜印刷株式会社
発行所	株式会社 ひつじ書房
	〒112-0011 東京都文京区千石2-1-2 大和ビル2階
	Tel.03-5319-4916　Fax.03-5319-4917
	郵便振替 00120-8-142852
	toiawase@hituzi.co.jp　http://www.hituzi.co.jp/

ISBN978-4-89476-893-2

造本には充分注意しておりますが、落丁・乱丁などがございましたら、小社かお買上げ書店にておとりかえいたします。ご意見、ご感想など、小社までお寄せ下されば幸いです。